AI와
금융의 미래

AI and The Future of Finance

인공지능은
어떻게
금융 권력을
재편하는가

AI와 금융의 미래

나현종
지음

**AI가 만들어 낼 새로운 금융 질서의 모습과
그 이면의 균열과 부작용을 조망하다!**

★★★★★
Data
새로운 부의 원천,
AI 예측의
원재료

★★★★★
Judgment
AI 예측을 지혜로
바꾸는 인간의
판단력

★★★★★
Execution
판단을 실제 가치로
전환하는
행동 시스템

AI 시대에 금융의 가치는
어디로 이동하는가

금융은 AI 혁명을
어떻게 만들어 가고 있는가

바른북스

서문

15세기 중엽의 유럽은 인류 역사상 가장 치명적인 전염병 중 하나였던 흑사병(black death)의 여파에서 회복 중이었다. 1347년부터 약 반세기 동안 유럽 인구의 3분의 1 이상이 사망했고, 장원제와 교회 중심의 기존 질서는 크게 흔들렸다. 그리고 이렇게 허물어진 문명의 폐허 위에 전혀 다른 방식의 질서가 피어났다. 그 중심에는 1450년경 독일 마인츠의 금속공 출신 발명가 요하네스 구텐베르크(Johannes Gutenberg)가 개발한 금속활자 인쇄기가 있었다.

그전까지의 책은 주로 수도원에서 수도사들이 손으로 일일이 필사하던 고가의 희소품이었고, 하나의 성경을 복제하는 데에는 수년의 시간이 걸렸다. 그러나 구텐베르크의 금속활자 인쇄기는 라틴어 성경(Vulgata) 180부를 몇 달 만에 찍어내며 정보 복제의 속도와 단가를 낮췄다. 이제 지식은 권력과 부를 가진 소수 엘리트의 전유물이 아니라,

도시의 상인과 시민 계층까지 퍼져나가기 시작했다. 1500년까지 유럽 전역에서 약 2천만 권 이상의 인쇄물이 유통되었고, 이는 르네상스 인문주의와 과학혁명의 지적 기반을 형성하는 데 결정적 역할을 했다.

무엇보다 인쇄술의 발전은 성경을 독점적으로 해석하던 성직자 계급의 권위를 해체하기 시작했다. 마르틴 루터는 1517년 비텐베르크 성당 문에 95개 조 반박문을 내건 뒤, 독일어 성경을 인쇄해 보급함으로써 종교개혁을 대중의 손에 쥐여주었다. 이는 단순한 기술 혁신이 아니라, 지식의 생산과 해석, 유통의 전 과정이 소수의 통제로부터 해방되는 문명의 구조적 전환이었다. 인쇄술은 문자를 찍는 기술이 아니라 권력과 정보의 배치 자체를 다시 쓰는 기술이었다(Eisenstein, 1979).

그로부터 500여 년이 흐른 오늘 우리는 또 한 번 문명의 흐름을 근본부터 뒤흔드는 기술과 마주하고 있다. 그것은 바로 인공지능(AI)이다. AI는 단지 삶을 편리하게 만드는 도구에 그치지 않는다. AI는 예측을 통해 말과 글을 생성하고, 이는 언어를 기반으로 사고해 온 인간의 사고방식과 매우 유사한 결과를 생성할 수 있다. 이를 통해 우리는 사고 과정과 의사결정 체계의 일부를 AI에 위임할 수 있으며, 궁극적으로 인간의 인지 과정 자체를 재편할 잠재력을 지닌 기술이다. 마치 인쇄술이 성직자의 독점을 무너뜨리고 지식의 해석권을 대중에게 돌려주었듯, AI는 예측이라는 인간 고유의 능력을 알고리즘으로 치환함으로써 우리 문명의 작동 원리를 재정의할 수 있다.

역사적으로 의미가 있는 사건이나 중요한 기술은 단순히 어떤 사건이나 기술이 등장했느냐가 아니라 그 기술이 문명의 흐름을 어떻게 바꾸었는지에 따라 평가된다. 1377년 고려에서 간행된 『백운화상초록불조직지심체요절(白雲和尙抄錄佛祖直指心體要節)』, 즉 직지(直指)는 현존하는 세계 최고(最古)의 금속활자본이다. 하지만, 역사는 직지가 아닌 구텐베르크의 금속활자를 기억한다. 이는 직지가 구텐베르크보다 무려 78년 앞섰음에도 불구하고 인류 문명사의 흐름에 별다른 영향을 주지 못했기 때문이다. 반대로 구텐베르크의 인쇄술은 단순한 기술의 발명이 아닌 사회구조와 권력질서를 뒤흔든 문명의 촉매로 작용했다. 기술 그 자체는 역사적 가치의 필요조건이 될 수는 있지만 충분조건은 되지 않는다.

바로 그 점에서 우리는 AI에게 동일한 질문을 던져야 할 것이다. AI는 단지 더 빠르고 더 정확한 도구일 뿐인가 아니면 우리에게 중요한 무언가들을 구성해 온 방식 그 자체를 되묻는 전환점인가? 기술은 언제나 인간의 삶을 효율화해 왔지만 모든 기술이 문명의 방향을 바꾸었던 것은 아니다. 만약 AI가 우리가 결정을 내리는 기준, 신뢰를 형성하는 방식, 그리고 가치를 배분하는 구조를 개편한다면, 이는 더 이상 보조 기술이 아니라 문명을 재편하는 근본적인 보편 기술(General Purpose Technology)이 될 수 있다.

AI는 빠르고 정확한 예측을 통해 의사결정의 정밀도를 향상시키고, 자원 배분의 기준을 재편한다. 이를 통해 기존의 가치사슬을 해체하고 새로운 가치의 중심을 만들어 낼 수 있다. 이 책은 바로 그러한 보편 기술로서의 AI가 금융이라는 영역을 어떻게 재구성할 것인지를 탐구하려고 한다. 금융은 본질적으로 미래에 대한 예측과 위험 평가를 바탕으로 한 의사결정의 연속이다. 누구에게 돈을 빌려줄 것인가, 어떤 자산의 가격이 오를 것인가, 언제 투자하고 언제 회수할 것인가와 같은 모든 결정은 불확실한 미래에 대한 예측에 의존한다.

AI는 이러한 예측의 정확성과 속도를 근본적으로 바꾸기 시작할 것이고, 금융 시장 역시 더 이상 과거의 방식대로 움직이지 않을 것이다. 고속의 데이터 흐름, 비가역적인 자동화, 그리고 점점 알고리즘화되어 가는 의사결정의 과정 속에서 우리는 한 번도 항해해 본 적 없는 조류에 휘말리게 될 것이다. 그리고 이 책은 그 낯선 파도를 앞에 두고 방향을 잃지 않기 위한 지도를 그려보려는 시도이다.

제1부에서는 AI 혁명의 핵심 원리인 가치 이동의 법칙을 소개한다. 토론토 대학의 애그러월 교수 등이 『예측 기계』에서 제시한 원리를 바탕으로 AI는 왜, 그리고 어떻게 금융이라는 기존 세계를 흔들 수밖에 없는지를 설명한다. 구체적으로 AI로 인해 예측의 비용이 현저히 감소하면서, 부와 가치의 원천이 예측 그 자체에서 그것의 필수 보완재인 데이터, 인간의 판단력, 그리고 실행 시스템으로 이동한다는 점을 보인다. 이는 이 책의 모든 분석이 시작되는 이론적 토대 역할을 할 것이다(Agrawal, et al., 2018).

제2부에서는 이 보편 법칙이 각기 다른 환경을 가진 다양한 현실의 장에서 어떻게 다른 양상으로 나타나는지를 생생하게 보여줄 것이다. 2부를 통해 독자들은 승패를 가르는 결정적 보완재가 금융의 하위 분

야별로 다르다는 점을 파악할 수 있을 것이다. 예를 들어, 수백만 고객과의 상호작용이 핵심인 소매금융에서는 데이터가 절대적인 무기가 되지만, 복잡한 M&A 딜을 다루는 투자은행의 밀실에서는 인간의 판단력이 최후의 보루로 남는다는 점 등을 실제의 성공과 실패 사례를 통해 조망할 것이다. 이를 통해 우리는 변화가 단순히 기술의 문제가 아니라, 각 분야의 핵심 보완재를 이해하고 시스템 전체를 재설계하는 역량의 문제임을 파악할 수 있을 것이다.

제3부에서는 이 거대한 전환 속에서 새로운 금융 질서를 어떻게 설계해야 하는지에 대한 청사진을 제시한다. 먼저 내부-외부 4분면 매트릭스를 통해 개별 기업들이 1부에서 설명한 세 가지 보완재(내부 역량)를 얼마나 갖추었는지, 그리고 2부에서 분석한 각 산업의 경쟁 환경(외부 적합성)에 얼마나 잘 맞는지를 스스로 진단할 수 있는 지도를 제공할 것이다. 그리고 이 진단을 통해 파악된 현재의 위치에서 목표지점인 황금 지대(golden spot)로 향하는 로드맵을 그려볼 것이다. 나아가, AI가 만들어 낼 새로운 금융 질서의 모습과 그 이면의 균열과 부작용을 조망하며, 이러한 변화가 과연 모두를 위한 진보가 될 수 있는지에 대한 근본적인 질문 역시 던질 것이다. AI 거버넌스, 설명 가능성(XAI) 등 우리가 지속적으로 적응하며 풀어가야 할 제도적 과제들 역시 이러한 성찰의 연장선상에서 다룰 것이다.

오늘날 AI는 더 이상 먼 미래가 아닌 현실이다. 이미 실무의 깊은 곳과 시스템의 핵심 구조 속에 자리 잡은 이 거대한 변화는 요란한 소리를 내며 찾아오지 않는다. 대신, 과거에는 인간의 고유 영역으로 여겨지던 예측(prediction)의 한계 비용을 제로(0)에 가깝게 떨어트리며, 우리가 신뢰하던 과거의 경쟁 우위와 가치 기반을 조용히, 그러나 근본적으로 뒤흔들 것이다. 이는 단순한 기술 도입이 아니라 금융의 권력 지도가 재편되는 보이지 않는 위협(phantom menace)과도 같다.

이 책은 그 거대한 지각 변동을 관찰하고 분석하는 기록이다. 독자 여러분께 단순한 현상 설명서가 아니라 다가오는 AI의 시대에 가치가 어디로 이동하는지를 볼 수 있는 생각의 틀(framework)을 제공하는 것이 이 책의 목표이다. AI라는 기술을 두려움이나 환상으로 대하는 대신, 데이터(data), 인간의 판단력(judgment), 그리고 실행 시스템(execution)이라는 보완재를 어떻게 확보하고 활용할 것인지에 대한 구체적인 인사이트를 얻게 되기를 바란다. 이 책과 함께 기회와 리스크가 공존하는 금융의 미래를 탐험하며, 독자 각자의 생존과 성장을 위한 전략 지도를 완성하는 여정을 시작하시기 바란다. 동시에 이 지도가 가리키는 방향이 우리 사회 전체를 위한 진보의 길과 어떻게 만날 수 있을지 함께 고민하는 여정이 되기를 기대한다.

목차

서문

제1부
예측 혁명의 메커니즘

제1장. 예측 비용 제로 · 17

    1856년의 강철의 연금술사 · 17
    예측의 새로운 시대: AI 혁명 · 20
    AI를 범용 기술(GPT)로 이해하기 · 24
    예측의 비용이 감소한다는 것 · 28
    새로운 질문의 등장 · 37

제2장. 보완재 혁명 · 43

    보완재와 대체재 · 50
    데이터(Data): 새로운 시대의 석유 · 55
    인간의 판단력(Judgment): 예측을 지혜로 바꾸는 힘 · 60
    실행 시스템(Execution): 예측을 가치로 바꾸는 역량 · 64
    대체재의 몰락과 부활: 적응하거나 사라지거나 · 68
    새로운 권력 지도 · 75

> 제2부

예측 혁명과 금융

제3장. 자산운용: 구루(guru)의 직감에서 알고리즘으로· 81
- 스타 시스템의 시대 · 83
- 기계가 발견한 새로운 가능성 · 87
- 모델 공장 시대 · 100
- 보완재들이 재편하는 자산운용 분야 · 104
- 현실적 장벽과 해결 전략 · 113
- 개인의 직관에서 시스템의 영역으로 · 125

제4장. 소매금융: 대면에서 데이터로 · 129
- 미드웨이 해전: 거대 은행들이 핀테크에 밀리는 이유 · 136
- 제국의 황혼: 지점과 관계 시대의 종말 · 139
- 대중화된 개인화의 시대 · 144
- 시스템의 진화: 통합된 전투 플랫폼 · 156
- 성공적 전환의 조건 · 168

제5장. 보험: 사후 보상에서 사전 예방으로 · 175

- 대수의 법칙과 사후 처리 · 180
- 리스크의 실시간화 · 190
- 예방 서비스 생태계 · 198
- 보험업의 재편 · 211
- 다가오는 전환과 현실적 장벽 · 221

제6장. 기업금융과 투자은행: AI 시대의 관계 · 235

- 투자은행의 고유 생태계 · 239
- 예측 가능한 것과 불가능한 것 · 250
- 미래의 균형점: 변화하는 역할과 새로운 과제 · 258
- 하디드의 교훈과 열린 미래 · 266

제3부

새로운 질서의 설계

제7장. 성공과 실패를 가르는 법칙 · 275

- 기존 성공 이론의 한계: 불완전한 설명력 · 277
- 새로운 분석 프레임워크: 내부-외부 4분면 매트릭스 · 288
- 황금 지대를 향한 여정 · 306

제8장. 새로운 권력 지도 · 311

권력 재편의 숨겨진 엔진 · 312
메커니즘이 만들어 낼 미래의 모습 · 318
권력 재편이 만들어 내는 균열과 부작용 · 324
새로운 탐험 · 337

제9장. 선택의 기로에서 · 341

변화 vs. 발전 · 341
발전이 아닌 변화들 · 344
진보는 선택이다 · 349
어떤 선택을 해야 할까? · 353
끝나지 않을 여정 · 362

맺음말

부록: 회계감사 산업의 AI 혁신

회계감사업의 특수성과 AI의 역설
현실적 귀결
공공재 혁신의 딜레마와 판단의 가치

참고 문헌

제1부

예측 혁명의 메커니즘

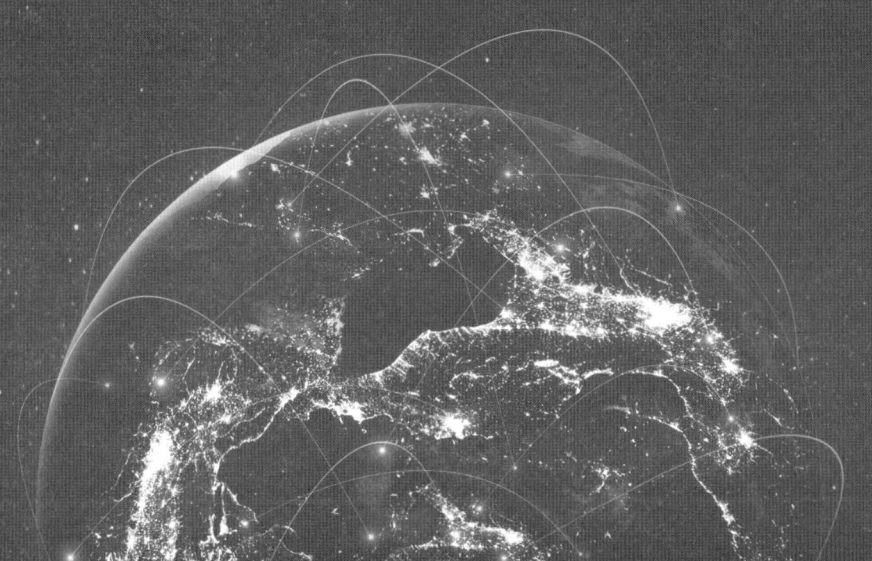

제1장

예측 비용 제로

1856년의
강철의 연금술사

1856년 10월 13일, 영국 셰필드의 한 철강 공장에서 천둥 같은 폭발음이 울려 퍼졌다. 헨리 베서머(Henry Bessemer)가 용융된 선철에 차가운 공기를 불어 넣는 순간, 거대한 불길이 치솟았고 공장 지붕은 순식간에 화염에 휩싸였다. 마치 화산이 폭발한 듯한 그날의 장면에 대해 목격자들은 마치 지옥의 문이 열린 것 같았다고 기억했다. 언뜻 보면 실패한 실험 같지만, 이는 산업 문명이 새로운 시대로 접어드는 서곡이었다. 바로 강철의 대중화가 시작된 것이다.

베서머가 강철을 대중화하기 이전의 강철은 말 그대로 왕의 금속이었다. 18세기 유럽에서 사용되던 초기 공업용 강철인 블리스터 강철

| 블리스터 강철(Blister Steel): 18~19세기에 사용된 초기 강철 제조법으로, 연철(wrought iron)을 목탄과 함께 밀폐된 상자에 넣고 고온에서 가열하여 탄소를 침투시켜 만든 강철. 품질이 고르지 않아 사용처가 제한적이었다.

이나 크루서블 강철[I]은 톤당 50~60파운드라는 금에 버금가는 가격에 거래되며, 금과 맞먹는 가치를 지녔다. 제작에만 수 주가 걸렸기 때문에 강철은 칼, 갑옷, 대포처럼 한정된 용도에만 쓰였다. 독일의 크루프(Krupp) 가문처럼 극소수만이 제조법을 독점했다. 강철은 곧 권력이었다.

헨리 베서머는 이 구조를 뿌리째 뒤흔들었다. 그는 선철에 공기를 불어 넣어 탄소 함량을 빠르게 줄이는 방법을 고안했고, 이 간단한 아이디어는 곧 베서머 공정[II]으로 불리게 되었다. 이 공정은 강철 1톤당 생산 비용을 기존의 50~60파운드에서 단 5~6파운드로 90% 이상 감소시켰고, 생산 시간도 몇 주에서 20분으로 획기적으로 단축시켰다. 철강은 희소하고 비싼 재료에서 저렴하고 풍부한 산업의 핵심 재료로 탈바꿈했다. 세상이 철기 시대에서 강철 시대로 넘어가는 순간이었다 (Hyde, 1977).

[I] 크루서블 강철(Crucible Steel): 도가니(crucible)에서 고온으로 용해하여 만든 고품질 강철. 블리스터 강철을 도가니에서 다시 녹여 불순물을 제거하고 탄소 함량을 균일하게 만든 것. 당시 최고급 강철로 여겨졌지만 생산량이 극히 제한적이었다.

[II] 베서머 공정(Bessemer Process): 1856년 헨리 베서머가 발명한 혁신적인 제강법으로, 용융된 선철(pig iron)에 공기를 강제로 불어 넣어 탄소와 불순물을 산화시켜 제거하는 방법. 기존 방법보다 생산 시간을 획기적으로 단축시키고 비용을 대폭 절감시켜 강철의 대량 생산을 가능하게 했다.

베서머 공정으로 강철을 생산하고 있는 모습(출처: 위키피디아)

값싸고 튼튼한 강철은 세상을 바꾸기 시작했다. 베서머 공정의 진짜 위력은 강철의 가격이 하락했다는 그 자체보다 그로 인해 가능해진 철도, 고층 건물, 대형 선박과 같은 수많은 보완적 혁신에서 터져 나왔다. 튼튼하고 저렴한 강철은 철도 건설의 폭발적인 증가를 이끌었다. 더 길고 빠른 철도망은 물류와 인력의 이동을 가속화하며 전 세계적인 무역과 교류를 활성화했다. 강철 선박의 등장은 해상 운송의 효율성을 비약적으로 높여 대규모 국제 무역을 가능하게 했다. 고강도 강철은 고층 건물과 대형 교량 건설의 핵심 재료가 되었다. 이는 도시의 스카이라인을 바꾸고, 강이나 계곡으로 단절되었던 지역들을 연결하여 경제 및 문화 교류를 촉진했다. 베서머 공정은 제2차 산업혁명의 심장부에 자리 잡았고, 산업 세계는 더 빠르고, 더 높이, 더 멀리 뻗어나가기 시작했다.

예측의 새로운 시대:
AI 혁명

헨리 베서머의 강철이 굉음과 불길 속에서 산업 시대를 거칠게 열어젖혔던 것처럼, 오늘날 세상은 인공지능(AI)이 주도하는 거대한 변화를 마주하고 있다. 특히 머신러닝[I]과 딥러닝[II] 기술이 눈부시게 발전하면서, 과거에는 인간의 직관이나 소수의 전문가에게만 의존했던 예측(prediction)의 영역이 근본적으로 달라지고 있다(LeCun et al., 2015). 한때는 숙련된 전문가의 직관이나 수십 년의 경험이 필요했던 일들이, 이제는 알고리즘이 방대한 데이터를 학습하고 패턴을 분석함으로써

[I] 머신러닝(Machine Learning): 컴퓨터가 명시적으로 프로그래밍되지 않고도 데이터로부터 패턴을 학습하고 예측이나 결정을 내릴 수 있게 하는 인공지능의 한 분야. 지도학습, 비지도학습, 강화학습 등의 방법론을 통해 데이터에서 규칙성을 찾아내고 일반화하여 새로운 상황에 적용할 수 있다.

[II] 딥러닝(Deep Learning): 인간의 뇌 구조를 모방한 다층 신경망(deep neural networks)을 사용하는 머신러닝의 하위 분야. 여러 은닉층을 통해 복잡한 패턴을 학습할 수 있으며, 이미지 인식, 자연어 처리, 음성 인식 등에서 혁신적인 성과를 보여준다.

이루어지고 있는 것이다. AI는 금융 시장의 변동성, 소비자의 구매 성향, 질병의 발병 확률, 심지어 기후 변화의 방향성까지 분석하고 예측할 수 있는 능력을 갖추게 되었다.

그러나 이러한 기술의 진짜 혁신은 단순히 더 빠르고 정교한 예측이 가능해졌다는 데 있지 않다. 진정한 변화는 바로 예측의 한계 비용이 제로(0)에 근접하게 되었다는 사실이다. OpenAI의 GPT-4 사용료는 불과 16개월 만에 입력 토큰[I] 기준으로 30달러에서 3달러로, 90%나 떨어졌다. 구글 클라우드의 AI 서비스 가격도 2년 사이 80% 이상 하락했고, 아마존의 SageMaker[II]는 추론 비용을 75%나 낮췄다. 마이크로소프트의 Azure는 Batch API[III]를 통해 최대 50% 할인을 제공하고 있다. 처음 등장했을 땐 고가의 프리미엄 서비스였던 GPT-3도, 기술 경쟁이 치열해지자 GPT-3.5 Turbo의 입력 비용은 절반, 출력 비용은 25% 인하되었다. 오늘날 GPT-4o mini와 같은 모델은 100만 토큰 기준으로 입력은 15센트, 출력은 60센트에 불과하다. 일부 분석에서는 가격 인하가 매년 10배씩 이루어진다고 한다. 이는 동일 모델의 올해 가격이 작년 가격의 10분의 1 가격이 되는 현상이 매년 이루

[I] 토큰(Token): 자연어 처리에서 텍스트를 처리 가능한 최소 단위로 나눈 것. 단어, 문장 부호, 또는 문자 단위가 될 수 있으며, AI 모델이 텍스트를 이해하고 생성하는 기본 단위가 된다.

[II] SageMaker: 아마존 웹 서비스(AWS)가 제공하는 완전 관리형 머신러닝 플랫폼으로, 데이터 준비부터 모델 훈련, 배포, 모니터링까지 머신러닝 워크플로우 전체를 지원한다. 개발자와 데이터 과학자가 인프라 관리 없이 쉽게 ML 모델을 구축하고 배포할 수 있게 해준다.

[III] 배치 API(Batch API): 대량의 요청을 일괄 처리하는 API 방식으로, 실시간 처리보다는 효율성과 비용 절감을 중시하는 경우에 사용된다. 여러 요청을 모아서 한 번에 처리함으로써 처리 비용을 크게 줄일 수 있으며, 시간에 민감하지 않은 작업에 적합하다.

어지고 있다는 말이다. 매년(Epoch AI, 2025).

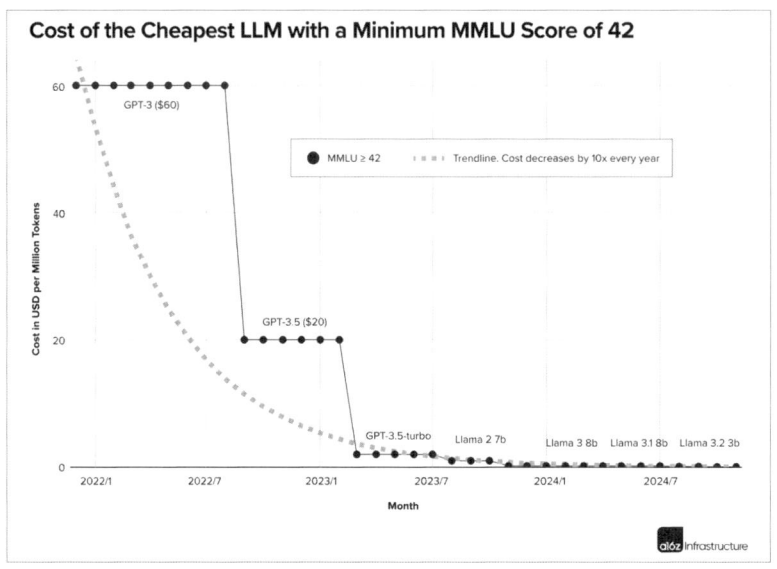

특정 성능 이상(MMLU≥42)의 LLM 토큰 가격의 하락을 보여주는 그래프 (출처: A16Z Infra)

    이러한 급격한 기술적 발전의 배경에는 여러 요인이 있다. 첫째, 알고리즘의 효율성이 기하급수적으로 향상되었다. 같은 성능을 내는 데 필요한 컴퓨팅 자원이 급격히 줄어들었다. 둘째, 하드웨어 발전이다. GPU[I]와 TPU[II] 같은 전용 칩의 성능이 향상되면서 처리 비용이 크게 감

[I] GPU(Graphic Processing Unit): 컴퓨터 그래픽을 빠르고 효율적으로 처리하기 위해 설계된 반도체. 수많은 작은 계산을 동시에 병렬 처리하는 능력 덕분에 오늘날에는 그래픽뿐만 아니라 AI 모델 학습과 같은 복잡한 연산 작업에 널리 활용된다.

[II] TPU(Tensor Processing Unit): 인공지능(AI) 및 머신러닝 작업을 위해 구글이 개발한 맞춤형 반도체(ASIC)

소했다. 셋째, 클라우드 컴퓨팅의 규모의 경제다. 대형 클라우드 업체들이 전 세계적으로 인프라를 확장하면서 단위 비용을 지속적으로 낮추고 있다.

결과적으로 한때는 시간과 돈, 전문지식이 있어야만 가능했던 예측이 이제는 AI를 통해 거의 공짜에 가깝게 이뤄질 수 있게 되었다. 이는 베세머 강철이 톤당 60파운드에서 6파운드로 떨어졌을 때와 본질적으로 같은 현상이다. 구글이 등장하면서 정보를 찾기 위한 검색 행위 자체가 사실상 무료가 되고 일상적인 행위로 자리 잡은 것처럼, AI는 예측하는 행위를 그렇게 만들고 있다.

| 클라우드(Cloud Computing): 인터넷을 통해 서버, 스토리지, 데이터베이스, 소프트웨어 등 IT 리소스를 빌려 쓰는 서비스를 말한다. 사용자는 직접 물리적인 컴퓨터나 서버를 소유하고 관리할 필요 없이 필요할 때마다 인터넷에 접속해 원하는 만큼의 컴퓨팅 자원을 사용하고 그만큼의 비용을 지불한다.

AI를 범용 기술(GPT)로 이해하기

 오늘날 AI는 특정한 문제를 해결하기 위한 도구가 아니라 사회의 구조와 경제의 작동 방식을 근본적으로 바꾸는 힘, 곧 범용 기술(General Purpose Technology)로 자리매김하고 있다(Cockburn et al., 1995). 역사를 돌아보면 이런 범용 기술들은 늘 세상의 질서를 바꿔왔다. 전기가 그랬다. 1879년 토머스 에디슨이 백열전구를 처음 선보였을 때, 사람들은 단순히 더 밝은 촛불이 탄생했다고 생각했다. 당시 뉴욕타임스 역시 「에디슨의 전기등, 가스등보다 약간 더 밝다」라는 제목으로 이 소식을 전했을 뿐이다(The New York Times, 1879). 하지만, 오늘날 우리는 전기의 등장이 단순히 새로운 에너지 이상의 의미를 지녔다는

| 범용 기술(General Purpose Technology, GPT): 경제 전반에 걸쳐 광범위한 영향을 미치고 다양한 산업에서 활용될 수 있는 기술. 증기 엔진, 전기, 컴퓨터, 인터넷 등이 대표적이며, 생산성 향상과 경제 구조 변화를 이끄는 핵심 동력이 되어 사회 전반의 혁신을 촉진한다.

사실을 알고 있다. 전기는 세상의 작동 방식을 완전히 바꾸는 변곡점이었기 때문이다.

초기에는 전력을 생산하려면 대형 발전소가 필요했고, 이를 전국에 보내기 위한 송전망을 설치하는 데 막대한 자본과 시간이 들었다. 당연히 전기는 일부 대기업이나 부유층만이 누릴 수 있는 고급 자원이었고, 대다수 사람들에게는 먼 미래의 기술처럼 느껴졌다. 초기에는 85명의 고객이 고작 400개의 전구를 사용했을 뿐이었다. 하지만, 전기 생산 기술이 발전하고 규모의 경제가 실현되면서 비용은 급격히 하락했다. 1890년 전기 조명 비용은 시간당 0.8센트로 하락했고, 1900년에는 0.3센트까지 떨어졌다. 20년 만에 전기 비용이 90% 이상 하락한 것이다. 마침내 전기는 대중의 손에 닿게 되었고 그 순간부터 변화는 걷잡을 수 없었다(US Department of Energy, 2021).

공장에서는 거대한 증기기관 대신 개별 기계마다 전동 모터를 달 수 있게 되면서 생산 방식이 완전히 달라졌다. 기계 배치를 자유롭게 할 수 있게 되자 공장의 구조는 더욱 유연해졌고, 이는 대량 생산체제의 기반이 되었다. 가정에서도 전등은 어둠을 몰아냈고, 냉장고와 세탁기 같은 전기 가전이 집안일 부담을 덜어주어 사람들은 더 많은 여가를 누리게 되었다. 이는 영화, 라디오 등 새로운 문화를 창조하고 소비 패턴을 변화시켰으며, 가족의 역할까지 바꾸어 놓았다. 도시는 밤에도 밝게 빛나게 되었고, 지하철과 트램 같은 대중교통의 등장으로 도시의 삶 자체가 새롭게 설계되었다. 결국 전기는 농업부터 제조업, 서비스업에 이르기까지 산업 구조 전체를 바꾸었고, 현대 문명의 기초를 다시 쌓아 올렸다(Nye, 1990).

지금의 AI도 그와 비슷한 길을 걷고 있다. 초기의 AI는 정교한 알고리즘 설계, 대규모 데이터 학습, 고성능 컴퓨터가 필요하여 전문가가 아니면 다루기 어려웠다. 2019년 OpenAI가 GPT-2를 발표했을 때도 사람들은 단순히 더 똑똑한 검색엔진 정도로 생각했을 뿐이다. 당시 AI 서비스의 비용은 API 호출당 0.1달러로 매우 비쌌고, 주로 대기업들만이 활용할 수 있었기 때문이다. 하지만 시간이 지나면서 상황은 빠르게 달라졌다. 딥러닝 기술의 비약적인 발전, 클라우드 기반 AI 서비스의 확산, 그리고 오픈소스 생태계의 등장은 이러한 진입 장벽을 극적으로 낮췄다. 이제 스타트업은 물론 개인 개발자까지도 손쉽게 AI를 실험하고 적용할 수 있게 되었다.

그 결과 AI는 산업 곳곳에서 초기 변화의 조짐을 보이고 있다. 제조업에서는 설비 고장을 예측하는 실험들이 시작되고, 의료 분야에서는 영상 진단을 보조하는 도구들이 등장하며, 금융업에서는 신용평가와 투자 의사결정에 AI가 활용되기 시작했다. 하지만 이런 변화들은 아직 AI가 불러올 진정한 혁신의 서막에 불과할 가능성이 높다. 전기가 발명된 초기에 사람들이 단순히 가스등을 전등으로 바꾸는 정도로만 생각했듯이, 지금 우리가 목격하는 AI의 활용 역시 그 진짜 잠재력에 비하면 매우 제한적일 수 있다.

진짜 변화는 AI 그 자체가 아니라 AI를 둘러싼 수많은 보완적 혁신에서 비롯될 것이다. 역사상 모든 범용 기술이 그랬듯이, AI 역시 새로운 업무 프로세스, 제품, 서비스와 맞물릴 때 비로소 그 진가를 드러낼 것으로 보인다. AI는 단순히 기존 작업을 더 효율적으로 만드는 도구를 넘어 우리가 아직 상상하지 못한 방식으로 기존 시스템들과 융합하면서 새로운 가능성들을 열어갈 것이다. 다만 19세기 전기 발명가들이 20세기 대중문화의 등장을 예상하지 못했듯이, 오늘날 우리 역시 AI가 만들어 낼 새로운 세계의 윤곽을 온전히 그려낼 수는 없다. 확실한 것은 그 변화가 기술 그 자체보다는 기술이 촉발할 무수한 보완적 혁신들 속에서 나타날 것이라는 점이다.

예측의 비용이
감소한다는 것

　금융업은 본질적으로 정보 처리와 예측이 핵심인 산업이다. 대출 심사는 상환 가능성을 예측하는 것이고, 투자는 수익률을 예측하는 것이며, 보험은 위험 발생 확률을 예측하는 것이다. 더욱이 다른 산업과 달리 금융업은 물리적 제약이 적고 순수하게 정보와 알고리즘으로 작동하기 때문에 예측 능력의 향상은 금융업 전체의 재편으로 직결된다. 하지만 이 변화를 제대로 이해하려면 먼저 금융업에서 예측이 어떤 역할을 해왔는지, 그리고 AI가 이 구조를 어떻게 바꾸고 있는지를 살펴볼 필요가 있다.

과거: 예측이라는 희귀재

20세기까지 금융의 가치사슬에서 예측 단계는 가장 큰 병목점이었다. 예측에는 고도의 전문성, 막대한 비용, 그리고 오랜 시간이 필요했기 때문이다. JP모건 체이스의 상업용 대출 계약서 분석 과정을 살펴보면 이런 문제가 명확히 드러난다. 과거에는 법무팀 변호사들이 연간 36만 시간의 인적 자원이 투입해 수백 페이지의 복잡한 계약서에서 다양한 핵심 조항들을 찾아내야 했다(Son, 2017). 건 별로 담보 조건, 상환 일정, 보증인 정보, 디폴트 조건 등 150개 이상의 핵심 요소를 일일이 확인하고 분류하는 데만 평균 2~3주가 소요됐다. 이를 비용으로 환산해 보면 더욱 놀랍다. 하버드 로스쿨 출신 변호사의 시간당 비용을 300달러로 계산하면, 연간 계약서 분석에만 1억 800만 달러가 투입된 셈이다. 게다가 인간의 실수로 인한 추가 손실까지 고려하면 실제 비용은 훨씬 높았다(Rodgers, et al., 2023).

대출 과정에서 진행되던 신용평가도 2~3주라는 긴 시간이 소요되는 느린 과정이었다. 고객이 대출을 신청하면 신용분석가가 재무제표를 하나하나 검토하고, 과거 신용기록을 조사해 담보 가치를 평가해야 했다. 이 전체 과정에는 평균 2~3주가 소요됐고, 복잡한 경우 6~8주까지 걸리기도 했다. 시간은 곧 기회비용이었다. 대출 심사가 지연되는 동안 우량 고객들은 경쟁 은행으로 이탈했고, 급한 자금이 필요한 기업들은 더 비싼 대안을 찾아야 했다.

금융 사기 역시 사건이 발생한 지 수일이 지나서야 발견되는 심각한 문제였다. 의심스러운 거래를 발견하는 데 평균 24~48시간이 소요됐고, 이 시간이 지나고 나면 사기범들은 이미 피해를 확산시킨 후였다. 글로벌 카드 결제 시장에서 사기로 인한 연간 손실은 40조가 넘는데, 이 중 상당 부분이 늦은 탐지 때문이다(Fulmer, 2025).

금융기관에서 고객 이탈을 예측하는 것은 거의 불가능에 가까웠다. 예를 들어, 은행들은 고객 이탈을 단순한 신호(예를 들어, 3개월 이상 거래 없거나, 잔액이 급감하거나, 고객이 불만을 제기하는 등)에 의존해 예측했지만, 이런 신호가 나타났을 때는 이미 늦은 경우가 많았다. 새로운 고객을 유치하는 비용이 기존 고객 유지 비용보다 훨씬 높았지만, 누가 떠날지 알 도리가 없었다(Phua, et al., 2010).

전환: AI가 만드는 예측의 범용화

하지만 2010년대 중반부터 AI 기술의 발전이 이 모든 것을 바꾸기 시작했다. 예측 작업이 놀라울 정도로 빠르고, 저렴하고, 정확해졌다. JP모건 체이스에서 계약서 분석이 36만 시간에서 몇 초로 단축된 변화는 놀라웠다. COiN(Contract Intelligence)은 JP모건의 AI 기반 계약 분석 시스템으로 머신러닝과 자연어 처리 기술을 사용하여 대량의 계약서를 자동으로 검토하고, 중요한 데이터 포인트와 위험 요소, 오류 등을 신속하게 추출한다. COiN 도입 후 과거 법무팀이 연간 36만 시간을 투입해 처리하던 계약서 분석을 이제 AI가 단 몇 초 만에 완료한다.

웰스 파고 은행은 AI 기반 시스템을 신용평가, 사기 탐지, 고객 응대 등에 도입해 업무 효율성과 서비스 속도를 개선했다. 특히 대출 심사·신용평가 과정에서 머신러닝을 활용해 복잡한 데이터와 다양한 변수를 분석함으로써, 과거보다 평가 속도가 단축되고 신속한 의사결정이 가능해졌다.

신용카드사인 아메리칸 익스프레스는 딥러닝 및 머신러닝 기반 사기 탐지 시스템을 도입해 전 세계 수십억 건의 거래를 실시간으로 분석한다. 엔비디아의 GPU 솔루션과 LSTM 기반 신경망 모형을 활용해 실시간 탐지·판별이 가능해지면서, 과거 수일이 걸리던 사기 탐지 시간을 대폭 단축했다. 아메리칸 익스프레스의 목표는 2밀리초 이내에 사기 거래 여부를 판단하는 것이다(NVIDIA, 2025).

뱅크 오브 아메리카 은행은 AI 비서 Erica를 도입해 고객 서비스 속도와 운영 효율성을 비약적으로 향상시켰다. Erica는 하루 평균 100만~150만 건 이상의 고객 문의를 처리하며, 최대 80%의 일반 문의를 AI로 자동 해결 하고 있다. 이로 인해 평균 처리 시간이 40% 단축되고, 연간 최소 5,500만~3억 달러 규모의 비용 절감 효과가 있었다(Gomes, 2025).

| LSTM(Long Short-Term Memory): 긴 순서의 순차적인 데이터를 처리하고 학습하는 데 뛰어난 인공 신경망의 한 종류. 내부에 기억 셀과 게이트라는 장치를 가지고 있어, 과거의 중요한 정보는 오래 기억하고 불필요한 정보는 잊어버리면서 시계열 데이터나 자연어처럼 긴 의존성을 가진 정보를 효과적으로 처리할 수 있다.

결과: 예측 비용 하락이 만드는 새로운 가능성

이렇듯 예측의 비용이 급격히 하락하면서 이전에는 불가능했던 새로운 가능성들이 열리고 있다. 경제학의 기초적인 개념은 특정 재화의 비용이 하락하면 해당 재화의 사용량은 증가하고 이는 전체 시장의 구조를 바꾼다고 이야기한다. 오늘날 예측의 한계 비용은 거의 제로에 가깝게 하락했으며, 동시에 예측의 사용량은 과거에 비해 폭발적으로 증가했다.

예측의 비용이 하락함으로써, 일부 데이터에 대해서만 사용되던 예측이 이제 모든 데이터를 대상으로 사용된다. 과거와 달리 이제는 모든 금융 거래를 분석하고 예측할 수 있게 되었다. 과거에는 비용 문제로 인해 고액, 의심 거래에만 선별적으로 분석 시스템이 적용된 반면, 최근에는 AI 및 빅데이터 기술 발전으로 소액 결제를 포함한 모든 거래를 실시간 모니터링할 수 있게 되었다. 한국의 카카오페이는 자체 구축한 AI 엔진을 바탕으로 하루 수천만 건 이상의 결제·송금 데이터를 실시간 분석해 사용자의 이상 거래 패턴을 감지하고, 이 패턴 정보를 바탕으로 맞춤형 혜택, 실시간 위험 경보, 개인화 서비스를 제공하는 것으로 보도되고 있다. 이는 과거 시스템에서는 비용·연산 한계상 불가능했던 일로, AI 고도화 이후에 구현된 대표적 변화로 평가된다.

토스와 토스뱅크 역시 대규모 실시간 데이터 파이프라인과 AI 기술을 기반으로 모든 사용자 거래 및 행동 데이터를 실시간 분석하고 있다. 이를 통해 자동 금융 관리, 개인 맞춤 금융 조언, 실시간 금융 정보 제공, 이상 거래 및 신분증 사기 탐지 등 혁신 서비스를 전 고객에게 제공하고 있다. 특히 토스는 24시간 실시간 이상 거래 탐지(FDS) 시스템을 운용 중이며, 실제로 6개월간 600건의 신분증 사기를 실시간 차단하고, 120억 원 상당의 금융 사기 피해를 사전 방지했다고 알려져 있다. 또한, 각종 자동화와 맞춤 금융 정보 제공, 투자·저축 등 행동 데이터 기반 추천 등도 실시간 데이터 분석을 활용해 이미 수백만 명의 토스 및 토스뱅크 사용자에게 일상적으로 제공되고 있다.

예측 비용의 하락은 또한 완전히 새로운 비즈니스 모델들을 가능하게 만든다. 과거에는 예측 비용 때문에 수익성이 없었던 서비스들이 이제 수익성 있는 사업이 되고 있다. 예를 들어, 소액 대출이나 단기 신용 서비스는 과거에는 심사 비용이 대출 금액보다 높아서 사업성이 없었다. 하지만 AI가 신용평가에 소요되는 비용을 낮추면서, 이제 10만 원짜리 소액 대출도 수익성 있는 상품이 되었다(Berg, et al., 2020). 토스의 상품권 선결제, 카카오페이의 미리충전 같은 서비스들이 대표적이다. 또한 실시간 리스크 관리 서비스도 새로운 사업 영역으로 부상했다. 과거에는 월 단위나 분기 단위로만 가능했던 포트폴리오 리스크 분석이 이제 실시간으로 가능해지면서, 고빈도 리밸런싱 서비스나 실시간 손절매 서비스 같은 새로운 상품들이 등장하고 있다.

무엇보다 금융업의 진입 장벽이 낮아졌다. 과거에는 수천억 원을 들여 예측 인프라를 구축해야만 가능했던 영역에 이제 스타트업들이 진입하고 있다. 토스와 카카오뱅크 같은 디지털 금융 기업은 기존 은행과 유사한 수준의 신용평가 및 리스크 관리를 수행하면서도, 기술과 데이터 활용 면에서는 더 기민하게 움직인다. 네이버파이낸셜과 같은 빅테크 기업들은 검색 데이터를 기반으로 새로운 고객층을 타깃 삼아 금융 서비스를 확장하고 있다(삼정KPMG 경제연구원, 2021).

마지막으로 중요한 변화는 경쟁의 중심이 예측의 정밀도에서 실행의 속도와 정확성으로 옮겨가고 있다는 점이다. 이제 AI 덕분에 거의 모든 기관이 유사한 수준의 예측 능력을 확보할 수 있게 되었기 때문에, 차별화는 더 나은 데이터와 더 빠른 실행력에서 생긴다. 카카오뱅크가 카카오 생태계 데이터를 활용하고, 네이버가 검색 데이터를 기반으로 금융 서비스를 펼치는 이유다. 이제는 예측 그 자체보다, 예측을 얼마나 빠르게 가치로 전환할 수 있는가가 금융의 미래를 좌우하게 되었다.

제약과 실패: 완벽하지 않은 현실

하지만 모든 과정이 순탄하기만 한 것은 아니다. 실제 현장에서는 예상치 못한 제약과 실패 사례들이 중요한 교훈을 제공한다. 대표적인 사례가 미국 애플 카드의 성차별 논란이다. 덴마크 소프트웨어 엔지니어 데이비드 핸슨(David Hansson)은 자신과 아내가 같은 신용 점수와 소득을 가졌음에도 자신에게는 20배 높은 신용한도가 배정되었다고 트위터에 폭로했다. 더욱 놀라운 것은 애플의 공동창업자 스티브 워즈니악(Steve Wozniak)도 비슷한 경험을 했다고 밝힌 점이다. 이 사건은 즉시 뉴욕주 금융감독청의 조사로 이어졌다. 2021년 발표된 조사 결과 불법적인 차별의 증거는 발견되지 않았다고 결론지었지만, 공정 대출 관련 법규의 강화와 현대화가 필요하다고 지적했다. 더 심각한 문제는 이런 편향이 AI의 블랙박스 특성상 사전에 발견하기 어렵다는 점이다(New York State Department of Financial Services, 2021).

또 다른 문제는 인재 부족이다. AI와 금융을 동시에 깊이 이해하는 인력에 대한 수요는 폭증하고 있지만, 이런 인재는 전 세계적으로 극히 드물다. 특히 최근 글로벌 AI 초거대기업들은 슈퍼인재를 영입하기 위해 1년에 1억 달러(약 1,370억 원) 이상의 보상 패키지를 제시하는 일까지 등장했다. 메타(Meta)는 주요 AI 연구자를 최고 1억 달러 연봉 조건으로 데려왔고, 오픈AI 등도 핵심 임직원에게 수백억~수천억 규모의 옵션을 지급하고 있다. 핵심 연구팀을 데려오기 위해 이들이 만든 작은 회사를 아예 통째로 인수하는 경우도 있는데, 이때 그 회사를 사들이는 데 드는 돈이 조(兆) 단위가 된 경우도 있다. 이런 환경에서 금융기관들은 빅테크와의 인재 경쟁에서 밀리고 있다. JP모건 체이스는 현재 금융권에서 AI 관련 인력을 가장 많이 보유하고 있으며, 2023년 2~4월 3개월간 3,651개의 AI 관련 직무를 공고한 바 있다. 현재 JP모건은 약 2천 명의 AI·머신러닝 전문가와 데이터 과학자를 보유하고 있으며, 2024년부터는 모든 신입사원에게 AI 교육을 의무화했다. 하지만 이 같은 적극적 투자에도 불구하고, 최신 AI 기술과 금융 실무를 모두 이해하는 고급 인재층은 여전히 매우 희소하다. 신용평가, 리스크 관리, 규제 대응 등을 통합적으로 설계하면서 AI를 이해하는 전문가는 전 세계적으로 수십~수백 명에 불과하다.

규제 대응과 레거시 시스템의 통합 또한 현실적인 제약이다. 많은 대형 은행들은 1970~1980년대에 구축된 코볼(COBOL)[I] 기반의 메인프레임 시스템 위에서 운영되고 있다. 여기에 최신의 AI 시스템을 연결하기 위해선 중간 데이터 변환 계층을 따로 구축해야 하고, 이로 인해 실시간 연동은 사실상 어렵다. 어떤 은행들은 기존 시스템을 폐기하지 않고 디지털 트윈[II]이라는 방식으로 AI 시스템을 병행 운영하고 있지만, 이 역시 동기화 오류와 운영 비용 문제를 야기한다.

여기에 더해, 새롭게 생겨나는 각종 규제에 대응하는 것 역시 금융기관에 주어진 숙제다. 예를 들어, EU의 인공지능법(AI Act)[III]은 모든 금융기관에 대해 AI 의사결정에 대한 설명 가능성을 확보하고, 알고리즘 감사를 정기적으로 받아야 하며, 고객에게 AI 의사결정에 대한 이의를 제기 권리를 보장해야 한다고 규제한다. 이로 인해 많은 금융기관들은 AI에 특화된 별도의 규제 대응팀을 꾸리고 있으며, 경우에 따라서는 AI 개발팀보다 규모가 더 커지는 우스꽝스러운 상황도 연출된다(Díaz-Rodríguez, et al., 2023).

I 코볼(COmmon Business-Oriented Language, COBOL): 비즈니스, 금융, 행정 시스템과 같은 사무용 데이터 처리를 위해 설계된 초기 고급 프로그래밍 언어. 1959년에 개발되어 여전히 전 세계 은행, 보험, 정부 기관 등의 메인프레임 시스템에서 핵심적인 역할을 수행하고 있다.

II 디지털 트윈은 현실 세계의 사물, 시스템, 혹은 프로세스를 가상 환경에 동일하게 복제한 동적 모델을 의미한다. 은행에서는 실제 은행의 업무(계좌·거래 내역 등)를 실시간으로 복제하여 디지털 트윈을 구축할 수 있는데, 이러한 트윈을 기존 시스템과 별도로 만들어 새로운 서비스를 신속하게 실험·도입하는 데 활용한다.

III EU의 인공지능법(AI Act): 세계 최초로 인공지능에 대한 포괄적 규제를 담은 법안으로 2024년 3월 유럽의회를 통과하였으며, 이후 단계적으로 시행되어 2026년부터 전면 적용될 예정이다.

새로운 질문의 등장

오늘날 인공지능(AI)이 만들어 낸 예측 비용의 급격한 하락은 과거의 모든 범용 기술들이 가져온 혁명들과 본질적으로 유사하다. 예측이 값비싼 희소 자원에서 일상적 인프라로 전환되며, AI 기술을 효과적으로 활용하는 주체가 새로운 권력의 중심이 될 것이다. 이는 금융 서비스의 생산 방식, 유통 방식, 그리고 소비자의 경험을 혁명적으로 변화시킬 잠재력을 가지고 있다. 예측 비용이 90% 이상 하락했다는 것은 변화가 단지 양적으로 이루어지는 것을 넘어서, 질적 전환으로 이어지는 임계점을 넘었다는 뜻이다.

이제 우리는 새로운 질문을 마주한다. 예측이 거의 공짜가 되는 세상에서 진짜 가치는 어디서 발생할까? 경제학은 명확한 답을 제시한다. 어떤 요소의 비용이 급락하면 해당 요소와 함께 사용되는 보완재의 가치가 상승한다. 즉, 예측이 저렴해질수록 예측과 함께 작동하는 다른 요소들이 새로운 힘의 원천이 된다는 뜻이다. AI와 함께 사용되며 결정적인 역할을 하게 될 보완재는 크게 세 가지다.

첫 번째 보완재는 예측의 원료가 되는 데이터(data)다. AI가 아무리 정교해도, 훈련과 예측에 사용하는 데이터가 부실하면 결과는 쓸모없다. 따라서 고품질의 데이터, 특히 차별화된 독점 데이터를 가진 기업이 우위를 점하게 된다. 예를 들어, JP모건이 보유한 계약서 데이터, 카카오가 축적한 생활 패턴 데이터, 그리고 네이버의 검색 데이터는 AI를 작동시키는 핵심 연료가 된다. 실제로도 데이터 독점력은 이미 플랫폼 기업의 새로운 지배력이 된 지 오래다. 예를 들어 구글은 검색 데이터를, 아마존은 구매 데이터를, 메타는 소셜 네트워크 데이터를 기반으로 각자의 영역을 강력히 구축해 왔다. 금융업 역시 이와 다르지 않다. 향후에는 누가 AI를 잘 만들었는지보다 누가 더 질 좋은 데이터를 가지고 있는지가 중요해질 것이다.

두 번째 보완재는 예측의 결과를 해석하고 의사결정을 내리는 인간의 판단력(judgment)이다. AI는 무엇이 일어날지를 예측하지만, 무엇을 해야 할지를 결정하는 것은 여전히 인간의 몫이다. 예측 결과를 해석하고, 그에 따라 실행 전략을 수립하며, 윤리적·정책적 판단을 내리는 일은 알고리즘이 대체할 수 없다. AI를 기반으로 한 고객 이탈 예

| 보완재(Complementary Goods) : 함께 사용될 때 효용이 증가하는 재화들로, 한 재화의 가격이 오르면 다른 재화의 수요도 감소하는 특징을 가진다. 예를 들어 커피 가격이 오르면 설탕 수요도 줄어들고, 자동차 가격이 오르면 휘발유 수요도 감소한다.

측 시스템이 도입될 때, 그것이 실제 성과로 이어지는 데에는 정확한 예측을 넘어서 이탈 가능성이 높은 고객에게 어떤 대응을 해야 하는지를 설계한 인간의 전략과 판단이 필요하다. 즉, 기술을 어떻게 서비스 설계에 통합할지를 고민할 사람들이 중요하다. 복잡한 상황에서의 우선순위 결정, 규제와 윤리의 충돌 조율, 조직적 리스크에 대한 판단 등은 당분간 인간만이 감당할 수 있는 역할이다. AI가 발달할수록 오히려 인간의 판단이 더 중요한 차별화 요소가 될 수 있다.

세 번째 보완재는 AI의 예측을 바탕으로 내린 판단을 실제 가치로 전환하는 행동(action) 시스템이다. 예측이 아무리 정확하더라도 이를 실행할 수 있는 몸이 굳어 있다면 무용지물이다. 대부분의 기존 기업이 보유한 레거시 시스템은 데이터 사일로와 기술적 경직성으로 인해 새로운 행동을 가로막는 큰 장애물이다. 따라서 진정한 행동 시스템을 구축하는 것은 단순한 기술 도입을 넘어, 올바른 행동에 대해 보상하는 인센티브 설계, 인간의 판단 역량에 집중하는 직무 재설계, 그리고 핵심 행동에만 집중하기 위한 가치사슬 재편까지 요구되는 전사적 혁신이다. 결국 예측이 상향 평준화되는 시대에 각 기업들의 경쟁력은 판단을 가치로 전환시키는 마지막 연결고리인 실행 시스템에서 결정될 것이다.

제2장에서 우리는 이 세 가지 보완재가 어떻게 새로운 경쟁 구조를 만들어 갈지, 그리고 금융업의 권력 지형을 어떻게 재편할지 구체적으로 살펴볼 것이다. 전통적인 금융기관과 빅테크, 핀테크 간의 경계가 흐려지고, 새로운 플레이어들이 계속 등장하고 있다. 이제 중요한

것은 단순히 누가 더 정확하게 예측하는지가 아니라, 누가 데이터를 확보하고, 예측을 해석하고 판단하며, 가치 전환을 실행하는지가 미래의 금융 권력을 결정할 것이다. 우리는 지금 두 시대의 전환점에 서 있다. 예측이 비싸고 느리고 부정확했던 시대에서 예측이 싸고 빠르고 정확한 시대 사이로. 예측 비용의 하락과 함께 진짜 혁명은 이제부터 시작될 것이다.

제2장

보완재 혁명

1979년 미국 경제는 전례 없는 혼란의 소용돌이 속으로 빠져들고 있었다. 1973년 1차 석유 파동의 충격이 채 가시기도 전에 터진 1979년의 2차 석유 파동은 미국 경제에 스태그플레이션(stagflation)이라는 깊은 상처를 남겼다. 이란 혁명으로 촉발된 두 번째 위기는 원유 가격을 3배나 폭등시켰고 이는 미국 경제 전체를 뒤흔들었다. 인플레이션은 걷잡을 수 없이 치솟았다. 1979년 소비자 물가상승률은 11%를 넘어섰고, 1980년 3월에는 14.8%에 육박했다(Hamilton, 2011).

이러한 살인적인 인플레이션을 잡기 위해 당시 연방준비제도(Fed) 의장이던 폴 볼커(Paul Volcker)는 극약 처방을 내렸다. 그는 1979년부터 기준금리를 공격적으로 인상하기 시작했고, 1980년 말에는 연방기금금리 목표 범위를 사상 최고치인 20%까지 끌어올렸다. 이러한 초고금리 정책은 인플레이션을 억제하기 위한 불가피한 선택이었지만, 동시에 기업들의 자금 조달 비용을 천문학적으로 높여 경제 전체를 급격한 침체로 몰아넣었다. 기업들은 하루가 다르게 변하는 금리와 물가 속에서 생존을 위해 더 정교하고 빠른 재무 분석을 절실히 필요로 했다. 미래의 불확실성이 극에 달한 상황에서, 다양한 시나리오에 기반한 신속한 의사결정 능력은 선택이 아닌 필수였다.

하지만 당시 기업들이 사용할 수 있는 재무 분석 도구는 이러한 시대적 요구를 따라가기에는 역부족이었다. 대부분의 재무 분석은 거대한 종이 시트 위에서 계산기를 두드리고, 연필로 숫자를 적고, 지우개로 지우기를 반복하는 수작업에 의존했다. 기업이 5개년 치 사업 계획을 세우는 데 회계사 10명이 2주간 매달려야 했다. 더욱이 이러한 방식의 가장 큰 문제는 분석이 매우 경직적이라는 점이었다. 만약 분석의 기본 가정이 하나라도 바뀐다면(예를 들어 이자율이 8%에서 9%로 오른다면) 그와 연결된 모든 계산을 처음부터 다시 해야만 했다. 이러한 현실은 만약에(what-if)라는 시나리오 분석을 사실상 불가능하게 만들었다. 너무나 많은 시간과 노력이 소요되었고, 그 과정에서 실수가 발생할 확률 또한 매우 높았다.

우리가 오늘날까지도 EBITDA와 같은 원시적인 지표를 관성적으로 사용하는 배경에는 이러한 시대적 한계가 자리 잡고 있다. 당시의 인프라로는 복잡한 계산을 통해 실제 현금흐름을 정교하게 추산하는 것

| EBITDA(Earnings Before Interest, Taxes, Depreciation, and Amortization): 이자, 세금, 감가상각비를 빼기 전 기업의 영업이익을 보여주는 지표. 기업이 영업 활동을 통해 얼마나 많은 현금을 벌어들일 수 있는지를 보여주는 현금 창출 능력에 대한 간편한 추정치로, 영업활동현금흐름(Operating Cashflow)을 계산할 수 있다면 별도로 사용할 필요는 없다.

이 거의 불가능했기 때문에, EBITDA와 같이 매우 간단한 지표를 통해 이를 어림짐작할 수밖에 없었던 것이다.

물론, 자금력이 풍부한 대형 은행이나 증권사의 경우에는 메인프레임 컴퓨터를 활용해 복잡한 계산을 수행할 수 있었다. 하지만 이 역시 이상적인 해결책은 아니었다. 메인프레임은 소수의 전문가들만 다룰 수 있는 폐쇄적인 시스템이었고, 간단한 계산 하나를 바꾸는 데에도 프로그래머가 코볼(COBOL)이나 포트란(Fortran)과 같은 언어로 별도의 프로그램을 수정하거나 새로 짜야 했다. 하나의 가정을 바꾸는 데 며칠이 걸리는 일도 흔했다. 이는 급변하는 경제 상황에 실시간으로 대응해야 하는 기업의 요구와는 거리가 멀었다. 대부분의 중소기업들에게는 이마저도 그림의 떡이었다. 계산의 위기는 곧 의사결정의 위기로 이어지고 있었다.

이러한 문제의식 속에서 실질적인 해결책을 모색하던 두 젊은이가 있었다. 당시 하버드 비즈니스 스쿨 MBA 과정에 재학 중이던 댄 브리클린(Dan Bricklin)과 그의 동료인 프로그래머 밥 프랭크스턴(Bob Frankston)이었다. 브리클린은 수업 시간마다 교수가 칠판에 재무 모델을 그려놓고 설명할 때, 가정 하나가 바뀔 때마다 모든 숫자를 지우고 다시 계산하는 비효율을 목격했다.

브리클린과 프랭크스턴은 이 과정을 컴퓨터로 자동화할 수 없을

| 포트란(Fortran, Formula Translation): 과학 및 공학 계산을 목적으로 1957년 IBM에 의해 개발된 세계 최초의 고급 프로그래밍 언어. 복잡한 수학 계산과 배열 처리에 효율적이어서 고성능 컴퓨팅 분야에서 여전히 강력한 영향력을 발휘하고 있다.

까 고민했고, 복잡한 프로그래밍 언어를 몰라도 마치 계산기처럼 직관적으로 사용할 수 있는 컴퓨터 프로그램을 만들자는 계획을 구체화했다. 1979년 중반, 그들은 소프트웨어 아츠(Software Arts)라는 회사를 설립하고 세계 최초의 전자 스프레드시트 소프트웨어인 비지칼크(VisiCalc)를 세상에 내놓았다(Campbell-Kelly, 2004).

비지칼크(VisiCalc)가 애플II(Apple II)에서 구동되고 있는 모습
(출처: Ryan Crosbie)

오늘날 우리에게는 낯선 풍경이지만, 1980년대 영화 속에서 검은 화면에 초록색 글자가 깜빡이는 투박한 모니터와 뭉툭한 키보드를 기억하는 이들이 있을 것이다. 바로 그 환경에서 비지칼크는 구동되었다. 처음에 사람들은 100달러도 채 안 되는 이 작은 소프트웨어가 무슨 대단한 일을 할 수 있을지 반신반의했다. 하지만 비지칼크는 이러한 회의적인 시선을 비웃기라도 하듯 비즈니스 세계에 혁명을 일으켰다.

비지칼크는 단순히 계산 속도를 높이는 것을 넘어, 기업의 의사결정 방식 자체를 근본적으로 바꾸었다. 가장 혁신적인 기능은 하나의 숫자를 변경하면 그와 연결된 모든 관련 계산이 자동으로 즉시 업데이트되는 것이었다. 과거 10명의 분석가가 2주 동안 매달려야 했던 방대한 작업을 단 한 사람이 몇 시간 만에 끝낼 수 있게 되었을 뿐만 아니라, 과거에는 상상조차 할 수 없었던 만약에(what-if) 시나리오 분석이 가능해졌다. 이자율, 판매량, 원가 등 다양한 변수를 즉각적으로 바꿔보며 미래를 시뮬레이션하고, 불확실성 속에서 더 빠르고 정확한 의사결정을 내릴 수 있게 된 것이다.

이 100달러짜리 프로그램은 당시 2천 달러에 달하던 애플 Ⅱ 컴퓨터를 날개 돋친 듯 팔리게 만든 킬러 애플리케이션(killer application)이 되었다. 그전까지 기업들은 개인용 컴퓨터를 주로 게임기나 일부 기술자들의 장난감 정도로 여겼을 뿐, 본격적인 사무용 도구로서의 가능성은 명확히 인식하지 못했다. 비지칼크의 등장으로 기업들은 너도나도 계산을 하기 위해 애플 Ⅱ 컴퓨터를 구매했다. 1979년에 판매된 애플 Ⅱ의 25% 이상이 비지칼크를 구동하기 위한 목적이었다는 추정이 있을 정도다. 비지칼크는 100만 카피 이상 판매되었고, 이 작은 소프트웨어의 성공은 2년 뒤 IBM이 IBM PC를 출시하며 개인용 컴퓨터 시장에 본격적으로 뛰어드는 계기가 되었다(Ceruzzi, 2012).

| 킬러 애플리케이션(killer application): 등장하자마자 그 앱을 사용하기 위해 특정 기기나 플랫폼 전체의 구매를 이끌어 낼 만큼 매우 매력적이고 혁신적인 애플리케이션을 말한다. 단순히 유용한 프로그램을 넘어, 특정 기술이나 하드웨어의 대중화를 폭발적으로 이끄는 견인차 역할을 한다.

비지칼크가 일으킨 혁명은 단순한 소프트웨어 판매 성공을 넘어, 완전히 새로운 기술 생태계를 탄생시켰다. 이 과정에서 가치가 어떻게 증폭되고 이전되었는지를 살펴보는 것은 매우 흥미롭다. 먼저 하드웨어 보완재들이 폭발적으로 성장했다. 비지칼크를 사용하려면 당연히 애플 II 컴퓨터가 필수적이었다. 하지만 수요는 거기서 그치지 않았다. 분석 결과를 종이로 출력하려면 프린터가, 더 큰 화면으로 보기 편하게 작업하려면 별도의 모니터가, 데이터를 저장하고 옮기려면 디스크 드라이브가 필요했다. 이들 각각은 독립적인 제품이었지만, 비지칼크라는 핵심 소프트웨어와 함께 사용될 때 비로소 완전한 가치를 발휘하는 보완재였다.

소프트웨어 생태계도 함께 번창했다. 비지칼크가 기본적인 계산과 재무 모델링을 해결하자, 사용자들은 더 전문적이고 특화된 기능을 원하기 시작했다. 이를 바탕으로 회계 전용 소프트웨어, 프로젝트 관리 프로그램, 데이터베이스 관리 시스템 등이 우후죽순처럼 등장했다. 이들은 비지칼크와 데이터를 주고받으며 더 복잡하고 정교한 분석을 가능하게 했다.

서비스 산업 역시 폭발적으로 성장했다. 값비싼 컴퓨터와 소프트웨어를 구매하고, 이를 제대로 활용하기 위해서는 교육이 필요했다. 미국 전역에 컴퓨터 활용법을 가르치는 교육 센터가 생겨났고, 기업의 특수한 상황에 맞춰 컴퓨터 시스템 도입을 컨설팅해 주는 전문 회사들도 등장했다. 때로는 이러한 교육과 컨설팅 서비스의 가격이 하드웨어나 소프트웨어 자체의 가격을 넘어서기도 했다.

가장 극적인 변화는 새로운 직업군의 탄생에서 나타났다. 1980년 이전에는 재무 분석가(financial analyst)라는 직업이 지금과 같은 형태로 존재하지 않았다. 복잡한 재무 모델링은 시간이 너무 많이 걸려 실용성이 떨어졌기 때문이다. 하지만 비지칼크가 계산 시간을 획기적으로 단축시키자 상황이 완전히 바뀌었다. 대기업뿐만 아니라 중소기업에서도 정교한 재무 분석이 가능해졌고, 이를 전담할 전문 인력에 대한 수요가 증가했다.

가치는 증폭되었다. 비지칼크 혼자서는 단순한 계산 소프트웨어에 불과했지만 애플 컴퓨터와 만나면서 업무용 개인 워크스테이션이 되었고, 프린터와 결합하면서 보고서 생산 도구가 되었으며, 교육과 컨설팅이 더해지면서 기업 의사결정의 핵심 인프라로 자리 잡았다. 각각의 보완재가 전체 시스템의 가치를 기하급수적으로 높인 것이다.

그렇다면 이 거대한 가치는 최종적으로 어디로 흘러갔을까? 비지칼크를 개발한 소프트웨어 아츠는 약 100만 개의 제품을 팔아 상당한 성공을 거두었지만, 그들이 벌어들인 돈은 애플이 벌어들인 부에 비하면 새 발의 피였다. 비지칼크 덕분에 애플의 시가총액은 폭발적으로 증가했다. IBM, 인텔, 마이크로소프트와 같은 후발주자들이 PC 생태계의 거인으로 성장하는 발판이 마련되었고, 수많은 백만장자를 탄생시켰다. 결국 계산을 수행하는 능력 자체보다는, 계산을 가능하게 하는 플랫폼과 그 주변의 보완재 생태계가 훨씬 더 큰 가치를 창출하고 포획한 것이다.

보완재와 대체재

그로부터 40여 년이 흐른 오늘 우리는 비지칼크 혁명과 놀랍도록 유사한 패턴을 다시 목격하고 있다. 이번 혁명의 주인공은 인공지능(AI)이다. 비지칼크가 계산(calculation) 비용을 극적으로 낮춰 PC 혁명을 촉발했다면, AI는 예측(prediction) 비용을 극적으로 낮추며 새로운 혁명의 문을 열고 있다.

토론토 대학의 애그러월 교수가 그의 저서 『예측 기계』에서 지적했듯이, AI 도입에 따른 핵심적인 경제적 영향은 바로 예측 비용을 하락시키는 것이다. 여기서 예측이란 미래를 점치는 신비로운 행위를 의미하는 것이 아니다. 예측은 불완전한 정보하에서 빠진 정보를 채워 넣는 과정으로 정의된다. 신용카드 거래 내역을 보고 이 거래가 사기인지 아닌지 판단하는 것, 고객의 과거 구매 이력을 보고 다음에 어떤 상품을 추천할지 결정하는 것, 재무제표를 보고 기업의 미래 현금흐름을 추정하는 것 모두 예측의 범주에 속한다.

과거에는 이러한 예측 작업에 엄청난 비용이 들었다. 5년 전만 해도 신용평가 모델 하나를 개발하는 데 수개월의 시간과 수백만 달러의 비용이 필요했다. 기업에서는 수많은 애널리스트가 몇 달에 걸쳐 기업과 시장을 분석해야 하나의 투자 전략을 수립할 수 있었다. 하지만 AI는 이 모든 것을 바꾸고 있다. 이제 신용평가 모델은 몇 주면 개발 가능하고 비용도 저렴하다. 복잡한 투자 전략 수립 역시 AI가 며칠 만에 해낸다. 예측이 저렴해지고, 빨라지고, 보편화되고 있는 것이다.

경제학에서 대부분의 재화와 서비스는 다른 재화와 두 가지 관계 중 하나를 맺는다. 바로 보완재^I 또는 대체재^{II}다. 보완재는 함께 사용될 때 더 큰 가치를 만들어 내는 것들이다. 커피와 설탕, 자동차와 휘발유, 스마트폰과 애플리케이션이 대표적인 예다. 한편 대체재는 서로를 대신할 수 있는 재화들이다. 버터와 마가린, 택시와 지하철, 신문과 온라인 뉴스가 여기에 해당한다.

이러한 관계 속에서 한 재화의 가격 변동은 다른 재화의 수요에 직접적인 영향을 미친다. 보완재 관계에서는 한 재화의 가격이 하락하면, 다른 보완재의 수요가 증가한다. 휘발유 가격이 하락하면 자동차 판매량이 늘어나는 것이 그 예다. 반대로 대체재 관계에서는 한 재화

I 보완재(Complementary Goods): 함께 사용될 때 효용이 증가하는 재화들로, 한 재화의 가격이 오르면 다른 재화의 수요도 감소하는 특징을 가진다. 이는 두 재화가 상호 의존적인 관계에 있기 때문이다.

II 대체재(Substitute Goods): 서로 비슷한 기능을 하여 대신 사용할 수 있는 재화들로, 한 재화의 가격이 오르면 다른 재화의 수요가 증가하는 특징을 보인다. 이는 소비자가 상대적으로 저렴해진 재화로 소비를 전환하기 때문이다.

의 가격이 하락하면, 다른 대체재의 수요는 감소한다. 넷플릭스 구독료가 인하되면 케이블 TV 가입자가 줄어드는 것처럼 말이다.

경제학적으로 바라봤을 때 AI의 핵심은 예측 비용을 낮추는 것이다. 그리고 예측이 저렴해지면, 예측과 함께 작동하는 보완재들의 가치가 상승하기 마련이다. 비지칼크가 계산 비용을 낮추자 계산기와 함께 쓰이는 컴퓨터, 프린터, 재무 분석가의 판단력이라는 보완재의 가치가 급등했던 것과 똑같은 현상이 지금 일어나고 있다. AI 기술의 발전으로 인해 예측 자체는 거의 무료에 가까운 범용 기술이 되어가고 있고, 그 예측을 가능하게 하는 원재료와 예측의 결과를 해석하고 실행하는 능력의 가치는 그 어느 때보다 치솟고 있다.

비지칼크가 촉발한 PC 혁명과 현재 진행 중인 AI 혁명은 해당 기능의 비용 하락이 보완재의 가치를 상승시킨다는 경제적 패턴을 공유하지만, 그 이면을 자세히 들여다보면 둘 사이에는 질적인 차이가 존재한다. 이 차이를 이해하는 것은 AI 혁명의 파급력을 정확히 가늠하는 데 매우 중요하다.

첫째, 기술적 기반과 확산 속도가 다르다. PC 혁명은 중앙처리장치(CPU)[1]의 발전에 힘입어 이루어졌다. 반면 AI 혁명은 기계 학습 워크로

---

[1] CPU(Central Processing Unit): 컴퓨터의 중앙처리장치로, 모든 종류의 계산과 논리 연산을 처리하는 범용 프로세서다. 복잡한 명령어를 순차적으로 처리하는 데 최적화되어 있으며, 운영체제 실행, 프로그램 구동, 시스템 제어 등 컴퓨터의 전반적인 작업을 담당한다.

드에 특화된 그래픽처리장치(GPU)와 신경망처리장치(NPU)[II]라는 새로운 반도체의 등장이 기폭제가 되었다. NPU는 클라우드뿐만 아니라 개인용 컴퓨터와 스마트폰에도 탑재되어, 과거에는 상상할 수 없었던 온디바이스 AI(On-device AI)[III]를 가능하게 한다. 확산 속도 역시 비교가 되지 않는다. 개인용 컴퓨터가 기업의 필수품으로 자리 잡는 데는 거의 20년이 걸렸지만, AI는 불과 3~4년 만에 산업 전반을 뒤흔들고 있다.

둘째, 접근성의 장벽이 극적으로 낮아졌다. 비지칼크를 사용하기 위해서는 2천 달러짜리 애플 II 컴퓨터를 구매해야 했고, 표기법과 수식 입력 방식을 새로 배워야 했다. 이는 상당한 금전적·인지적 장벽이었다. 그러나 오늘날 ChatGPT나 Gemini와 같은 생성형 AI 도구는 대부분 무료 또는 저렴한 구독료로 이용 가능하며, 그 사용법은 인류에게 가장 친숙한 인터페이스인 자연어다. 말하거나 글을 쓸 수 있다면 누구나 즉시 AI의 강력한 능력을 활용할 수 있다. 이처럼 낮은 진입 장벽은 AI 기술의 파급력을 높이는 요인이다.

[I] GPU(Graphics Processing Unit): 원래 그래픽 렌더링을 위해 개발된 프로세서지만, 현재는 대량의 데이터를 병렬로 처리하는 능력 때문에 AI 학습과 과학 계산에 널리 사용된다. CPU가 복잡한 작업을 순차적으로 처리한다면, GPU는 단순한 계산을 수천 개의 코어에 동시에 처리하는 구조다. 이는 마치 한 명의 전문가가 복잡한 문제를 해결하는 것과 수천 명의 작업자가 단순 작업을 동시에 하는 것의 차이와 같다.

[II] NPU(Neural Processing Unit): 인공지능과 머신러닝 연산에 특화된 전용 프로세서로, 신경망 계산을 매우 효율적으로 처리하도록 설계되었다. CPU나 GPU로도 AI 작업이 가능하지만, NPU는 AI 연산에 최적화된 구조로 더 빠르고 전력 효율적인 처리가 가능하다. 스마트폰의 음성 인식, 이미지 처리, 실시간 번역 등에서 NPU가 활용되어 배터리 소모 없이도 빠른 AI 기능을 제공한다.

[III] 온디바이스 AI(On-device AI): 클라우드 서버를 거치지 않고, 스마트폰이나 노트북 같은 기기 자체에서 AI 연산을 직접 수행하는 기술

셋째, 혁신의 동력이 다르다. 초기 PC 혁명은 애플, IBM, 마이크로소프트 등 소수의 기업이 주도하는 중앙집권적이고 독점적인 성격이 강했다. 하지만 AI 혁명은 오픈소스[I] 모델과 API를 기반으로 한 완전 분산형 혁신의 특징을 띤다. 구글의 텐서플로우(TensorFlow)[II]나 메타의 파이토치(PyTorch)[III] 같은 오픈소스 프레임워크 덕분에 전 세계의 개발자들이 자유롭게 AI 모델을 만들고 개선하며 생태계에 기여할 수 있다. 이는 혁신의 속도를 가속화하고, 특정 기업의 기술 독점을 어렵게 만드는 요인으로 작용한다.

결론적으로 AI 혁명은 PC 혁명의 단순한 반복이 아니다. 자동화하는 대상이 구조화된 계산에서 비구조화된 예측과 생성으로 바뀌었고, 기술의 접근성은 극적으로 낮아졌으며, 혁신의 엔진은 분산되었다. 따라서 AI 혁명이 만들어 낼 경제적, 사회적 파급력은 PC 혁명보다 훨씬 더 빠르고, 더 광범위하며, 더 근본적인 변화를 초래할 것이다. 이제 예측이 저렴해지면서 그 가치가 폭발하고 있는 세 가지 핵심 보완재, 즉 데이터, 인간의 판단력, 그리고 실행 시스템을 구체적으로 살펴보자.

I   오픈소스(Open Source): 소스 코드를 누구나 자유롭게 보고, 사용하고, 수정하고, 배포할 수 있도록 공개하는 것. 전 세계 개발자들이 집단 지성으로 협력하여 소프트웨어를 함께 개선하고 발전시키므로, 혁신을 촉진하고 특정 기업의 기술 독점을 막는 데 기여한다.

II   텐서플로우(TensorFlow): 구글이 개발한 대표적인 오픈소스 머신러닝 및 AI 개발 라이브러리

III   파이토치(PyTorch): 메타가 개발한 오픈소스 머신러닝 라이브러리

데이터(Data):
새로운 시대의 석유

AI 혁명의 첫 번째 전선은 단연 데이터다. AI로 인해 예측이 저렴한 범용 기술이 되면서, 예측의 핵심 원료인 데이터의 가치는 수직 상승했다. 과거 원유가 산업 시대의 부의 원천이었다면, 오늘날 데이터는 뉴 오일(new oil)로 불린다. 다만, 원유가 정제 과정을 거쳐야 비로소 가솔린이라는 고부가가치 상품이 되듯, 데이터 역시 정제, 가공, 결합의 과정을 거쳐야 진정한 가치를 발휘한다는 점에서 정제된 석유라는 표현이 더 정확할 것이다.

데이터의 가치가 폭증한 점은 시장에서 숫자로 증명된다. 특히 전통적인 재무제표나 기업 공시 자료를 넘어선 대안 데이터(alternative data) 시장의 성장은 놀랍다. 위성 이미지, 신용카드 거래 내역, 모바일 앱 사용 기록, 웹 트래픽, 소셜미디어 감성 데이터 등을 포함하는 전 세계 대안 데이터 시장 규모는 2023년 약 70억 달러 수준에서 연평균 50%가 넘는 성장률을 보이며 2030년에는 1,350억 달러에서 1,680억 달러 규모에 이를 것으로 전망된다(Grand View Research, 2023).

이 시장의 가장 큰 수요처는 단연 금융 부문으로 전체 시장의 상당 부분을 차지하고 있다. 헤지펀드들은 경쟁사보다 0.003초 빠른 주식 시세 정보를 얻기 위해 뉴욕과 시카고 사이에 3억 달러 규모의 광케이블을 설치하고, 위성 사진이나 신용카드 결제 데이터 같은 고가의 대안 데이터를 확보하기 위해 많은 비용을 지출한다. 이는 양질의 데이터를 선점하는 것 자체가 거대한 진입 장벽이자 핵심 경쟁력임을 명백히 보여준다.

하지만 모든 데이터가 동일한 가치를 갖는 것은 아니다. 남들이 갖지 못한 독점적이고, 실시간이며, 깊은 맥락을 담은 데이터야말로 기업의 가장 중요한 전략 자산으로 부상할 수 있다. AI 모델의 성능은 결국 데이터의 질과 양에 의해 결정되므로, 더 우수하고 정제된 데이터를 보유한 기업이 경쟁사를 압도하는 정확성과 통찰력을 확보하게 될 것이기 때문이다.

이러한 가치는 이미 성공적인 기업들에 의해 현실에서 증명되고 있다. 이들은 전통적 금융 데이터의 한계를 넘어 새로운 데이터 영토를 개척하며 성공 방정식을 써 내려가고 있다. 미국의 핀테크 기업 업스타트(Upstart)는 단순히 FICO⎹ 신용 점수만 보는 대신, 지원자의 출신 대학, 전공, 학점, 직업 경력 등 1,600개 이상의 비금융 변수를 AI 모

| FICO 점수는 미국에서 가장 널리 쓰이는 신용 점수 시스템으로, 개인의 신용도를 300~850점 사이의 숫자로 나타낸다.

델에 활용한다. 이를 통해 기존 은행 시스템에서는 신용불량자로 분류되었을 수많은 숨겨진 우량 고객을 발굴하여 대출 시장의 변화를 불러오고 있으며, 2024년 한 해에만 약 59억 달러 규모의 70만 건 가량의 대출을 실행하는 성과를 거두었다(De Maggio, et al., 2022).

필리핀의 핀스코어(Finscore)는 은행 계좌가 없는 수백만 명의 통신 데이터, 즉 통화 패턴, 데이터 사용량, 요금 충전 주기 등을 분석하여 독자적인 신용평가 모델을 구축했다. 이는 금융 소외계층을 새로운 시장으로 편입시키는 포용적 성장의 대표 사례다. 또한, 미국의 핀테크 기업인 제스트 AI(Zest AI)는 10년간 축적한 독점적인 대출 실행 데이터를 기반으로 머신러닝 모델을 훈련시켜, 기존 모델 대비 소수 집단에 대한 대출 승인율을 40% 이상 높이면서도 리스크는 동일하게 유지하는 성과를 보였다. 현재 175개가 넘는 금융기관이 제스트 AI의 솔루션을 도입하여 대출 심사의 정확성과 공정성을 높이고 있다. 이러한 사례들은 특히 수백만 명의 개인 고객을 대상으로 하는 소매금융(retail banking) 분야에서 데이터 보완재가 어떻게 승패를 가르는지를 명확히 보여준다. 고객 수가 많을수록 데이터의 네트워크 효과가 기하급수적으로 커지기 때문에, 양질의 고객 데이터를 확보하는 능력이 곧 시장 지배력으로 직결된다(Morgan, 2022).

하지만 데이터의 가치가 높아질수록 해결해야 할 과제들도 복잡해졌다. 가장 근본적인 문제는 데이터 품질인데, 모든 데이터가 같은 가치를 갖는 것은 아니며, 편향되거나 오염된 데이터는 AI를 잘못된 방향으로 이끄는 독이 될 수 있다. 예를 들어, 사기꾼이 만든 가짜 소셜미디어 계정이나 해킹으로 유출된 개인정보가 신용평가에 사용된다면 그 결과는 재앙적일 것이다. 두 번째 도전은 조직 내부의 데이터 사일로 문제다. 대부분의 기업에서 데이터는 부서별로 흩어져 있다. 마케팅 부서의 고객 데이터, 영업 부서의 거래 데이터, 재무 부서의 회계 데이터가 통합되지 않고 따로 노는 상황이다. 이 사일로를 허무는 것은 단순한 기술적 과제를 넘어 부서 이기주의와 조직 정치까지 얽힌 복합적인 문제다. 세 번째이자 가장 복잡한 도전은 개인정보보호 규제이다. GDPR[I]이나 CCPA[II]와 같은 강력한 규제가 데이터 수집과 공유를 크게 제약하고 있다. 기업들은 데이터의 경제적 가치를 추구하면서도 동시에 개인정보를 보호해야 하는 모순적 상황에 직면하게 되었다.

 이러한 도전에 대응하기 위해 혁신적인 기술들이 등장하고 있는데 첫 번째는 합성 데이터(synthetic data) 기술이다. AI 모델이 실제 원본 데이터의 통계적 특성과 패턴을 학습한 후, 원본과 유사하지만 완전히 새로운 가상의 데이터를 생성하는 것이다. 이 데이터는 실제 개인정보를 포함하지 않기 때문에 프라이버시 침해 위험 없이 자유롭게 분석할 수 있다. 한 연구에 따르면 합성 데이터로 훈련된 모델은 인구통계학적 편향을 23%까지 줄이면서도 예측 정확도를 유지하는 것으

[I] GDPR(General Data Protection Regulation): 유럽연합(EU)에서 2018년에 시행된 개인정보보호 규제로 전 세계 어디서든 EU 시민의 데이터를 처리하는 기업이라면 적용되며, 위반 시 연간 매출의 4% 또는 2천만 유로 중 높은 금액의 과징금이 부과된다.

[II] CCPA(California Consumer Privacy Act): 2020년에 시행된 캘리포니아주의 개인정보보호법으로, 캘리포니아 거주자들에게 개인정보 수집·판매·삭제에 대한 알 권리와 통제권을 부여한다. 연 매출 2,500만 달러 이상이거나 5만 명 이상의 개인정보를 처리하는 기업에 적용되며, 위반 시 건당 최대 7,500달러의 과징금이 부과된다.

로 나타났다(Juwara, et al., 2024).

두 번째 혁신은 연합 학습(federated learning)이다. 이는 데이터를 모델로 가져오는 전통적인 방식 대신, 모델을 데이터가 있는 곳으로 보내는 패러다임의 전환이다. 여러 은행이 사기 탐지 모델을 공동으로 개발한다고 가정해 보자. 연합 학습 환경에서는 각 은행이 중앙 서버로부터 공유 모델을 내려받아 자신들의 내부 데이터로만 훈련시킨다. 그리고 실제 고객 데이터가 아닌, 모델의 가중치(weight) 업데이트값만 중앙 서버로 다시 전송한다. 중앙 서버는 여러 은행에서 온 업데이트값들을 종합하여 공유 모델을 개선하고, 이 과정을 반복한다. 이 방식을 통하면 어떤 은행도 다른 은행의 민감한 고객 데이터를 볼 필요 없이, 모두의 데이터를 학습한 것과 같은 효과를 내는 강력한 공동 모델을 만들 수 있다(Kairouz, et al., 2021).

결국 AI 시대의 경쟁은 누가 더 똑똑한 AI 모델을 가졌는가가 아니라, 누가 더 가치 있는 데이터를 실시간으로 확보하고, 연결하며, 정제하여 활용하는가의 경쟁이 될 것이다. 이를 위해서는 가장 기초적으로 고품질의 데이터를 식별하고 확보하는 능력이 필요하다. 그 후에는 조직 내 데이터 사일로를 허물고 통합된 데이터 환경을 구축하는 능력을 구축해야 한다. 마지막으로 프라이버시 규제라는 제약 조건하에서도 데이터 가치를 극대화할 수 있는 기술적 혁신 역량을 쌓아야 한다. 이 세 가지 역량을 모두 갖춘 기업, 즉 합성 데이터와 연합 학습 같은 첨단 기술을 선도적으로 도입하면서도 데이터 거버넌스를 체계적으로 관리하는 기업이 데이터 시대의 승자가 될 수 있을 것이다.

인간의 판단력(Judgment):
예측을 지혜로 바꾸는 힘

AI가 예측 비용을 낮추면서 역설적으로 가치가 높아지는 것이 바로 인간 고유의 판단력이다. 이를 이해하려면 먼저 예측과 판단의 차이를 명확히 구분해야 한다. 예측은 과거 데이터를 바탕으로 미래의 확률적 결과를 계산하는 것이고, 판단은 그 예측을 특정 맥락에서 해석하고 최적의 행동을 결정하는 것이다. AI는 첫 번째 영역에서는 거의 완벽에 가까운 성능을 보여주지만, 두 번째 영역에서는 여전히 인간에게 크게 의존하고 있다.

이에 따라 성공적인 금융기관들은 인공지능과 인간 전문가가 각자의 강점을 발휘할 수 있는 하이브리드 모델을 도입하고 있다. 웰스 파고를 비롯한 주요 은행들은 AI를 활용해 정상 또는 저위험 거래를 빠르게 자동 처리한다. 그리고 머신러닝 기반 모델이 탐지한 의심스럽거나 새로운 유형의 거래에 대해서만 인간 전문가가 깊이 개입하는 구조를 마련했다. 이로써 AI는 방대한 거래 데이터에서 미묘한 패턴을 빠르게 파악해 분류하고, 인간은 복잡한 사례나 맥락 해석에 근거해 전략적 의사결정에 집중할 수 있다. 이러한 협업적 접근법은 단순 자동화의 한계를 극복하여 전체 시스템의 효율성과 신뢰성을 크게 높인다.

JP모건 체이스가 법무 업무에서 이룬 변화도 같은 원리를 보여준다. AI를 활용해 수만 건의 대출 계약서 검토 시간을 연간 36만 시간에서 단 몇 초로 단축시킨 결과, 소속 변호사들은 계약서에서 특정 조항을 찾아내는 단순 반복 업무에서 해방되었다. 대신 그들은 M&A 협상의 세부 전략 수립, 복잡한 규제 해석, 고객별 맞춤 법률 자문 등 훨씬 더 높은 부가가치를 창출하는 업무에 집중할 수 있게 되었다. 결과적으로 변호사 1인당 처리하는 업무의 질적·양적 성과가 향상되었는데, 이는 AI가 단순히 인간을 대체한 것이 아니라 인간의 역량을 증폭시켰기 때문이다.

하지만 이러한 하이브리드 모델을 현실에서 구현하는 것은 기술적 도전보다도 문화적·조직적 도전이 더 크다. 가장 큰 장벽은 일자리에 대한 불안감이다. 세계경제포럼은 AI를 포함한 자동화 기술이 2025년까지 전 세계적으로 약 8,500만 개의 일자리를 대체할 것으로 전망했다. 물론 동시에 9,700만 개의 새로운 역할이 창출될 것이라고 예측했지만, 당장 자신의 업무가 위협받는다고 느끼는 직원들의 불안감은 자연스러운 반응이다. 더 복잡한 문제는 AI에 대한 신뢰 부족이다. 많은 전문가들이 AI 알고리즘의 의사결정 과정을 이해할 수 없어 그 결과를 신뢰하지 않는다. 특히 금융처럼 책임 소재가 중요한 분야에서는 설명할 수 없는 결정에 의존하기를 꺼릴 수밖에 없다. 이는 기술적 문제라기보다는 투명성과 소통의 문제로 접근해야 한다(World Economic Forum, 2020).

이러한 변화 속에서 금융업의 직업 구조는 근본적으로 재편되고 있다. 씨티은행의 분석에 따르면 은행 업무의 54%가 자동화될 높은 잠재력을 가지고 있다(Citi GPS: Global Perspectives & Solutions, 2016). 맥킨지는 금융 업무의 약 70%는 역할이 재정의되고, 완전히 사라지는 것은 15~25%에 불과하며, 오히려 5~10%는 AI와 관련된 새로운 직업으로 채워질 것이라고 분석한다(McKinsey Global Institute, 2017).

이러한 역할 재정의의 핵심은 계산과 예측에서 판단과 전략으로 무게중심이 이동한다는 점이다. 45년 전 비지칼크의 등장으로 수작업 계산에 매달리던 회계 사무원들의 업무는 줄었지만, 그 결과를 해석하고 전략적 통찰을 제공하는 회계사와 재무 분석가의 수는 오히려 증가했다. AI 변화에서도 비슷한 패턴이 나타날 것으로 보인다.

미래 금융 조직에는 과거에 존재하지 않았던 새로운 직업들이 핵심 역할을 수행하게 될 것이다. 비즈니스 문제를 기술적 과제로 번역하고 AI의 예측 결과를 다시 비즈니스 언어로 설명하는 AI 통역가, AI 모델의 편향성과 공정성을 감사하는 알고리즘 감사관, 데이터 기반의 설득력 있는 내러티브를 구성하는 데이터 스토리텔러, AI 도입에 따른 윤리적 딜레마를 전담하는 AI 윤리 담당자 등이 그 예다.

결국 AI 시대의 성공은 기술과 인간의 대립이 아니라 조화로운 결합에 달려 있다. 하버드 비즈니스 스쿨이 MBA 과정에 코딩과 데이터 분석뿐만 아니라 AI 윤리학과 리더십 과목을 동시에 강화하는 것처럼, 미래에는 기술적 전문성과 인문학적 소양을 결합한 사고를 가진 인재와 조직이 경쟁 우위를 확보하게 될 것이다.

실행 시스템(Execution):
예측을 가치로 바꾸는 역량

　세 번째 핵심 보완재는 앞선 두 가지 보완재인 데이터와 인간의 판단력을 실질적인 가치로 전환하는 실행 시스템이다. 아무리 뛰어난 예측 모델이 있어도, 그것을 일관되고 빠른 행동으로 옮겨 수익을 창출하지 못하면 똑똑한 실패에 머물 뿐이다. 예측의 가치가 하락할수록, 예측을 실제 가치로 전환하는 조직의 실행력 자체가 기업의 핵심 경쟁력이 된다.

　미국의 RAND 연구소가 업계와 학계 데이터 과학자 65명을 인터뷰해 발표한 보고서에 따르면, 기업 AI 프로젝트의 80% 이상이 실패한다. 이는 일반적인 기술 프로젝트 실패율의 2배에 달하는 수치다. 실패의 원인은 기술 자체의 한계가 아니라, 실험실 수준의 AI 모델을 실제 비즈니스 현장에 통합하는 조직적 실행 능력의 부재 때문이다 (Ryseff, et al., 2024).

호주의 오스트레일리아커먼웰스뱅크(CBA)는 2025년 13억 달러 규모의 투자를 기반으로 AI를 본격 도입하겠다고 발표하며 AI 챗봇을 도입해 고객 서비스 직무의 45명을 대체했다. CBA는 고객 응대가 더 빠르고 쉽게, 효율적으로 이뤄질 것이며, 고객센터의 통화량이 줄어들 것으로 예상했다. 그러나 통화량은 증가했다. 오히려 업무량이 늘어나 팀 리더들까지 초과 근무를 하며 전화 응대를 하는 상황이 벌어졌다. 충분한 학습 데이터와 사용 시나리오 검증 없이 성급하게 도입한 결과였다. CBA에서도 내부에서도 보이스봇의 실제 작동 상황에 대한 충분한 테스트와 다양한 실제 고객 시나리오 실험 없이 도입을 급하게 추진했다는 지적이 나왔다.

이처럼 대부분의 조직에서 기술적으로는 훌륭해 보이는 AI 시스템이 실제 현장에 적용될 때 예상치 못한 라스트 1마일 문제에 직면한다. 예측 분석 모델이 아무리 정확하더라도 그 결과를 바탕으로 실제 행동 변화나 비즈니스 성과로 연결하는 마지막 단계에서 기술적 우수성과 실제 적용 효과 사이에 상당한 간극이 나타나는 것이다(Guszcza, 2015).

따라서 성공적인 AI 도입을 위해서는 기술과 조직, 프로세스를 아우르는 실행 능력을 구비해야 한다. 먼저 견고한 기술적 토대가 필요하다. AI 시대의 실행력은 개별 부서의 노력만으로는 달성할 수 없으

---

1 라스트 마일 문제(Last Mile Problem): 거대한 네트워크나 핵심 공급망의 끝에서 최종 사용자(end-user)에게 직접 도달하는 마지막 단계를 연결하는 과정에서 발생하는 고질적인 비효율성과 높은 비용 문제를 총칭하는 용어. 이 마지막 구간은 전체 과정에서 거리는 가장 짧지만, 개별 사용자의 다양한 환경에 일일이 맞춰야 하므로 전체 비용과 복잡성의 상당 부분을 차지하는 특징이 있다.

며, 전사적인 기술 인프라의 현대화를 요구한다. 클라우드 컴퓨팅이 이 토대를 이루는데, 방대한 데이터를 저장하고, 복잡한 AI 모델을 훈련시키며, 실시간으로 예측 서비스를 제공하기 위해서는 유연하고 확장 가능한 컴퓨팅 자원이 필수적이다(Marston, et al., 2011).

MLOps[1] 역량도 중요하다. 이는 머신러닝 모델의 개발, 배포, 모니터링, 재학습 등 전체 수명 주기를 자동화하고 관리하는 체계다. 단 하나의 AI 모델을 개발하는 것을 넘어, 수백, 수천 개의 모델이 전사적으로 안정되게 작동하고 지속적으로 성능을 개선하도록 관리하는 것은 효과적인 MLOps 없이는 불가능하다(Kreuzberger, et al., 2022). API 기반 아키텍처 역시 필수다. AI 신용평가 모델이 대출 승인 예측 결과를 내놓으면, 이 결과가 API를 통해 즉시 대출 실행 시스템과 고객 알림 시스템에 전달되어 모든 절차가 자동으로 진행되는 식이다. 이처럼 느슨하게 결합되었지만 유기적으로 연결된 시스템 구조는 예측이 구체적인 행동으로 전환되도록 한다.

그러나 첨단 기술 인프라만으로는 충분하지 않다. 실행 시스템의 성공을 가로막는 더 큰 장애물은 수십 년간 쌓아온 조직적 부채다. 조직적 부채란 단기적인 목표 달성을 위해 타협한 비최적의 조직 구조, 분절된 프로세스, 부서 이기주의 문화 등이 누적되어 미래의 혁신과 변화에 막대한 저항으로 작용하는 것을 의미한다. 실제로 기업 CEO

---

[1] MLOps는 머신러닝 모델 개발부터 배포, 운영, 모니터링, 재학습까지의 전체 과정을 자동화하고 통합하는 시스템이다. 데이터 과학자와 엔지니어가 협업하여 모델의 생명주기를 관리하며, DevOps의 핵심 원칙을 AI에 적용한 방식이다.

들의 65%는 AI 도입의 성공이 기술 자체가 아니라 구성원들의 수용과 채택에 달려 있다고 인정한다.

기업들이 이러한 조직적 관성을 극복하기 위해서는 최고경영진의 강력한 리더십과 AI 시대에 맞는 정교한 거버넌스 설계가 필수적이다. 최고 AI 책임자와 같은 전담 리더를 중심으로 AI 모델의 편향성과 리스크를 관리하는 체계를 구축하고, AI 도입 성과와 연동된 새로운 핵심성과지표와 보상 체계를 만들어 조직 전체의 행동 변화를 유도해야 한다(Raisch & Krakowski, 2021).

미래의 승자는 기술 자체를 넘어선 통합된 조직 변혁을 이뤄내는 기업이 될 것이다. 단순히 예측을 잘하는 것을 넘어, 자사의 비즈니스 모델에서 차별화된 핵심 행동이 무엇인지 전략적으로 정의하고, 그 행동을 가장 빠르고 정확하게 실행할 수 있도록 조직 구조, 프로세스, 문화를 재설계하는 기업에게 기회가 있다. 미래는 알고리즘의 정교함이 아니라, 예측을 수익성 있는 행동으로 일관되게 전환할 수 있는 조직의 것이 될 것이다(McKinsey&Company, 2022).

대체재의 몰락과 부활:
적응하거나 사라지거나

AI가 인간을 대체하여 대량 실업을 초래할지 모른다는 이러한 공포 섞인 전망이 많은 곳에서 나온다. 하지만 현실은 그렇지만은 않다. 씨티은행의 2024년 연구에 따르면, 은행 업무의 약 54%가 자동화될 잠재력을 가지고 있다. 하지만 이것이 곧바로 절반의 일자리가 사라진다는 의미는 아니다. 맥킨지는 더 정교한 분석을 통해 금융 업무의 약 70%는 역할이 근본적으로 재정의(redefined)되고, 완전히 소멸(eliminated)되는 것은 15~25%에 불과할 것이라고 예측한다. 오히려 나머지 5~10%는 AI와 관련된 새로운 직종으로 채워질 것이다. 즉, 대체의 공포보다는 변화와 적응의 과제가 우리 앞에 놓여 있는 것이다.

이러한 변화를 가장 극명하게 보여주는 것이 투자 분석가들의 경험이다. 몇 년 전만 해도 주니어 애널리스트들은 하루 업무의 대부분을 엑셀 시트와 씨름하며 보냈다. 재무제표 데이터를 수작업으로 입력하고, 재무 비율을 계산하며, 차트를 그리는 일이 그들의 주된 업무였다. 이제는 AI가 이 모든 작업을 몇 분 만에 해치운다. 그렇다면 이들은 모두 실업자가 되었을까? 그렇지 않다. 그들의 역할이 바뀌었을 뿐이다.

골드만삭스는 AI 기술을 적극적으로 도입하여 애널리스트들의 업무 방식을 혁신하고 있다. 이들은 대규모의 개발자를 투입하여 방대한 텍스트와 데이터를 분석하고, 이를 골드만삭스 고유의 양식에 맞는 발표 자료로 변환하는 AI 소프트웨어를 사용하고 있다. 이를 통해 애널리스트들은 단순 데이터 정리 작업에서 벗어나, AI가 처리한 결과의 의미를 해석하고, 산업 트렌드를 분석하며, 고객과의 관계 구축과 같은 더 고차원적인 업무에 집중할 수 있게 되었다. 모건스탠리 역시 비슷한 변화를 겪었다. AI가 기업 실적 데이터를 자동으로 정리하고 요약해 주자, 애널리스트들은 숫자 뒤에 숨겨진 스토리를 찾는 데 더 많은 시간을 할애할 수 있게 되었다. 그 결과, 분석 보고서의 질이 향상되었고 고객 만족도 역시 크게 높아졌다.

이러한 변화에 성공적으로 적응한 기업들의 사례를 보면 몇 가지 공통된 패턴이 발견된다. 미국의 한 중형 투자회사는 복잡한 포트폴리오 관리에 AI를 도입했지만 기존 포트폴리오 매니저들을 해고하지 않았다. 대신 AI와 효과적으로 협업하는 방법을 교육했다. 새로운 시스템에서 AI는 수천 개 종목의 기술적 분석과 계량적 리스크 측정을 담당한다. 반면, 인간 매니저들은 거시경제 전망, 지정학적 리스크, 산업 규제 변화 등 AI가 정량적으로 파악하기 어려운 질적 요소들을 분석한다. 그리고 이 두 분석을 결합하여 최종 투자 결정을 내린다. 그 결과 포트폴리오의 연간 수익률은 향상되었고, 고객 만족도도 크게 증가했다. 더 중요한 것은 직원들의 변화다. 단순 반복적인 데이터 처리 업무에서 벗어나 창의적이고 전략적인 분석에 집중할 수 있게 되자, 업무 만족도가 크게 높아졌고 이직률은 감소했다.

하지만 모든 기업이 성공한 것은 아니다. 실패 사례 역시 우리에게 중요한 교훈을 준다. AI의 잠재력을 맹신하고 그 한계를 간과했을 때 어떤 결과가 초래되는지 보여주는 대표적인 사례가 바로 부동산 플랫폼 기업 질로우(Zillow)의 아이바잉(iBuying) 사업 실패다. 질로우는 질로우 오퍼스(Zillow Offers)라는 이름으로, 자체 개발한 AI 알고리즘을 이용해 주택 가격을 예측하고 직접 주택을 매입한 뒤 되파는 사업에 야심 차게 뛰어들었다. 하지만 2021년, 질로우는 이 사업을 갑작스럽게 중단하며 5억 달러 이상의 막대한 손실을 기록하고 직원의 25%를 해고해야만 했다(Kiger, 2021).

질로우 실패의 핵심 원인은 알고리즘에 대한 과신에 있었다. 첫째, 질로우의 AI 모델은 2019년 코로나 팬데믹 이후 급변하는 주택 시장의 변동성을 정확하게 예측하지 못했다. 시장이 과열될 때는 주택을 너무 비싸게 매입했고, 시장이 냉각기에 접어들자 알고리즘이 이를 제때 반영하지 못해 손실이 눈덩이처럼 불어났다. 둘째, 알고리즘은 주택의 물리적 조건이나 지역적 특성, 이웃 환경 등 인간 중개인이 직관적으로 파악하는 수많은 질적 변수를 제대로 평가하지 못했다. 이러한 기술적 한계로 인해 주택의 가격은 터무니없이 잘못 책정되었다. 알고리즘이 제시하는 가격이 실제 시장 가치를 정확히 반영하지 못하면서, 질로우는 체계적으로 과대평가 된 가격으로 주택을 매입하게 되었다. 특히 알고리즘이 감지하지 못하는 숨겨진 하자나 지역적 단점이 있는 주택들을 시장 가치보다 높은 가격에 사들이는 경우가 빈번했다. 결과적으로 질로우는 기술에 대한 과도한 신뢰로 인해 대규모 손실을 입게 되었다.

고객 대면 서비스에서의 실패 사례도 있다. 미국의 네오뱅크 차임(Chime)은 2020년 말부터 2021년에 걸쳐 사기 탐지 알고리즘의 설계 결함으로 인해 대규모 고객 피해를 입혔다. 우선 알고리즘이 코로나 19 상황의 특수성을 반영하지 못했다. 정부 지원금이라는 기존에 없던 대규모 입금 패턴을 사기 거래로 오판하는 경우가 빈발했다. 또한, 위험 회피적 알고리즘 설계로 인해 오탐지율(false positive rate)을 의도적으로 높게 설정했지만, 이로 인한 고객 피해 비용을 충분히 고려하지 않았다. 가장 치명적이었던 것은 자동화된 계좌 동결 이후의 인간 개입 시스템이 확장성을 갖추지 못했다는 점이다. 수천 건의 이의제기를 처리할 인력과 프로세스가 부족하여 고객들이 몇 주간 자신의 돈에 접근할 수 없는 상황이 발생했다. 이는 AI 기술 자체의 문제라기보다는 기술 도입 시 인간 중심의 안전장치와 예외 처리 메커니즘을 충분히 설계하지 못한 운영상의 실패로 보는 것이 정확하다(Kessler, 2021).

| 오탐지율(False Positive Rate): 실제로는 음성(Negative)인 것들 중에서 AI 모델이나 시스템이 양성(Positive)이라고 잘못 판단한 비율을 나타내는 지표. 즉, 아무 문제가 없는데, 문제가 있다고 잘못 경고한 비율을 말한다.

또 다른 사례는 영국 헤지펀드 블루크레스트 캐피털(BlueCrest Capital Management)에서 발생한 복합적인 운용 및 공시 실패이다. 이 사례는 단순한 알고리즘 성과 부진을 넘어서 펀드 운용의 투명성과 이해관계 상충 문제를 보여준다. 블루크레스트는 2011년부터 2015년까지 교묘한 이중 구조를 만들어 운영했다. 회사는 최고 성과를 내던 인간 트레이더들을 내부 직원 전용 펀드로 옮기고, 외부 투자자들의 주력 펀드에는 이들의 매매를 모방하는 복제 알고리즘을 몰래 투입했다. 문제는 이 복제 알고리즘이 원본 트레이더들의 성과를 제대로 재현하지 못했다는 점이다. SEC 조사 결과에 따르면 알고리즘은 실제 거래인보다 수익이 현저히 낮고 변동성은 더 높았다고 확인되었다. 더 심각한 것은 블루크레스트가 투자자들에게 이러한 핵심 변화들을 제대로 알리지 않았다는 점이다. 회사는 핵심 트레이더의 이동 사실, 알고리즘의 존재와 운용 비중, 그리고 성과 저하와 위험 증가 등에 대해 불충분하고 오해를 불러일으킬 수 있는 정보만을 제공했다. 결국 2020년 SEC는 이를 투자자 기만행위로 판정하고 1억 7천만 달러의 벌금과 배상금을 부과했다. 이 사례에서 진짜 교훈은 알고리즘 기술 자체의 한계보다는, 새로운 기술 도입 시 투자자와의 신뢰 관계를 유지하기 위한 투명한 소통과 공정한 이해관계 관리가 얼마나 중요한지를 보여준다는 점이다(US Securities and Exchange Commission, 2020).

이러한 실패 사례들의 공통점은 명확하다. 바로 자동화에 대한 맹신과 인간의 감독 및 판단 기능을 제거한 점이다. AI가 만능 해결사라고 착각하고 인간의 역할을 배제한 결과, 예상치 못한 새로운 패턴이나 복잡한 예외 상황에 취약점을 드러낸 것이다. AI는 분명 강력한 도구이지만, 그 한계를 보완하고 최종적인 책임을 지는 인간의 판단력과 결합될 때 비로소 진정한 가치를 발휘한다.

이러한 사례들을 종합적으로 분석해 보면 AI 시대에 성공적으로 적응하는 조직들은 공통적으로 기술 중심적 사고에서 시스템 중심적 사고로 패러다임을 전환했다는 점을 발견할 수 있다.

성공적인 전환에는 네 가지 주요한 특징이 있는데, 첫 번째는 점진적 통합 전략이다. 성공하는 기업들은 AI를 기존 업무 프로세스에 한 번에 완전히 대체하려 하지 않고, 위험이 낮고 성과 측정이 명확한 특정 영역부터 시작했다. 예를 들어 금융기관들이 사기 탐지나 단순 반복적인 문서 처리부터 AI를 도입하는 것은 이러한 전략의 전형이다. 질로우가 복잡한 주택 시장 전체를 한 번에 알고리즘으로 대체하려 실패한 것과는 대조적인 접근법이다.

두 번째는 인간과 AI가 협업하는 시스템의 설계이다. 이는 단순히 AI가 결과를 내고 인간이 검토하는 단방향 프로세스가 아니라, 양방향의 지속적 학습 메커니즘을 의미한다. 차임이 자동화된 사기 탐지 이후 인간 개입 시스템을 제대로 설계하지 못해 실패한 것처럼, 성공하는 기업들은 AI의 판단에 대한 인간의 피드백이 다시 시스템 개선으로 이어지는 순환 구조를 만들어 낸다.

세 번째는 조직 역량의 전략적 재구성이다. 이는 단순한 기술 교육을 넘어서, 직원들이 AI와 함께 일하는 새로운 업무 방식을 체화할 수 있도록 하는 포괄적인 변화 관리를 포함한다. 여기서 핵심은 AI를 위협이 아닌 업무 역량을 확장시키는 도구로 인식하도록 돕는 것이다. 이는 단순히 소프트웨어 사용법을 가르치는 것을 넘어, AI의 작동 원리, 가능성과 한계를 이해하고, 이를 자신의 비즈니스 문제 해결에 창의적으로 적용하는 방법을 교육하는 것을 포함한다. 씨티그룹이 전 직원의 80%가 AI 관련 교육을 받도록 목표를 설정한 것은 이러한 중요성을 잘 보여준다.

네 번째는 명확한 역할 재정의다. 블루크레스트가 복제 알고리즘으로 인간 트레이더를 대체하려다 실패한 것처럼, 성공하는 기업들은 AI와 인간의 고유한 강점을 명확히 구분하고 상호 보완적 역할을 설계한다. AI는 대규모 데이터 처리와 패턴 인식에 집중하고, 인간은 맥락적 이해, 창의적 문제 해결, 윤리적 판단 등 고차원적 업무로 역할을 격상시키는 것이다. 골드만삭스의 애널리스트들이 이제 데이터 정리자가 아니라 전략 기획자로 자신의 역할을 재정의하고 있는 것처럼 말이다.

새로운 권력 지도

우리는 1부의 여정을 통해 인공지능이라는 거대한 혁명의 본질이 기술 그 자체가 아닌, 예측 비용의 하락이라는 단순하지만 강력한 경제학적 원리에 있음을 확인했다. 19세기 강철이, 20세기 전기가 그랬던 것처럼, AI는 사회의 특정 영역을 개선하는 도구를 넘어 경제의 작동 방식을 근본부터 다시 쓰는 범용 기술로 자리매김했다.

이 지각 변동은 필연적으로 가치의 이동을 동반한다. 경제학의 기본 원리가 말해주듯, 어떤 것의 비용이 하락하면 그와 함께 쓰이는 보완재의 가치는 상승한다. 우리는 이 원리에 따라 미래 금융의 권력이 이동할 세 가지 새로운 축을 명확히 했다. 바로 예측의 원재료인 데이터(data), 예측을 지혜로 바꾸는 인간의 판단력(judgment), 그리고 예측을 가치로 바꾸는 조직의 실행 시스템(execution)이다.

하지만 이 세 가지 보완재가 모든 금융 분야에서 동등하게 중요한 것은 아니다. 산업의 고유한 특성, 즉 경쟁의 본질이 대규모 고객 데이터의 네트워크 효과에 있는지, 복잡한 이해관계의 전략적 협상에 있는지, 아니면 안정적인 시스템 운영과 파트너십에 있는지에 따라 승패를 가르는 결정적 보완재는 달라진다.

우리는 이제 2부의 여정을 시작하려 한다. 1부에서 확립한 이론적 프레임워크를 들고 금융 산업의 내부로 들어가, 이 보편적 원리가 각 분야의 고유한 현실과 만나 어떻게 서로 다른 운명을 만들어 내는지를 탐험할 것이다. 우리는 가장 먼저 자산운용의 세계를 들여다볼 것이다. 이곳에서는 수백 개의 알고리즘을 24시간 안정적으로 운영하는 조직의 실행력이 모든 것을 결정한다. 그다음으로는 소매금융 분야이다. 네트워크 효과가 만드는 승자독식 구조 속에서 양질의 고객 데이터를 확보하고 활용하는 능력이 결정적 경쟁 우위가 된다. 이어서 사고 후 보상에서 사전 예방으로 패러다임이 바뀌며 파트너 생태계를 구축하는 조직의 실행력이 관건이 된 보험업의 새로운 영토를 탐험한다. 마지막으로, 모든 데이터와 분석에도 불구하고 결국 복잡한 딜을 성사시키는 인간의 판단력이 최후의 보루로 남는 기업금융과 투자은행의 밀실을 들여다볼 것이다.

AI 혁명은 가장 똑똑한 알고리즘을 가진 기업에 왕관을 씌워주지 않을 것이다. 그것은 예측이라는 새로운 도구를 활용하여, 자신이 속한 경쟁의 장에서 가장 중요한 것이 무엇인지를 알아내고, 가치를 사수하기 위해 가장 빠르게 행동하는 자에게 승리를 안겨줄 것이다.

제2부

예측 혁명과 금융

제3장

자산운용:
구루(guru)의 직감에서 알고리즘으로

1903년 디트로이트의 한 작업장에서 숙련공 한 명이 하루 종일 매달려 자동차 한 대를 완성했다. 그의 손끝에는 수십 년간 쌓인 경험과 직감이 스며있었고, 엔진의 미세한 진동 하나만으로도 자동차의 품질을 가늠할 수 있는 대체할 수 없는 장인이었다. 하지만 불과 20년 후, 같은 디트로이트에서는 전혀 다른 풍경이 펼쳐졌다. 컨베이어 벨트 위에서 수백 명의 작업자들이 정확히 정해진 시간에 정확히 정해진 동작을 반복하며 하루에 수천 대의 자동차를 쏟아냈다. 개별 작업자의 숙련도는 예전만 못했지만, 시스템 전체가 창출하는 효율성은 비교할 수 없을 만큼 높아진 것이다.

포드(Ford) 루즈(Rogue) 공장의 생산라인에서 노동자들이 자동차를 조립하는 모습(출처: Ford)

월스트리트도 이와 같은 변화를 겪고 있다. 모퉁이 사무실에서 차트를 들여다보며 감으로 투자 결정을 내리던 전설적 펀드매니저들의 시대가 저물고 있다. 그들을 대신해 등장한 것은 거대한 규모의 데이터 포인트를 실시간으로 처리하며 전 세계 21조 달러를 관리하는 블랙록의 알라딘(Aladdin)과 같은 AI 시스템이다. AI가 자산운용 분야에 본격 도입되면서 가치 창출의 중심축이 개인의 천재성에서 시스템의 운영 역량으로 이동하고 있다.

스타 시스템의 시대

1980년대 월스트리트에서 피터 린치(Peter Lynch)는 아직 해가 뜨기 전인 새벽 5시에 출근해서 밤 11시까지 일했다. 그의 책상 위에는 수백 개 기업의 연차보고서가 산더미처럼 쌓여 있었고, 벽면에는 손으로 그린 차트들이 빼곡히 붙어 있었다. 그는 하루에 평균 100통의 전화를 걸어 기업 경영진, 고객, 업계 전문가들과 통화했다. 주말에는 가족과 쇼핑센터에 가서도 어떤 매장이 붐비는지, 어떤 제품이 인기인지를 유심히 관찰했다. 그의 투자 철학은 단순했다: "당신이 아는 것에 투자하라"(Lynch & Rothchild, 2000).

이는 과거 자산운용업의 전형적인 모습이었다. 성공 공식은 명확했다. 소수의 스타 펀드매니저가 가진 경험과 통찰력이 곧 경쟁력이었다. 이들은 공개된 재무제표를 깊이 있게 분석하고, 기업을 직접 탐방하며 얻은 질적 정보를 통해 알파를 창출했다. 한 명의 뛰어난 매니저가 수십억 달러를 움직이고, 그의 한마디가 주식시장을 요동치게 만드는 시대였다.

워런 버핏(Warren Buffett) 역시 네브래스카 오마하의 작은 사무실에서 매일 신문 5개와 연차보고서 수백 페이지를 읽어가며 '평생 보유할 수 있는 주식'을 찾고 있었다. 그의 투자 결정은 복잡한 수학 공식이 아니라 기업의 본질적 가치에 대한 깊은 통찰에 기반했다. 1988년 코카콜라 주식을 매입할 때 그는 "100년 후에도 사람들이 코카콜라를 마실 것이라고 확신한다"라고 말했다.

이들의 성공은 개인이 보유한 뛰어난 판단력과 오랜 경험에서 나온 직관에 기반했다. 투자 결정은 철저히 사람 중심이었고, 같은 정보라도 누가 해석하느냐에 따라 완전히 다른 결론에 도달할 수 있었다. 린치는 같은 소매업체 데이터를 보고도 다른 애널리스트들이 놓친 성장 신호를 포착해 냈고, 버핏은 다른 이들이 사양산업이라 여긴 보험업에서 거대한 기회를 발견했다.

조지 소로스(George Soros)는 시장 참여자의 인식과 기대가 펀더멘털을 왜곡한다는 철학을 바탕으로 시장의 불완전성을 이용했고, 벤저민 그레이엄(Benjamin Graham)은 내재가치 대비 저평가된 주식을 찾아냈다. 각각의 접근법은 모두 달랐지만, 그들의 공통점은 모두 개인의 독

I   알파(alpha, α): 시장 평균 수익률(벤치마크)을 초과하여 벌어들인 초과 수익을 의미한다. 즉, 시장이 좋아서 자연스럽게 얻는 수익(베타, beta)을 제외하고, 펀드매니저의 독자적인 분석, 경험, 정보력들로 만들어낸 순수한 추가 이익이다.

창적 사고와 경험에 의존했다는 것이다.

당시 정보 환경은 지금과는 완전히 달랐다. 인터넷은 존재하지 않았고, 실시간 데이터는 블룸버그 터미널을 통해서만 얻을 수 있었다. 기업 정보를 얻으려면 직접 전화를 걸거나 IR 미팅에 참석해야 했다. 이런 환경에서 성공하려면 무엇보다 발품이 중요했다. 뛰어난 매니저들은 직접 공장을 찾아가고, 주말마다 쇼핑몰을 돌아다니며 매장의 분위기를 체험했다.

서류 더미에 둘러싸인 피터 린치(Peter Lynch)가 사무실에서 일하고 있는 모습
(출처: Fidelity Investments)

하지만 이러한 개인 중심적 운용 방식은 시대 변화와 함께 근본적 한계를 드러내기 시작했다. 확장성 문제가 있었다. 아무리 뛰어난 스

타 매니저라도 물리적으로 분석할 수 있는 기업 수는 20~30개 정도가 한계였다. 승계 문제도 심각했다. 스타 매니저가 은퇴하거나 이직하면 펀드 성과는 급격히 악화되는 경우가 빈번했다. 더 근본적인 문제는 인간의 인지적 한계였다. 현대 금융 시장에서는 하루에만 15만 개 이상의 뉴스가 쏟아진다. 인간이 이 모든 정보를 실시간으로 처리하는 것은 물리적으로 불가능하다.

기계가 발견한
새로운 가능성

2008년 금융위기가 휩쓸고 간 월스트리트에서 전통적 운용사들이 어려움을 겪고 있을 때, 머신러닝과 빅데이터 기술이 등장했다. AI는 자산운용 분야에서 세 가지 유형의 예측 비용을 혁신적으로 낮춰놓았다.

유형 1: 기존 불가능했던 예측의 가능화

과거에는 인간이 물리적으로 처리할 수 없었던 방대한 데이터를 바탕으로 한 예측이 가능해졌다. 위성 이미지를 분석해 소매업체의 주차장 점유율로 실시간 매출을 추정하거나, 수만 건의 소셜미디어 포스팅을 분석해 브랜드에 대한 소비자의 감정 변화를 측정하는 것들이 대표적이다. 블랙스톤이 수만 개의 비상장 기업 데이터와 특허 정보를 동시에 분석해 유망한 인수 대상을 발굴하는 것도 이 유형에 해당한다.

　버클리 대학의 연구에 따르면, 주차장 데이터를 활용한 투자 전략은 실적 발표 3일 전후에 4~5%의 수익률을 달성할 수 있다. 대안 데이터 업체인 오비털 인사이트는 현재 전 세계 2만 5천 개의 석유 저장 탱크와 26만 개의 소매점을 실시간으로 모니터링하고 있다. 이들이 거둔 성공 사례 중 하나는 2015년 치폴레 프랜차이즈의 대장균(E.coli) 사태였다. 위성 이미지로 수집된 주차장 데이터를 통해 매장 방문객 수가 급감하는 것을 실시간으로 포착했고, 이를 바탕으로 30%에 달하는 주가 하락을 성공적으로 예측했다.[1]

소매점 매출을 예측하기 위해 위성사진과 머신러닝을 통해 소매점 주차장에 주차된 자동차 수 집계하는 사진
(출처: Katona et al, 2022)

---

[1] 관련된 논문들은 (Dessaint, et al., 2024), (Katona, et al., 2024), (Hao, et al., 2024), (Chi, et al., 2024), (Kang, et al., 2021), (Zhu, 2019), (Gerken & Painter, 2023), (Yu, et al., 2023), (Hao & Wang, 2023) 등을 참조하라.

RS메트릭스와 같은 전문 업체들은 이제 소매업체의 계절적 트렌드, 신규 매장의 성과, 심지어 경쟁업체 간 고객 이동까지도 위성 이미지를 통해 추적하고 있다. 이는 전통적으로 분기별 실적 발표를 통해서만 확인할 수 있었던 정보를 실시간으로 제공한다는 점에서 혁명적이다.

소셜미디어 데이터 분석 영역에서도 주목할 만한 성과가 나타나고 있다. 액선(Accern)은 일일 3억 개의 웹사이트와 1.5억 개의 트위터 피드를 분석해 금융 시장에 영향을 미칠 수 있는 감정 변화를 추적한다. 특히 주목할 만한 것은 언어의 미묘한 뉘앙스까지 포착하는 능력이다. 단순히 긍정과 부정을 구분하는 것을 넘어서, 불확실성, 긴급성, 신뢰도 등의 복합적인 감정 지표를 실시간으로 계산할 수 있다. 이는 기업의 실적 발표나 중요한 발언이 시장에 미칠 영향을 사전에 예측하는 데 활용되고 있다.

신용카드 거래 데이터, 온라인 구매 패턴, 모바일 결제 정보 등을 활용한 예측 모델도 상당한 성과를 거두고 있다(Li, et al., 2021). 2021년 레피니티브(Refinitiv)의 연구에 따르면, 소비자 지출 데이터를 활용하는 헤지펀드들이 분기별 주식 예측 정확도에서 10% 이상의 개선을 보였다(Daloopa, 2025). 세컨드 메저(Second Measure)와 M사이언스 같은 업체들은 수백만 개의 익명화된 거래 내역을 분석해 기업의 실시간 매출 동향을 추적한다(Bloomberg, 2022). 이들은 아마존, 넷플릭스, 우버 등 주요 기업들의 월별, 주별, 심지어 일별 매출 변화까지도 높은 정확도로 예측할 수 있다고 주장한다.

유형 2: 예측 정확도의 향상

기존에도 시도되었지만 정확도가 낮아 실용성이 떨어졌던 예측들이 AI 발전을 통해 실용적인 수준으로 향상되었다. 시장 변동성 예측, 기업 실적 예측, 신용 위험 모델 등에서 머신러닝 모델들이 기존 통계 모델과 견줄 만한 성과를 보여주고 있다.

전통적인 GARCH[I] 모델이나 VIX[II] 기반 예측은 과거 가격 변동 패턴에 의존했기 때문에 급작스러운 시장 변화에 취약했다. 특히 2008년 금융위기나 2020년 코로나 팬데믹 같은 블랙 스완 사건[III]에서는 그 구조적인 취약점을 드러냈다.

하지만 딥러닝 모델들은 수백 개의 변수를 동시에 고려해 변동성을 예측할 수 있다. JP모건은 신경망[IV]을 활용한 변동성 예측 모델이 전통적 방법보다 15~20% 높은 정확도를 보인다고 주장한다. 더 중요한 것은 이 모델들이 뉴스 감정, 거시경제 지표, 거래량 패턴, 심지어 날씨 데이터까지 통합해 더 포괄적인 예측을 제공한다는 점이다. 특

I   GARCH(Generalized Autoregressive Conditional Heteroskedasticity): 금융 시계열 데이터의 변동성 군집(volatility clustering) 현상을 분석하기 위해 사용되는 통계 모형이다. 변동성 군집이란 한번 큰 변동이 나타나면 한동안 큰 변동이 이어지고, 작은 변동이 나타나면 작은 변동이 이어지는 경향을 말하는데, GARCH 모델은 이러한 특성을 포착하여 과거의 변동성을 기반으로 미래의 자산 가격 변동성을 예측한다.

II VIX(Volatility Index): 미래 시장의 변동성에 대한 투자자들의 기대감을 나타내는 지수

III 블랙 스완(Black Swan) 사건: 예상할 수 없고, 과거 경험이나 통계상 거의 불가능해 보였던 극히 드문 사건이 현실에 발생해 엄청난 충격과 파급효과를 일으키는 현상을 뜻한다. 이런 사건은 예측이 매우 어렵지만, 발생 후에는 예견됐던 일처럼 해석되는 경향이 있다. 2008년 글로벌 금융위기나 9·11 테러 등이 대표적인 사례로 꼽힌다.

IV 신경망(Neural Network): 인간의 뇌가 정보를 처리하는 방식을 모방하여 만든 인공지능(AI) 모델

히 주목할 만한 것은 극한 상황에서의 예측 정확도 개선이다. 2020년 3월 코로나19로 인한 시장 급락 상황에서, AI 기반 리스크 모델들이 전통적 VaR[I] 모델보다 훨씬 정확하게 손실 규모를 예측했다는 연구 결과들이 나왔다(Mishra, et al., 2024).

기업 실적 예측 영역에서도 AI의 장점이 드러나고 있다. 전통적으로 애널리스트들의 분기 EPS[II] 예측 오차는 평균 15~20% 수준이다. 더 문제가 되는 것은 이들의 예측이 체계적 편향을 보인다는 점이다. 호황기에는 과도하게 낙관적이고, 불황기에는 지나치게 비관적인 경향이 있었다(Bradshaw, 2009). 하지만 AI 모델들은 재무제표 데이터뿐만 아니라 뉴스, 소셜미디어, 거래 패턴, 거시경제 지표 등을 종합적으로 분석해 정확한 예측을 제공할 수 있는 잠재력을 가지고 있다(Gu, et al., 2020).

더 구체적인 사례로는 스위스 UBS 그룹의 에비던스랩(Evidence Lab)이 있다. 이들은 위성 이미지, 소셜미디어 데이터, 거래 정보를 결합해 주요 소매업체들의 분기 매출을 예측하는 모델을 개발했다. 2019~2021년 기간 동안 이 모델은 월마트, 타깃, 코스트코의 분기 매출을 훌륭하게 예측하는 성과를 보였다(UBS Evidence Lab, 2021).

신용 위험 예측은 전통적으로 FICO 점수나 재무 비율 같은 제한적

I   VaR(Value at Risk): 특정 기간 동안 정상적인 시장 상황에서 발생할 수 있는 최대 예상 손실 금액을 통계적으로 측정한 값. 금융기관이 잠재적 위험을 계량화하고 관리하는 데 중요한 역할을 함.

II   EPS(Earnings-per-Share): 기업이 벌어들인 순이익을 유통되는 보통주 주식 수로 나눈 값으로, 1주당 얼마의 이익을 창출했는지를 나타내는 지표

변수에 의존했다. 하지만 AI 모델들은 훨씬 더 다양한 데이터를 활용한다. 제스트 파이낸스(현 제스트AI)는 수천 개의 변수를 분석해 기존 신용평가 모델로는 평가하기 어려웠던 서브프라임 고객들의 신용도를 정확히 측정하는 모델을 개발했다. 이들의 모델은 온라인 행동 패턴, 소셜 네트워크 데이터, 스마트폰 사용 패턴까지 분석해 신용 위험을 예측한다. 결과적으로 기존 모델 대비 부실률을 줄이면서도 승인율을 높이는 성과를 달성했다. 이는 단순히 기술적 개선을 넘어서 금융 포용성까지 개선한 사례로 주목받고 있다.

포트폴리오 최적화 분야에서도 개선이 나타나고 있다. 전통적인 마코위츠의 평균-분산 최적화 모델[I]은 과거 데이터 기반의 정적 구조라는 한계가 있으며, 특히 금융 시장 위기 등 상관관계가 급변하는 상황에서는 분산투자의 혜택이 급격히 줄어드는 문제가 반복적으로 지적되어 왔다. 최근 블랙록 등 글로벌 투자기관들은 거시경제 지표 및 미시구조 데이터를 실시간으로 반영하는 동적 포트폴리오 최적화 시스템을 적극적으로 도입하고 있다. 이러한 동적·시나리오 기반 자산배분 접근법은 전통적 60/40 포트폴리오[II]에 비해 위기 시기 리스크 관

I 마코위츠 평균-분산 최적화(Markowitz Mean-Variance Optimization): 해리 마코위츠(Harry Markowitz)가 1952년에 제시한 평균-분산 최적화(Mean-Variance Optimization) 모델은 현대 포트폴리오 이론(Modern Portfolio Theory, MPT)의 초석을 다진 개념이다. 이 모델은 "계란을 한 바구니에 담지 말라"는 오랜 격언에 수학적, 통계적 근거를 제시하며, 기대수익률(평균)과 위험(분산)이라는 두 가지 요소를 고려하여 최적의 투자 포트폴리오를 구성할 수 있는 이론적 틀을 제공한다.

II 60/40 포트폴리오: 투자 자산의 60%를 주식에, 40%를 채권에 배분하는 전통적이고 고전적인 자산배분 전략. 월스트리트의 황금 비율로 불리며, 안정적인 성과를 추구하는 투자자들에게 가장 기본적인 투자 방식으로 여겨져 왔다.

리와 위험조정 성과지표에서 일정 수준의 개선 효과를 거둘 수 있다 (Chan et al., 2024).

혁신적인 변화는 대안 데이터를 통합한 예측 모델의 확산에서 두드러진다. 레피니티브(Refinitive)의 스타마인(StarMine) 모델은 전통적인 재무 데이터에 뉴스 감정, 애널리스트 이익전망 개정 패턴, 내부자 거래 정보 등 다양한 비정형 데이터를 결합해 주가의 단기 및 중기 방향성을 예측한다. 연구에 따르면 스타마인 및 유사한 대안 데이터 기반 예측 모델은 전통적 신호 대비 일정 수준의 예측력 개선을 보인다 (Vukovic, et al., 2024).

이런 정확도 향상은 단순한 기술적 개선을 넘어서 투자 패러다임 자체를 바꾸고 있다. 과거에는 불가지론적인 접근이 지배적이었다면, 이제는 더 정교한 예측이 가능하다는 믿음이 확산되고 있다. 물론 여전히 시장은 예측하기 어려운 복잡계이지만, AI는 그 복잡성의 일부를 해독할 수 있는 도구임이 점점 명확해지고 있다.

유형 3: 예측 속도의 단축

과거 애널리스트가 수 주에 걸쳐 수행하던 기업 분석이 AI를 통해 수 분 내에 완료되며, 실시간 리스크 모니터링과 포트폴리오 리밸런싱이 가능해졌다. 고빈도 거래"에서는 밀리초 단위의 예측과 실행이 일상화되었다.

가장 극적인 변화는 자연어 처리 영역에서 나타났다. 숙련된 애널리스트가 500페이지 연차보고서를 꼼꼼히 읽고 핵심 내용을 파악하는 데 하루 종일 걸렸던 일을, AI는 이제 30초 만에 해낸다. 더 놀라운 것은 단순히 빠르기만 한 것이 아니라, 수십 개 기업의 보고서를 동시에 비교 분석하면서 인간이 놓치기 쉬운 미묘한 패턴까지 포착한다는 점이다.

실시간 뉴스 분석도 완전히 달라졌다. 기업이 실적을 발표하면 과거에는 애널리스트들이 몇 시간에 걸쳐 숫자를 분석하고 영향을 평가했다. 하지만 지금은 발표와 동시에 AI가 텍스트를 파싱하고, 예상치와 비교하며, 관련 종목들에 미칠 파급효과까지 계산해 몇 초 만에 투자 의견을 생성한다.

복잡한 수학적 모델 계산에서도 속도 향상이 일어났다. 포트폴리오의 위험도를 평가하기 위한 몬테카를로 시뮬레이션은 과거에 밤새 컴퓨터를 돌려야 했던 작업이었다. 하지만 GPU 기반 병렬 처리와 최적화된 알고리즘을 통해 이제는 실시간으로 수만 번의 시나리오를 시뮬레이션할 수 있다. 이는 시장이 개장 중인 상황에서도 즉각적인 위험

I   리밸런싱(Rebalancing): 시간이 지나면서 시장 상황에 따라 변동된 각 자산의 비중을 최초에 계획했던 목표 비중으로 다시 맞추는 과정

II   고빈도 거래(High-Frequency Trading, HFT): 강력한 컴퓨터와 정교한 알고리즘을 이용해 극도로 짧은 시간 안에 수많은 금융 상품을 거래하는 기법. 인간의 판단 속도를 아득히 뛰어넘는 마이크로초(100만분의 1초) 단위로 거래가 이루어지며, 주로 주식, 파생상품, 외환 시장 등에서 활발하게 이루어진다.

판단과 포트폴리오 조정을 가능하게 만들었다.

블랙록의 알라딘 플랫폼은 이러한 속도 혁명의 대표적 사례다. 과거에는 포트폴리오 리스크 분석을 수행하는 데 며칠이 걸렸지만, 현재는 실시간으로 2천 개 이상의 위험 요인을 모니터링하고 있다. 시장이 개장된 상태에서도 포트폴리오의 위험 노출을 실시간으로 계산하고, 필요시 즉시 리밸런싱을 수행할 수 있다. 이는 단순한 계산 속도 향상을 넘어서, 투자 의사결정의 시간 지평 자체를 바꾼 혁신이다.

이러한 속도 개선은 단순히 편의성의 문제가 아니다. 금융 시장에서는 분 단위, 초 단위의 차이가 수백만 달러의 손익으로 이어질 수 있다. 이를 가장 극명하게 보여준 사례가 바로 2010년경 벌어진 속도 전쟁이다.

당시 월스트리트의 고빈도매매 회사들은 밀리초 단위의 거래 속도 차이가 수백억 원의 수익 차이를 만들 수 있다는 사실에 주목했다. 시카고에 위치한 시카고상품거래소(CME)와 뉴저지 카터렛(Carteret)에 있는 나스닥 서버 사이는 약 1,448~1,609km 길이의 기존 광통신망을 따라가면 신호가 도달하는 데 약 14~17밀리초가 걸렸다. 하지만 누군가 이 거리를 더 빠르게 연결한다면, 선물 가격 변화를 남들보다 먼저 감지하고 즉각 뉴욕 주식시장에 반영할 수 있는 우위를 점할 수 있었다.

이 가능성을 현실화한 회사가 바로 스프레드 네트워크스(Spread Networks)였다. 이들은 기존 광통신망이 구불구불한 경로를 따라 연결된다는 점에 주목해, 시카고에서 뉴저지까지 가능한 한 직선에 가까운 전용 광섬유망¹을 새로 구축하기로 결정했다. 산을 관통하고, 사유지를 매입하며, 여러 관할구역의 규제를 통과하는 등 막대한 비용과 노력이 들어갔다. 총투자비용은 3억 달러가 넘었으며, 결과적으로 신호 전송 속도를 단방향 기준 약 4.25밀리초, 왕복 8.5밀리초까지 줄이는 데 성공했다(Lewis, 2015).

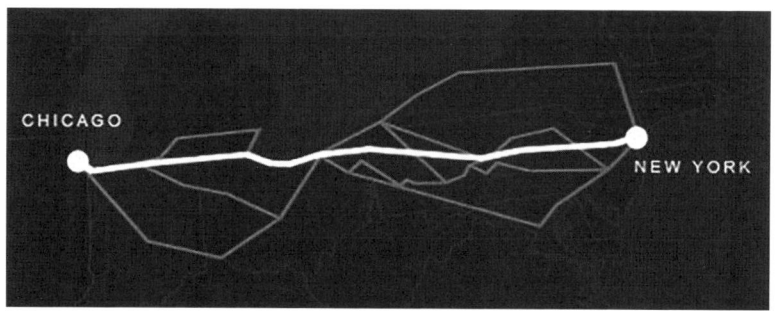

시카고상품거래소(CME)에서 뉴저지 카터렛(Carteret)까지 1,300km 구간을 직선에 가깝게 연결한 광섬유망의 이미지
(출처: Spread Networks)

이 전용망은 고빈도매매 회사들에게 엄청난 가치를 지녔다. 경쟁사보다 단 1밀리초라도 먼저 시장에 접근하면, 수많은 거래에서 우선권을 확보할 수 있었기 때문이다. 스프레드 네트웍스는 이 회선을 고빈도매매 업체들에게 고가로 임대했으며, 이는 곧 금융업계에서 속도 전쟁의 서막을 알리는 상징적 사건이 되었다.

---

l   광섬유망(Optical Fiber Network): 데이터를 전기 신호가 아닌 빛의 형태로 변환하여, 유리나 플라스틱으로 만들어진 가느다란 섬유 가닥(광섬유)을 통해 전송하는 통신 네트워크. 초고속 인터넷, 5G 이동통신, 데이터 센터 등 현대 정보 통신 기술의 핵심 기반 시설 역할을 한다.

오늘날 이 속도 경쟁은 더욱 치열해졌다. 시타델 증권이(Citadel Securities)나 버투 파이낸셜(Virtu Financial) 같은 업체들은 마이크로초 단위의 경쟁을 벌이며, 거래소에서 가장 가까운 곳에 서버를 설치하고 광케이블의 물리적 경로까지 최적화하고 있다. 이들의 알고리즘은 뉴스가 발표되는 순간부터 밀리초 내에 그 내용을 분석하고, 관련 종목에 대한 매매 주문을 실행한다. 인간이 뉴스를 읽고 이해하는 데 걸리는 시간보다 수천 배 빠른 속도다.

여기서 핵심은 단순한 통신 속도가 아니라, AI가 복잡한 시장 데이터와 뉴스를 실시간으로 해석하고 내리는 예측 속도다. 마이크로파, 레이저, 심지어 위성 기반 네트워크까지 동원된 이 속도 전쟁은 금융업계에서 시간이 곧 돈이라는 진리를 극명하게 보여준다.

불가능했던 것을 가능하게 하고, 정확도를 비약적으로 향상시키며, 속도를 혁신적으로 단축시키는 것. 이 세 가지 변화가 결합되면서 자산운용 업계에서는 완전히 새로운 차원의 경쟁이 시작되었다. 하지만 여기서 중요한 질문이 남는다. 이런 기술적 혁신이 실제로 업계의 판도를 어떻게 바꾸고 있을까? 누가 이 변화의 승자가 되고, 누가 도태되고 있을까? 그리고 성공하는 기업들은 과거와 무엇이 다른 방식으로 경쟁하고 있을까?

시스템 혁신의 벽: 자본 격차

전 세계 자산운용산업이 AI와 빅데이터 중심의 디지털 체계로 전환하고 있다. 이 과정에서 블랙록, JP모건, 골드만삭스 같은 글로벌 대형 운용사들이 기술 혁신을 주도하고 있으며, 한국의 자산운용산업은 상당한 도전에 직면해 있다.

1. 규모의 한계

미국의 블랙록은 2025년 2분기 기준 12.5조 달러의 자산을 관리한다. JP모건과 골드만삭스도 각각 4조 달러와 2조 달러 규모를 운용한다. 한국 자산운용시장 전체는 2024년 말 기준 1,656조 원으로, 블랙록 단일 회사의 약 10분의 1 수준이다. 국내 최대 운용사인 삼성자산운용(391조 원)과 미래에셋자산운용(439조 원)도 블랙록 대비 40배 이상의 격차를 보인다. 이러한 규모 차이는 단순한 크기의 문제를 넘어선다. 대규모 자본은 규모의 경제를 통해 기술 투자, 인프라 구축, 인재 확보에서 압도적 우위를 만들어 낸다.

2. 자본력이 곧 기술력으로

블랙록이 30년간 구축한 알라딘 시스템은 이러한 자본력이 기술력으로 전환된 대표 사례다. 마이크로소프트의 클라우드에서 운영되는 알라딘은 전 세계 21조 달러 이상의 자산을 관리한다. 블랙록은 인공지능만을 전문적으로 연구하는 연구소 AI Labs를 운영하며, 2023년 출시한 알라딘 코파일럿(Aladdin Copilot)은 생성형 AI를 통해 투자 의사결정 과정을 개선했다. 이 시스템은 몬테카를로 시뮬레이션으로 30,000개 이상의 포트폴리오를 추적하며, 실시간 위험 분석을 제공한다. 반면, 대부분 한국 운용사들의 연간 IT 투자 규모는 대부분 수십억 원 수준으로 블랙록이 쏟아붓는 천문학적인 금액의 1%에도 미치지 못하는 규모이다. 이는 개별 기능 개선을 넘어 투자 프로세스 전체를 시스템화하는 데 상당한 제약을 의미한다.

3. 인력 격차

블랙록의 전체 직원 2만 명 중 대략 5천 명가량이 IT·기술 분야에 종사하는 것으로 추정된다. 이들은 단순히 전산 시스템을 관리하는 인력이 아니다. 이 안에 있는 AI 연구소만 해도 수백 명의 전문가가 있는데, 이들은 대부분 구글이나 아마존과 같은 빅테크 기업에서 AI 개발을 주도했던 핵심 인재들이다. 대부분 컴퓨터과학과 금융을 복합 전공한 석·박사 출신이며, 복잡한 금융 시장을 데이터로 분석하고 예측하는 데 특화된 전문가들이다.

이들의 최고 무기는 세계 최고의 대학들과의 산학 협력으로 꼽을 수 있다. 예를 들어, 스탠퍼드와 MIT 등 주요 대학의 교수진과 학생들이 블랙록의 실제 투자 프로젝트에 직접 참여한다. 이들은 함께 최신 AI 알고리즘을 만들고, 챗GPT와 같은 대형 언어모델(LLM)을 금융에 맞게 고도화하며, 사람의 개입을 최소화하는 자동 투자 시스템을 개발한다. JP모건과 같은 다른 글로벌 투자은행들도 마찬가지로 명문대 연구원들과 함께 일하며 최신 기술과 최고의 인재를 가장 먼저 흡수한다. 이런 협력은 단순한 자문을 넘어 혁신 기술이 탄생하는 연구실과 실제 돈이 움직이는 투자 현장을 직접 연결하는 고속도로와 같이 작동한다.

반면, 한국 운용사들의 기술 인력 현황은 상당히 제한적이다. 삼성자산운용의 퀀트 조직은 약 15명, 미래에셋자산운용은 20명 내외 규모로 업계 전체로 100여 명 수준으로 알려져 있다. 이들 중 AI나 머신러닝에 특화된 인력은 더욱 제한적이다.

더 큰 격차는 인재를 키워내는 교육 시스템에 있다. 미국에는 카네기멜론 대학의 계량금융학과(MSCF)나 스탠퍼드, 뉴욕대(NYU)의 금융공학 프로그램처럼 월스트리트가 필요로 하는 인재를 맞춤형으로 길러내는 곳들이 있다. 이들 프로그램들은 이론만 가르치는 것이 아니라, 실제 금융 시장의 문제를 해결하는 방법을 집중적으로 훈련시킨다. 따라서, 졸업생들은 별도의 재교육 없이 곧바로 헤지펀드나 투자은행의 핵심 부서에 투입될 수 있다. 하지만 한국의 금융 AI 교육은 아직 걸음마 단계로, 대부분 전통적인 금융 교육 과정에 기초적인 파이썬 과목을 추가하는 수준에 머물러 있다. 졸업생들이 현장에서 전문가로 성장하기까지는 상당한 시간과 노력이 추가로 필요할 수밖에 없는 구조이다.

4. 돌파구는 어디에

한국 자산운용시장은 2024년 전년 대비 12% 성장했지만, 이러한 양적 확대가 근본적인 경쟁력 격차를 해결해 주지는 않는다. 앞서 살펴본 바와 같이 자본력, 기술 인프라, 인재 등 모든 면에서 글로벌 대형 운용사와의 격차는 압도적이다. 블랙록 한 곳의 IT 투자만으로도 한국 전체 업계의 수십 배에 달하고, 인재 풀의 차이는 더욱 극명하다. 이는 단순히 노력의 문제가 아니라 시장 규모와 자본력에서 비롯되는 구조적 한계다. 1,656조 원 규모의 한국 시장과 12조 달러를 관리하는 BlackRock 간의 차이는 단기간에 극복할 수 있는 성질의 것이 아니다. 결국 한국 자산운용산업은 글로벌 표준을 따라잡기보다는, 주어진 제약 조건하에서 어떻게 생존하고 성장할 것인가의 문제에 직면해 있다.

모델 공장 시대

예측 비용의 하락은 기존 자산운용업의 경쟁 구조에 점진적이지만 근본적인 변화를 가져오고 있다. 중요한 것은 전통적 방식이 하루아침에 없어지는 것이 아니라, 새로운 요소들이 추가되면서 경쟁 우위의 원천이 다변화되고 있다는 점이다. 가장 중요한 변화는 개별적 우수성에서 시스템적 일관성으로의 전환이다.

과거에는 한 명의 뛰어난 펀드매니저가 탁월한 성과를 낼 수 있다면 그것으로 충분했다. 하지만 이제는 수십 개, 수백 개의 서로 다른 투자 전략과 모델을 동시에 운영하면서도 전체적인 일관성과 안정성을 유지하는 것이 더 중요해졌다. 이는 단순히 규모의 문제가 아니라 복잡성 관리의 문제다.

구체적인 예로 블랙록의 운영 방식을 살펴보자. 이들은 동시에 수백~수천 개 이상의 서로 다른 투자 전략을 운영하고 있다. 각 전략마다 수십 개의 예측 모델이 작동하고 있고, 매일 수십만~수백만 건의 거래가 실행된다. 여기서 핵심은 개별 모델의 우수성이 아니라, 이 모든 것을 조율하고 통합하는 시스템의 역량이다.

예를 들어, A 전략의 모델이 특정 종목에 대해 매수 신호를 보내는 동시에 B 전략의 모델이 같은 종목에 대해 매도 신호를 보낼 수 있다. 이때 중요한 것은 어느 신호가 맞는지를 판단하는 것이 아니라, 전체 포트폴리오 차원에서 이런 상충하는 신호들을 어떻게 조화시킬 것인가를 결정하는 것이다. 이런 복잡한 조율 작업은 개인의 직감이나 경험으로는 처리하기 어렵고, 체계적인 시스템이 필요하다.

또 다른 중요한 변화는 데이터 통합과 해석의 복잡성이 기하급수적으로 증가했다는 점이다. 과거에는 재무제표, 뉴스, 애널리스트 리포트 정도의 정보를 종합하면 충분했다. 하지만 이제는 위성 이미지, 소셜미디어 감정, 특허 출원 현황, 임원 이동 패턴, 공급망 변화 등 수십 가지 서로 다른 형태의 데이터를 실시간으로 통합해야 한다.

이런 다차원적 데이터 통합은 단순히 정보량의 문제가 아니다. 각각의 데이터는 서로 다른 시간 주기를 갖고 있고, 서로 다른 방식으로 신뢰성을 평가해야 하며, 상호 간에 복잡한 상관관계를 갖고 있다. 예를 들어, 위성 이미지로 파악한 주차장 점유율과 소셜미디어 감정 분석 결과가 상반된 신호를 보낼 때, 어떤 가중치를 두고 해석할 것인가? 이런 판단은 인간의 직감만으로는 일관성을 유지하기 어렵고, 체계적인 방법론이 필요하다.

마지막으로 중요한 변화는 운영 복잡성의 질적 변화다. 과거의 자산운용은 본질적으로 배치 처리 방식이었다. 월말이나 분기 말에 포트폴리오를 검토하고, 필요한 조정을 한 번에 실행하는 방식이었다. 하지만 이제는 실시간 처리 방식으로 전환되고 있다.

이는 단순히 거래 실행 속도의 문제가 아니라, 의사결정 프로세스 자체의 변화를 의미한다. 시장이 개장된 상태에서 실시간으로 유입되는 새로운 정보를 즉시 분석하고, 포트폴리오에 미치는 영향을 계산하며, 필요한 조정을 자동으로 실행하는 시스템이 필요해졌다. 이런 실시간 운영 체계는 개인의 역량으로는 구현이 불가능하고, 고도로 자동화된 시스템이 필수적이다.

JP모건의 로컴(LOXM)[1] 시스템이 좋은 예다. 이 시스템은 대형 거래 주문을 실행할 때 시장 상황을 실시간으로 분석해 최적의 실행 전략을 결정한다. 주문을 여러 개로 분할할지, 어떤 시점에 실행할지, 어떤 거래소를 이용할지 등을 밀리초 단위로 조정한다. 이런 세밀한 최적화는 인간이 수동으로 할 수 없는 영역이다.

이러한 변화들을 종합해 보면, 자산운용업에서 경쟁 우위의 원천이 개인의 뛰어난 능력에서 시스템의 통합적 역량으로 이동하고 있음을 알 수 있다. 하지만 이것이 인간의 역할이 완전히 사라진다는 의미는 아니다. 오히려 인간의 역할이 더 고차원적이고 전략적인 영역으로 진화하고 있다. 그렇다면 이런 새로운 경쟁 구조에서 성공하기 위해

---

[1] 로컴(LOXM): JP모건이 개발한 AI 기반의 주식 주문 집행 시스템으로 고객이 맡긴 대규모 주식 주문을 시장에 미치는 영향을 최소화하면서, 가장 빠르고 유리한 가격에 체결한다. 인간 트레이더의 판단을 넘어, 머신러닝을 통해 스스로 최적의 거래 전략을 찾아 실행한다.

서는 어떤 역량들이 필요할까? 여기서 세 가지 보완재의 중요성이 드러난다.

보완재들이 재편하는 자산운용 분야

데이터: 대안 데이터의 패권 경쟁

최신 업계 분석에 따르면, 전 세계 대안 데이터 시장 규모는 2024년 기준 약 90억 달러(약 12조 원)에 육박하며, 연평균 51%라는 폭발적인 성장률을 기록하고 있다(Precedence Research, 2024). 이는 2030년에는 시장 규모가 1,470억 달러를 넘어설 수 있음을 의미하며, 기존 금융 데이터 시장의 성장률을 압도하는 수치다. 이러한 패러다임 전환은 세 가지 구조적 변화가 맞물리며 가속화되었다.

첫째, 데이터 소스의 빅뱅이다. 신용카드 거래 내역, 위성 이미지, 모바일 앱 사용량, 웹 트래픽, 물류 데이터 등 기업의 본질적인 활동을 보여주는 새로운 정보 소스가 상업적으로 거래되기 시작했다. 둘째, 실시간 처리 기술의 발전이다. 과거 분기 단위로 확인하던 기업

실적을 이제는 일별, 시간별 데이터로 추정할 수 있게 되었다. 셋째, 인공지능(AI) 기술의 성숙이다. 방대한 비정형 데이터를 투자 가능한 인사이트로 정제하는 AI 모델의 능력은 이제 자산운용사의 핵심 경쟁력으로 자리 잡았다.

이러한 기회를 가장 적극적으로 활용하는 주체는 헤지펀드다. 헤지펀드는 전체 대안 데이터 시장의 약 47%를 소비하는 가장 큰손이며, 막대한 투자를 아끼지 않고 있다(Custom Market Insights, 2024). 누데이터(Neudata)의 2024년 분석에 따르면, 투자기관들은 유의미한 데이터 세트 하나를 확보하는 데 연평균 110만 달러에서 160만 달러(약 15억~22억 원)를 지출한다(Neudata, 2024).

헤지펀드들이 이처럼 막대한 비용을 지불하는 이유는 대안 데이터에 대한 투자가 명확한 성과로 돌아오기 때문이다. 대안 데이터가 창출하는 초과 수익률(알파)을 직접적으로 분리해 측정하는 것은 어렵지만, 투자의 핵심인 예측 정확도를 획기적으로 개선한다는 강력한 증거는 계속해서 나오고 있다.

예를 들어, PwC는 소셜미디어 데이터를 분석하면 단기 주가 예측 정확도가 15% 증가한다고 밝혔다(Daloopa, 2023). 또한 한 사례 연구에서는 위성 이미지를 통해 특정 기업의 원자재 재고를 파악하고 이를 기반으로 투자한 포트폴리오가 15% 성장하기도 했다(Daloopa, 2023).

따라서 진정한 경쟁 우위는 단일 데이터가 아닌 데이터의 조합과 해석에서 나올 것이다. 예를 들어 한 소매 기업에 투자할 때, 위성 이미지로 분석한 매장 주차장의 차량 수, 신용카드 거래 데이터로 파악한 고객 지출 패턴, 소셜미디어의 브랜드 평판, 그리고 날씨 데이터를 함께 교차 분석하면 훨씬 정교하고 입체적인 예측이 가능해진다. 같은 데이터에 접근하더라도 어떤 데이터를 어떻게 조합하고 해석하느냐에 따라 성과는 극명하게 갈리게 된다.

결국 대안 데이터 시장의 급성장은 단순한 유행을 넘어, 정보 우위를 통한 수익 창출이라는 금융의 본질이 새로운 차원으로 진화했음을 보여주는 증거다. 모든 참여자가 더 나은 데이터와 정교한 분석 모델을 찾아 끊임없이 달려야만 겨우 현 위치를 유지할 수 있는 붉은 여왕 효과(Red Queen Effect)가 지배하는 시장이 된 것이다. 한때 경쟁 우위를 가져다주었던 데이터는 곧 업계 표준이 되고, 뒤처지지 않기 위한 끊임없는 투자가 요구된다. 이제 데이터 접근성과 분석 역량은 탁월한 성과를 위한 도구가 아니라, 생존을 위한 필수 조건이 되었다.

판단: 퀀터멘털 전문가의 부상

AI와 대안 데이터 기술이 금융업계를 혁신하면서 기존 투자 전문가들의 업무 영역에 근본적 변화가 일어나고 있다. 과거 애널리스트의 핵심 업무였던 정보 수집과 기초 분석은 이제 AI가 더 빠르고 정확하

| 붉은 여왕 효과(Red Queen Effect): 루이스 캐럴의 소설 『거울 나라의 앨리스』에서 유래한 개념으로, 어떤 대상이 끊임없이 노력하여 변화하더라도 주변 환경이나 경쟁 상대 역시 계속해서 변화하기 때문에 결국 제자리에 머무르거나 뒤처지는 현상을 설명한다. 즉, 현재 단순히 위치를 유지하기 위해서라도 전력 질주해야 하며, 앞서 나가기 위해서는 그보다 훨씬 더 빨리 달려야 한다는 의미를 담고 있다.

게 수행한다. 하지만 AI가 생성하는 방대한 분석 결과를 해석하고 실제 투자 결정으로 연결시키는 새로운 형태의 전문성에 대한 수요가 급증하고 있다.

이러한 시장 요구에 대응해 등장한 것이 퀀터멘털(quantamental) 전문가다. 정량적(quantitative) 분석과 펀더멘털(fundamental) 분석을 결합한 이들의 핵심 역할은 AI가 생성한 대량의 분석 결과를 해석하고, 실제 투자 결정으로 연결시키는 것이다. 구체적으로는 AI 모델이 생성한 수십 개의 투자 시나리오를 검토하고 우선순위를 설정하며, 대안 데이터 분석 결과와 전통적 펀더멘털 분석을 통합한다. 또한 모델의 예측 결과에 대한 비판적 검증 및 한계점을 파악하고, 시장 상황 변화에 따른 모델 파라미터 조정을 제안하며, 투자 위원회 및 고객에 대한 AI 기반 투자 논리를 설명하는 업무를 담당한다(Lopez de Prado, 2018).

이들에게 요구되는 역량은 극히 특수하다. 파이썬이나 R을 능숙하게 다루면서도 기업의 사업 모델을 깊이 이해하고, 시장의 미시적 구조부터 거시경제 동향까지 폭넓은 지식을 갖춰야 한다. 기술적 전문성과 투자 철학을 동시에 보유한 인재의 희소성이 이들의 시장 가치를 급격히 끌어올리고 있다.

신규 인력 양성만으로는 급증하는 수요를 따라잡기 어렵기 때문에, 기존 인력의 재교육도 활발하게 진행되고 있다. 금융 교육 기관인 피치 러닝(Fitch Learning)의 CQF(Certificate in Quantitative Finance)는 6개월 과정으로 비용은 14,000파운드이다. 세계적인 헤지펀드 포인트72 자산운용의 인재 양성 프로그램은 10개월 유급 교육 프로그램으로 연봉

7만 5천 달러를 지급하며, 투시그마는 대학과의 강력한 연계를 통해 공동 연구 프로그램을 운영한다. 블랙록의 인턴십은 12주 프로그램으로 시급 25~30달러를 지급한다. 전통적인 금융공학 석사과정 프로그램들도 커리큘럼을 대폭 개편하고 있다. 뉴욕주립대, 프린스턴, 카네기멜론 대학 등의 프로그램은 이제 머신러닝과 대안 데이터 분석을 필수 과목으로 포함하고 있다.

하지만 이들의 진정한 가치는 단순히 AI의 분석을 해석하는 데 그치지 않는다. 이들은 AI가 아직 보지 못하는 영역을 개척하는 고차원적 직관을 발휘해야 한다. 예를 들어, AI는 주어진 데이터를 분석할 수는 있지만, 어떤 새로운 데이터가 미래의 알파를 가져올지 이론적으로 상정하고 발굴하는 것은 인간의 몫이다. 위성 이미지가 대안 데이터로 자리 잡기 전, 누군가는 소매업체 주차장의 자동차 수가 매출과 관련이 있을 것이라는 직관적 가설을 세웠다. 바로 이러한 창의적 가설 설정 능력이 퀀터멘털 전문가의 핵심 경쟁력이다.

또한, 여러 AI 모델이 서로 상충되는 예측을 내놓거나, 코로나19 팬데믹처럼 과거 데이터에 없던 블랙 스완 사건이 발생했을 때, 최종적인 결정을 내리는 것은 결국 인간의 통찰이다. 이는 과거의 감(gut feeling)과는 다르다. 수많은 AI의 분석 결과를 종합적으로 이해한 상태에서, 정량화할 수 없는 시장의 심리, 지정학적 리스크, 정책의 변화 등을 고려해 결단을 내리는 데이터를 기반으로 한 인간의 직관이다. AI가 지도에 표시된 길을 찾아준다면, 인간은 지도를 보고 어디로 가야 할지 방향을 정하는 것과 같다.

결국 애널리스트의 역할은 정보의 수집에서 정보의 해석, 전략 수립, 그리고 창의적 탐험으로 전환되고 있다. AI가 생성한 수십 개의 시나리오를 비판적으로 검토하고 최적의 전략을 선별하며, 나아가 데이터가 없는 영역에서 새로운 기회를 포착하는 퀀터멘털 역량이 핵심이 되었다. 이들은 데이터 과학과 투자 이론, 그리고 인간 고유의 통찰력까지 겸비한 하이브리드 전문가로서, AI 시대 금융업계의 새로운 핵심 인재로 자리 잡을 것이다.

실행 역량: 시스템 역량과 조직 역량

세 가지 보완재는 서로 다른 경쟁적 특성을 갖는다. 대안 데이터 시장이 성숙해지면서 동일한 데이터에 대한 접근성이 평준화되고 있다. 위성 이미지든 신용카드 거래 데이터든, 충분한 비용을 지불하면 누구나 구매할 수 있게 되었다. 퀀터멘털 인재는 극히 희소하기는 하지만 결국 높은 급여를 제시하면 영입 가능하다. 실제로 업계에서는 연봉 수십만 달러에서 수백만 달러를 걸고 인재 쟁탈전을 벌이고 있다.

반면 시스템 실행 역량은 구매하거나 영입할 수 있는 자원이 아니다. 이는 조직의 기술적 역량, 운영 프로세스, 문화가 장기간에 걸쳐 복합적으로 결합되어 형성되는 조직적 자산이다. 1~2개 모델을 운영하는 것과 수백 개 모델을 24시간 안정적으로 운영하는 것 사이에는 본질적 차이가 있다. 개별 모델 최적화는 기술적 문제이지만, 다양한 모델 간 상호작용 관리, 실시간 성능 모니터링, 자동 대응 시스템 구축은 전혀 다른 차원의 복잡성을 갖는다.

이러한 시스템적 복잡성 때문에 MLOps와 MRM[I]이 핵심 인프라로 부상했다. MLOps는 모델의 전체 생명주기를 관리하는 운영 체계로, 데이터 수집부터 모델 배포, 성능 모니터링, 자동 재학습까지 전 과정을 통합 관리한다. MRM은 모델 위험을 식별, 측정, 통제하는 관리 체계로, 특히 금융업의 규제 환경에서 필수적이다. 미국의 SR 11-7 규정[II]처럼 금융기관은 모델의 독립적 검증, 상세한 문서화, 거버넌스 체계, 정기적 재검증을 모두 갖춰야 한다. 이는 단순한 기술적 성능을 넘어 투명성, 설명 가능성, 편향 모니터링까지 포괄하는 종합적 관리 역량을 요구한다.

시스템 구축에 필요한 투자 규모가 이러한 진입 장벽을 보여준다. 맥킨지의 연구에 따르면 대형 운용사는 연간 5천만~1억 달러(약 700억~1,400억 원), 중형 운용사는 1천만~5천만 달러(약 140억~700억 원), 소형 운용사도 1백만~1천만 달러(약 14억~140억 원)를 투자해야 한다. 완전한 시스템 구축에는 일반적으로 2~3년이 소요되며, 지속적 개선은 시스템이 살아 있는 한 무기한 계속되어야 한다.

[I] MRM(Model Risk Management): 기업이 사용하는 예측 모델의 오류나 부적절한 사용으로 인해 발생할 수 있는 잠재적 손실 위험을 식별, 측정, 통제하는 체계적인 관리 절차를 의미한다. 궁극적으로 MRM은 잘못된 모델 기반의 의사결정으로 인한 재무적 손실을 막고 규제 준수를 보장하는 것을 목표로 한다.

[II] SR 11-7: 연방준비제도(Fed)와 금융감독청(OCC)이 2011년에 제정한 모델 리스크 관리(MRM)에 대한 감독 지침으로, 모델 개발, 검증, 활용, 거버넌스 등 전 과정에서 모델 오류나 오용으로 인한 손실을 방지하기 위해 내부 정책·통제·문서화 및 독립적 검증을 요구한다.

블랙록의 알라딘 플랫폼은 이러한 시스템적 접근의 위력을 보여준다. 21조 달러 자산을 관리하는 단일 플랫폼의 핵심은 네트워크 효과다. 200개 이상 기관이 동일 플랫폼을 사용하면서 각 기관의 데이터와 경험이 전체 시스템 성능 향상에 기여하는 선순환 구조를 만들어냈다. 한 고객의 거래 데이터가 다른 모든 고객의 모델 정확도를 높이는 이러한 네트워크 효과는 개별 기관이 아무리 자원을 투입해도 복제하기 어려운 시스템적 우위다.

JP모건의 사례는 시스템 구축의 실제 과정을 보여준다. 2025년 기준 연간 180억 달러(약 25조 원) 이상의 기술 투자를 집행하는 이들은 점진적이고 체계적인 접근을 택했다. LOXM 거래 알고리즘부터 시작해 COiN 문서 분석 자동화로 확장하면서, 개별 애플리케이션의 성공 여부보다는 MLOps 역량과 조직 학습을 축적했다. 머신러닝 CoE(Center of Excellence)를 통한 전사적 AI 거버넌스 체계 구축이 기술적 성과를 조직적 역량으로 전환한 핵심이었다.

실패 사례들 역시 시스템적 접근의 중요성을 반증한다. 맥킨지의 연구에 따르면 대부분 실패는 파편화된 접근에서 비롯된다. 확장 전략 없이 남발되는 파일럿 프로젝트, 신구 시스템 통합 실패, 조직 문화적 저항 간과, 단기 성과 집착 등이 주요 실패 요인이다. 이는 모두 시스템적 사고 부재의 결과다.

종합하면 자산운용업에서 시스템 실행 역량이 가장 중요한 차별화 요소가 되는 이유는 세 가지 근본적 특성 때문이다. 첫째, 복제 불가능성이다. 데이터는 구매하고 인재는 영입할 수 있지만, 수백 개 모델을 안정적으로 운영하는 조직 역량은 기술, 프로세스, 문화의 복합체로서 단기간 복제가 불가능하다. 둘째, 신뢰 기반의 사업 특성이다. 자산운용업은 본질적으로 신뢰 사업이며, 고객들은 자금 운용에 대한 투명하고 체계적인 설명을 요구한다. 잘 모르겠는데 AI가 추천해서 샀다는 설명으로는 고객을 납득시키기 어렵다. 모델의 논리, 위험 요인, 성과 추적, 문제 발생 시 대응 방안 등을 체계적으로 설명할 수 있어야 한다. 셋째, 강화되는 규제 환경이다. 금융 규제는 지속 강화되고 있으며, AI 모델에 대한 규제는 투명성, 공정성, 안정성을 종합적으로 입증할 수 있는 시스템적 역량을 요구한다.

결국 AI 시대 자산운용업의 경쟁은 개별 요소의 우수성에서 시스템 통합 역량의 경쟁으로 전환되었다. 데이터와 인재는 필요조건이지만, 이를 지속 가능한 경쟁 우위로 전환시키는 것은 조직의 시스템 실행 역량이다. 개별 모델의 성능보다는 수백 개 모델을 24시간 안정적으로 운영하는 시스템적 역량이 결정적 차별화 요소가 된 것이다.

현실적 장벽과 해결 전략

앞서 살펴본 바와 같이 AI 시대 자산운용업에서는 시스템 실행 역량이 가장 중요한 차별화 요소가 되고 있다. 하지만, 전통적인 자산운용사들이 직면한 현실적 장벽들을 체계적으로 분석해 보면, 이들이 단순히 개별적인 문제가 아니라 서로 복잡하게 얽힌 구조적 장벽 시스템임을 알 수 있다.

현실적 장벽들의 구조적 이해

전환 과정의 장벽들을 이해하기 위해서는 먼저 이들을 계층적으로 분류할 필요가 있다. 가장 기저에는 기술적 장벽이 있다. 이는 수십 년간 축적된 레거시 시스템과 현대적 AI 인프라 간의 근본적 불일치를 의미한다. 그 위에는 인적 장벽이 자리한다. 이는 기술 변화에 대한 조직 구성원들의 심리적 저항은 물론 필요한 역량을 갖춘 인재들이 부족한 현실을 모두 포함한다. 제도적 장벽은 또 다른 층을 형성하는데, 금융업의 엄격한 규제 환경과 AI의 불투명성 사이의 충돌이 핵심이다. 마지막으로 경영적 장벽이 이 모든 것을 감싸고 있다. 장기적 투자가 필요한 AI 전환과 단기적 성과를 요구하는 자본시장의 압력 사이의 모순이 바로 그것이다.

이 네 가지 장벽은 독립적으로 존재하는 것이 아니라 서로 강화하는 악순환 구조를 형성한다. 예를 들어, 레거시 시스템 때문에 AI 도입이 어려워지면, 직원들은 기존 방식의 유효성을 더욱 확신하게 된다. 이는 문화적 저항을 강화하고, 결과적으로 경영진이 보수적 결정을 내리게 만든다. 그리고 보수적 결정은 다시 레거시 시스템 유지로 이어지는 악순환을 완성한다.

첫 번째 장벽인 기술적 장벽의 핵심은 단순히 오래된 시스템이 아니라 기술 부채다. 이를 이해하기 위해 집을 개조하는 리모델링 상황을 생각해 보자. 30년 된 집의 전기 배선을 최신 스마트홈 시스템으로 교체한다고 할 때, 문제는 단순히 새 전선을 설치하는 것이 아니다. 기존 배선이 벽 안에 복잡하게 얽혀 있고, 이를 함부로 건드리면 집

| 레거시 시스템(Legacy System): 과거의 낡은 기술이나 방법론으로 구축되었지만, 현재까지도 조직의 핵심적인 업무에 사용되고 있는 컴퓨터 시스템이나 애플리케이션을 의미한다. 이 시스템들은 기술이 노후화되어 새로운 시스템과의 호환성이 떨어지고, 유지보수나 기능 확장이 매우 어렵다는 특징을 가지는데, 이 때문에 비즈니스 환경 변화에 민첩하게 대응하기 어려워 많은 기업에게 현대화 또는 교체가 필요한 주요 과제로 여겨진다.

전체의 전기가 나갈 위험이 존재한다. 게다가 30년간 여러 차례 수리와 증축을 거치면서 원래 설계도와 다른 부분들이 생겨났다. 이것이 바로 전통 금융기관이 직면한 상황이다.

더욱 심각한 것은 이러한 시스템들이 수십 년간 업무 프로세스와 깊이 결합되어 있다는 점이다. 단순히 시스템만 교체하는 것이 아니라, 그와 연결된 모든 업무 절차, 보고 체계, 감사 추적, 규제 대응 방식까지 함께 바뀌어야 한다. 기술 업계의 보고서에 따르면, 레거시 코드 10만 줄당 연간 36만 달러의 기술 부채 비용이 발생하며, 레거시 시스템에 익숙한 전문가들이 은퇴하면서 이러한 시스템을 유지하는 것조차 점점 어려워지고 있다(Crotty and Horrocks, 2017).

두 번째 장벽은 인적 장벽인데, 이를 이해하기 위해서는 인간의 심리적 메커니즘부터 살펴볼 필요가 있다. 수십 년간 성공을 이끌어온 스타 펀드매니저에게 AI는 단순한 기술적 도구가 아니라, 자신의 정체성과 전문성에 대한 근본적 도전이다. 30년 경력의 펀드매니저에게 AI가 나보다 나은 투자 결정을 내릴 수 있다는 사실을 받아들이는 것은 마치 베테랑 의사가 컴퓨터가 나보다 정확한 진단을 내릴 수 있다는 것을 인정하는 것만큼 어려운 일이다.

이러한 저항은 여러 층위에서 나타난다. 첫 번째는 기술에 대한 근본적 불신으로 "AI는 그럼 2008년 금융위기를 예측했는가?"라는 질문이 대표적이다. 이는 단순한 기술적 의문이 아니라 인간의 경험과 직관을 대체할 수 있는 기술의 존재 여부에 대한 철학적 회의다. 두 번째는 고객 관계에 대한 우려다. 로봇이 고객과 진정한 관계를 맺을 수 있을 것인지에 대한 의문은 자산운용업이 본질적으로 신뢰 기반 사업이라는 인식에서 비롯된다. 세 번째는 책임 소재에 대한 불안이다. AI가 잘못 예측하면 누가 책임을 져야 하는지가 명확하지 않을 때, 금융업의 리스크 관리 문화와 AI의 불투명성 사이의 충돌은 심화될 수 있다.

하지만 가장 근본적인 저항은 생존에 대한 위기감이다. 골드만삭스의 사례가 이를 잘 보여준다. 2000년대 초, 골드만삭스 뉴욕 본사 현물주식 트레이딩 데스크에는 약 600명의 트레이더가 상장 주식 주문을 직접 매수·매도하며 데스크를 지키고 있었다. 그러나 전자거래와 AI 기반 알고리즘 트레이딩 시스템이 도입된 2017년경부터 해당 부서의 트레이더는 단 2명만 남고 나머지는 200여 명의 컴퓨터 엔지니어가 자동화된 거래 시스템을 개발·운영하는 역할을 맡고 있다. 이러한 변화를 목격한 다른 금융기관의 직원들에게 AI는 단순한 도구가 아니라 생존을 위협하는 존재로 인식된다.

세 번째 장벽은 제도적 장벽으로 규제와 혁신의 딜레마 상황이다. 제도적 장벽은 금융업의 특수성에서 비롯되는데, 금융업은 사회 전체의 안정성과 직결되는 시스템적 중요성 때문에 다른 어떤 산업보다 엄격한 규제를 받고 있다. 하지만 AI 기술의 본질적 특성은 이러한 규제 철학과 충돌한다. 전통적인 금융 규제는 투명성, 예측 가능성, 추적 가능성을 전제로 하지만 딥러닝 기반 시스템은 본질적으로 블랙박스 모델이다.

구체적인 규제 이슈들을 살펴보면 그 복잡성을 이해할 수 있다. 알고리즘 투명성 요구가 강화되고 있는데, EU의 인공지능법과 미국의 알고리즘 책임법(Algorithmic Accountability Act)이 대표적이다. 이는 AI가 왜 이 주식을 샀는지를 설명할 수 있어야 함을 의미한다. 편향 방지 의무도 확대되어 AI 모델의 성별, 인종, 지역별 편향을 지속적으로 모니터링해야 한다. 데이터 보호 규제인 GDPR과 CCPA 등도 개인정보 보호 관점에서 제약을 가한다.

더욱 까다로운 것은 시장 조작 방지에 대한 우려다. AI를 활용한 새로운 형태의 시장 조작 가능성에 대한 규제 당국의 경계가 강화되고 있다. 예를 들어, 여러 기관이 유사한 AI 모델을 사용할 경우 동일한 패턴의 거래가 집중될 수 있고, 이것이 의도치 않은 시장 조작으로 해석될 여지가 매우 크다.

이러한 규제 환경은 설명 가능한 AI의 필요성을 대두시킨다. LIME[II]이나 SHAP[III] 같은 설명 가능성 기술이 금융업계에서 중요해지는 이유이다. 하지만 여기서 딜레마가 발생하는데, 설명하기 쉬운 모델은 거

[I] 알고리즘 책임법(Algorithmic Accountability Act): 미국 의회에 발의된 연방 법안으로, 대기업이 인공지능(AI) 등 자동화된 의사결정 시스템을 사용할 때 발생할 수 있는 차별, 편향, 프라이버시 침해 등의 잠재적 위험을 사전에 의무적으로 평가하도록 하는 것을 목표로 한다. 이 법안은 특정 기업들이 AI 시스템이 사회에 미칠 영향을 평가하는 영향 평가(impact assessment)를 수행하고, 그 결과를 연방거래위원회(FTC)에 보고하도록 요구한다. 즉, 개별 결정에 대한 사후적 설명보다는 시스템 설계 단계에서부터 기업 스스로 책임감을 갖고 잠재적 피해를 예방하는 사전 예방적 규제에 초점을 맞춘다는 점에서 핵심적인 특징을 가진다.

[II] LIME(Local Interpretable Model-agnostic Explanation): 머신러닝 모델의 개별 예측 결과가 나온 이유를 직관적으로 설명해 주는 기술로, 입력 데이터 주변을 변형해 결과가 어떻게 달라지는지 분석한 뒤, 간단한 대리 모델을 만들어 주어진 예측에 영향을 미친 특징들을 알려준다.

[III] SHAP(SHapley Additive exPlanations): 게임 이론의 샤플리 값(Shapley value)을 활용해 각 입력 특징이 전체 모델 예측값에 얼마나 기여했는지 계산한다. 모든 특징의 영향력을 수치로 정량화해 개별 예측뿐만 아니라 전체 모델의 판단 기준까지 분석할 수 있는 기술이다.

의 대부분 성능이 떨어지는 경향이 있다는 점이다. 이는 모순이라기보다는 비선형성에 기반한 딥러닝의 핵심적인 특징인데, 가장 성능이 좋은 딥러닝 모델은 설명하기 가장 어렵고, 가장 설명하기 쉬운 선형 모델은 성능이 제한적일 수밖에 없다.

마지막은 경영적 장벽으로 그 대표적 사례는 투자와 성과 사이의 시간적 불일치다. AI 시스템 구축에는 보통 2~3년의 장기 투자가 필요하지만, 자본시장은 분기별 성과를 요구한다. 분기별 실적 보고 의무는 모든 자산운용사에게 존재하는 구조적 압박이다. 매 분기마다 투자자들에게 성과를 설명해야 하고, 경쟁사와 끊임없이 비교당한다. 성과가 미진한 운용사에서 고객은 빠르게 발걸음을 돌린다.

이런 상황에서 2~3년 후의 잠재적 이익을 위해 당장의 성과를 희생하는 실험적 시도는 매우 어렵다. 고객들이 떠날 위험을 감수해야 하며 주가 압박도 무시할 수 없는 요인이다. 단기 실적이 부진하면 주가가 하락하고, 이는 경영진 교체 압력으로 이어진다. CEO나 CIO 입장에서는 장기적 비전보다 당장의 생존이 더 중요한 고려사항이 될 수밖에 없다.

| 비선형성(non-linearity): 원인과 결과가 정비례하지 않아, 입력값의 변화가 출력값의 변화로 단순하게 이어지지 않는 복잡한 관계를 의미한다. 딥러닝 모델은 바로 이 비선형적 특성을 활용해 현실 세계의 복잡하고 미묘한 패턴을 학습하기 때문에 선형 모델보다 높은 성능을 낼 수 있다.

디지털 쇄국정책:
한국의 금융 혁신을 가로막는 '망분리' 규제

2013년 발생한 대규모 금융 전산 사고는 한국 금융계에 큰 상처를 남겼고, 그 결과 '금융분야 망분리 규제'라는 강력한 보안 대책이 도입되었다. 이 규제의 핵심은 금융회사의 내부 업무망과 외부 인터넷망을 물리적으로 완전히 분리하는 것이다. 쉽게 말해, 모든 직원이 업무용 PC와 인터넷용 PC를 따로 써야 하는 'PC 2대 쓰기'가 의무화된 셈이다. 보안을 위해 시행된 이 강력한 장벽은 10년이 지난 지금, 의도치 않게 한국 금융의 혁신을 가로막는 거대한 디지털 쇄국정책이 되어버렸다.

1. AI와 클라우드의 시대, 문을 걸어 잠근 사무실

망분리 규제가 초래하는 가장 치명적인 문제는 글로벌 기술 혁신과의 단절이다. 우선 인공지능(AI) 서비스에 대한 접근이 원천적으로 차단된다. 챗GPT, 클로드(Claude) 같은 생성형 AI 도구는 이제 단순한 검색 도구를 넘어 산업의 핵심 생산성 도구로 자리 잡았지만 이 모든 서비스는 인터넷망을 통해야만 작동한다. 물리적 망분리 환경에서는 AI가 전 세계 시장 데이터를 분석해 리포트를 만들고, 실시간 뉴스의 흐름을 읽어 투자 전략을 제안하는 동안, 한국의 펀드매니저들은 여전히 엑셀과 스마트폰에 의존할 수밖에 없다.

개발자들의 생산성 역시 현저히 저하될 수밖에 없다. 현대적인 소프트웨어 개발은 깃허브(GitHub)와 같은 오픈소스 협업 플랫폼과 클라우드 서비스를 활용하는 것이 기본 중의 기본이다. 하지만 망분리 환경은 개발자들을 인터넷이라는 거대한 도서관과 도구함으로부터 격리시킨다. 한 개발자가 "금융권 이직은 개발자 경력의 무덤"이라고 토로할 정도로, 이 문제는 단순한 불편을 넘어 우수 IT 인력의 금융권 기피 현상으로까지 이어지고 있다.

2. 따라갈 수 없는 격차: 블랙록의 AI 군단 vs. 한국의 수작업

이러한 규제 환경이 실제 업무에서 어떤 차이를 만드는지는 세계 최대 자산운용사 블랙록과 비교하면 명확해진다. 블랙록의 알라딘은 AI가 전 세계 수천 개의 뉴스와 데이터를 실시간으로 분석해 시장 변화를 감지하고, 위험 요인을 포착해 포트폴리오를 자동으로 조정한다. 반면, 같은 시각 한국의 운용사 담당자들은 인터넷이 차단된 PC 앞에서 스마트폰으로 해외 뉴스를 확인하며 더디게 대응할 수밖에 없다.

이러한 비효율은 고스란히 비용 문제로 이어진다. 한국 운용사들은 망분리 규제를 지키기 위해 불필요한 하드웨어를 이중으로 구매하며 20~30%의 추가 비용을 쓰고 있다. 더 심각한 것은 IT 예산의 60~80%가 낡은 시스템을 유지하는 데 쓰인다는 점이다. 혁신을 위한 투자는 5~10%에 불과한 반면, 글로벌 경쟁사들은 IT 예산의 15~25%를 디지털 혁신에 과감히 투자하고 있다.

3. '우리가 못하면 외부에 맡겨보자'조차 통하지 않는 이유

일반적으로 내부 개발이 어렵다면 외부 전문 IT 기업에 맡기는 '아웃소싱'이 대안이 될 수 있지만 한국에서는 이마저도 불가능하다. 금융 안전성과 개인정보보호를 이유로, 핵심적인 금융 업무나 민감 정보를 다루는 IT 시스템의 외부 위탁은 원칙적으로 어렵고 매우 엄격한 규제와 감독 절차를 거쳐야 한다. 물론 핀테크 혁신을 위해 규제가 일부 완화되기는 했지만, 여전히 복잡한 사전·사후 보고 절차와 제3자 리스크 관리 부담이 남아 있다. 결국 한국 금융사들은 안에서는 '망분리'에 막혀 자체 개발이 어렵고, 밖으로는 '아웃소싱 규제'에 막혀 외부 기술을 도입하기도 힘든 이중고에 갇힌 형국이다.

4. 세계는 어떻게 하는가: '방법'이 아닌 '결과'를 중시하는 규제

이러한 강력한 물리적 망분리 규제는 전 세계적으로 한국에만 있는 특수한 상황이다. 미국과 유럽은 망분리를 법으로 강제하지 않는다. 대신 어떤 방법을 쓰든 상관없으니, 결과적으로 보안을 확실히 책임져라는 자율과 책임 원칙을 따른다. 금융회사가 자사의 환경에 맞게 논리적 망분리(하나의 PC에서 가상화를 통해 망을 분리) 등 다양한 기술을 선택할 수 있도록 길을 열어준 것이다. 심지어 보수적인 규제를 유지하던 일본조차 2024년 클라우드 사용을 적극 권장하며 망분리 요구사항을 삭제했다. 글로벌 경쟁에서 뒤처지면 국내 시장마저 지킬 수 없다는 위기감이 반영된 결과이다.

5. 너무 늦은 변화의 속도

이처럼 비효율적인 규제가 10년 넘게 유지되는 배경에는 금융당국의 책임회피와 행정편의주의가 깊숙이 자리 잡고 있다. 사고가 터졌을 때 "가장 강력한 물리적 규제를 적용했으니 우리는 할 일을 다 했다"고 말할 수 있는 것이 바로 전형이다. 보안의 실효성보다는 규정 준수 여부가 면책의 기준이 되는 것이다. 또한, 모든 금융사에 동일한 물리적 잣대를 들이대는 것은 감독하기에 매우 용이하다. 각 기업의 특성에 맞는 자율적인 보안 시스템을 평가하고 관리하려면 고도의 전문성이 필요하지만, PC가 분리되었는지 눈으로 확인하는 것은 훨씬 쉽다.

불행 중 다행히도 금융당국 역시 문제의 심각성을 인지하고 변화를 모색하고 있다. 최근 발표된 로드맵은 규제 샌드박스를 통해 생성형 AI 도입을 시험하고, 장기적으로는 자율보안 원칙으로 전환하겠다는 방향을 제시했다. 하지만 AI 기술이 1년 단위로 세상을 바꾸는 지금, 2030년까지 이어지는 단계적 개선 계획은 너무나도 더디다. 5년 후면 글로벌 금융 시장에서 한국이 회복 불가능한 격차로 뒤처질 것은 불 보듯 뻔하다. 특히 은행과 달리 고객 개인정보를 직접 다루지 않는 자산운용사에까지 동일한 잣대를 들이대는 획일적인 규제는 하루빨리 개선되어야 할 필요가 있다. 보안이라는 방패가 혁신이라는 심장을 찌르는 모순을 이제는 끝내야 한다.

체계적 해결 전략: 통합적 접근의 필요성

이러한 복합적 장벽들을 극복하기 위해서는 개별 문제에 대한 개별 해결책이 아니라, 전체 시스템을 고려한 통합적 접근이 필요하다. 성공과 실패의 사례들을 분석해 보면 성공적 전환을 위해서는 기술적 기반 구축, 조직적 역량 확보, 운영적 통합이라는 단계가 순차적으로 이루어져야 하며, 각 단계마다 앞서 분석한 네 가지 장벽을 동시에 고려한 통합적 전략이 적용되어야 한다.

첫 번째 단계의 핵심은 기존 시스템을 건드리지 않으면서 새로운 AI 인프라를 병렬로 구축하는 것이다. 이는 기술적 장벽을 우회하면서 점진적 전환의 토대를 마련하는 전략으로, 구체적으로는 클라우드 기반 MLOps 플랫폼 구축, 데이터 파이프라인[I] 설계, 기본적인 모델 모니터링 시스템 구축이 포함된다.

이 단계에서 중요한 것은 레거시 시스템과의 충돌을 피하는 것인데, 기존 시스템을 그대로 두면서 API 래핑[II]을 통해 데이터만 추출하는 방식을 택해야 한다. 이렇게 하면 운영 중단 위험 없이 새로운 시스템의 기반을 다질 수 있다. 동시에 규제 당국과의 사전 소통을 통해 새로운 시스템의 규제 준수 방안을 논의하기 시작해야 한다. 경영진들은 이 단계가 기존 업무에 영향을 주지 않으면서도 미래를 위한 투자임을 투자자들에게 명확히 전달해 단기 성과 압박을 완화해야 한다.

두 번째 단계에서는 인적 장벽을 극복하는 데 집중해야 한다. 이를 위해서는 퀀터멘털 전문가 채용과 기존 인력에 대한 체계적 재교육 프로그램을 동시에 진행해야 한다. 핵심은 기존 직원들이 AI 도입을 위협이 아닌 기회로 인식하도록 돕는 것이다.

구체적으로는 먼저 스타 펀드매니저들을 AI 시스템의 감독자이자 최종 의사결정권자로 포지셔닝할 필요가 있다. AI는 추천을 제공하지만 최종 판단은 여전히 인간의 몫이라는 점을 강조해야 한다. 이를 통해 AI가 나를 대체한다는 위기감 대신 AI가 나를 도와준다는 협력 관

[I] 데이터 파이프라인(Data Pipeline): 여러 출처에서 발생한 원시 데이터(raw data)를 수집, 정제, 변환하여 최종 목적지로 자동으로 옮기는 일련의 기술적 프로세스를 의미한다. 물리적인 파이프라인이 물을 정수 처리하여 필요한 곳으로 보내는 것처럼, 데이터 파이프라인은 데이터를 분석이나 머신러닝 모델 학습에 바로 사용할 수 있는 고품질의 정제된 상태로 만들어 안정적으로 공급하는 역할을 한다.

[II] API 래핑(API Wrapping): 기존의 API를 감싸서 새로운 인터페이스로 제공하는 기법이다. 복잡한 API를 더 간단하게 사용할 수 있도록 추상화하거나, 여러 API 호출을 하나로 묶어서 편의성을 높이는 용도로 사용된다.

계로 인식을 전환시켜 나갈 필요가 있다.

동시에 기존 직원들에게 데이터 해석, 리스크 관리, 고객 소통 등 AI와 상호 보완적인 역량을 개발할 수 있는 교육 기회를 제공해야 한다. 이를 위해서는 대학과의 연계가 필수이며, 단순히 위탁 교육을 실시하는 것을 넘어 학계와 실무진이 공동으로 교육 프로그램을 개발하는 방식이 필요하다.

AI 거버넌스 체계 수립과 리스크 관리팀 구성도 중요한 과제이다. 이는 제도적 장벽을 극복하기 위한 선제적 대응으로, 규제 당국이 요구하는 투명성, 설명 가능성, 편향 모니터링 체계를 미리 구축해 향후 규제 리스크를 최소화해야 한다.

세 번째 단계에서는 비로소 구축된 기술적 기반과 조직적 역량을 실제 투자 프로세스에 통합한다. 대안 데이터 파트너십 구축, 고급 예측 모델 개발, 백테스팅[I]과 성과 검증이 핵심 활동이 된다.

이 단계의 성공 열쇠는 위험 관리와 투명한 소통이다. 위험 관리 측면에서는 전체 포트폴리오가 아닌 일부부터 시작해 리스크를 통제 가능한 수준으로 유지해야 한다. 예를 들어, 전체 자산의 5~10%만 AI 시스템에 맡기고 나머지는 기존 방식을 유지하는 식이다. 명확한 KPI[II]

[I] 백테스팅(Backtesting): 계량적 투자 전략의 과거 성과를 통계적으로 추정하기 위해, 역사적 금융 데이터에 해당 전략의 거래 규칙을 재현(replicate)하는 시뮬레이션 기법이다. 미래 데이터를 참조하는 미래예측 편향(look-ahead bias)과 과거 데이터에만 과도하게 최적화되는 과적합(overfitting)을 배제하는 것이 주된 목표이다.

[II] KPI(Key Performance Indicator, 핵심성과지표): 조직이나 개인이 설정한 전략적 목표의 달성도를 정량적으로 측정하고 평가하기 위해 사용하는 핵심적인 지표. 목표 달성에 직접적으로 영향을 미치는 가장 중요한 항목들을 선별하여 올바른 방향으로 나아가고 있는지 지속해서 모니터링하는 나침반 역할을 한다.

설정을 통해 AI 도입의 단계별 성과지표를 정의하고, 목표 달성 여부를 객관적으로 평가할 수 있는 체계를 갖춰야 한다.

투명한 소통 측면에서는 고객과 투자자에게 전환 과정과 기대 효과를 정확히 설명하고, 일시적 성과 변동 가능성에 대해서도 사전에 충분히 소통해야 한다. 이는 단순한 정보 제공이 아니라 경영적 장벽인 단기 성과 압박을 완화하기 위한 전략적 커뮤니케이션이다. 이를 통해 주주와 고객들이 장기적 관점에서 AI 전환을 지지하도록 설득해야 한다.

결국 AI 시대로의 전환은 단순한 기술 도입이 아니라 조직 전체의 근본적 변화 관리 프로젝트다. 성공의 열쇠는 기술적, 인적, 제도적, 경영적 장벽들이 서로 복잡하게 얽혀 있는 구조적 도전임을 인정하고, 이를 단계적이고 체계적으로 해결해 나가는 것이다. 월스트리트의 주요 금융기관들은 이러한 작업을 지난 10여 년간 지속해 왔고, 그 과정은 아직도 계속되고 있다. AI 시대로의 전환은 시간이 필요하다.

개인의 직관에서
시스템의 영역으로

    자산운용산업의 AI 전환은 단순한 기술 도입을 넘어서 산업 전체의 가치 창출 방식을 근본적으로 바꾸고 있다. 워런 버핏이나 피터 린치 같은 개인의 천재성에 의존하던 시대에서, 블랙록이나 헤지펀드 투시그마와 같은 시스템적 역량을 기반으로 한 시대로 전환되고 있다.

    이러한 변화에 대응하기 위한 전략은 운용사의 규모에 따라서도 차이가 날 것이다. 대형 운용사는 블랙록처럼 자체 통합 플랫폼 구축 전략을 택해야 한다. 연간 5천만~1억 달러(약 700억~1,400억 원)를 투자해 독자적인 MLOps 인프라를 구축하고, 200명 이상의 데이터 사이언티스트와 퀀터멘털 전문가를 확보해야 한다. 이들에게는 시스템의 완전한 통제권과 네트워크 효과 창출이 핵심 목표다.

    중형 운용사는 전문 영역 특화 전략이 적합하다. 모든 영역에서 경쟁하기보다는 특정 자산군이나 지역, 투자 스타일에 집중해 해당 영역에서만큼은 대형 운용사와 경쟁할 수 있는 시스템 역량을 구축해야 한다. 연간 1천만~5천만 달러(약 140억~700억 원)를 투자해 틈새시장의 강자로 자리 잡는 것이 목표다. 한국의 대형 운용사들은 대부분 이 카테고리에 속할 것이다.

반면 소형 운용사는 파트너십 기반 전략을 고려해야 한다. 연간 1백만~1천만 달러(약 14억~140억 원) 가량을 투자해 자체 시스템 구축보다는 상용 플랫폼을 활용하거나, 전문 데이터 업체들과의 전략적 제휴를 통해 AI 역량을 확보하는 것이 현실적이다. 핵심은 제한된 자원을 가장 효과적으로 활용하는 것이다. 한국의 대다수 중소형 운용사들은 이 카테고리에 속한다고 볼 수 있다.

향후 3~5년 내에 첫 번째 분기점이 올 것으로 예상된다. 이 시점에서 AI 인프라를 갖춘 기업과 그렇지 못한 기업 간의 성과 격차가 명확히 드러날 것이다. 현재도 대안 데이터를 활용하는 헤지펀드들이 상대적으로 높은 초과 수익률을 보이고 있다는 초기 증거들은 보고되고 있지만, 이 격차는 시간이 갈수록 더욱 벌어질 것이다.

그 이후에 찾아올 두 번째 분기점에서는 AI 기반 운용사와 전통적 운용사 간의 격차가 회복 불가능한 수준에 도달할 가능성이 높다. 마치 디지털 카메라가 필름 카메라를 완전히 대체했듯이, 시스템 기반 운용이 개인 기반 운용을 압도하는 시점이 도래할 것이다.

성공하는 자산운용사와 실패하는 자산운용사를 가르는 것은 AI 기술을 얼마나 빨리 도입하느냐가 아니다. 얼마나 체계적이고 지속 가능한 방식으로 조직 전체의 역량을 변화시키느냐가 관건이다. 기술,

인재, 프로세스, 문화가 유기적으로 결합되어야 진정한 경쟁 우위를 창출할 수 있다.

전통적 운용사들에게 남은 시간은 많지 않지만, 여전히 기회는 있다. 수십 년간 축적된 도메인 전문성과 고객 관계를 바탕으로, AI 시대에 맞는 새로운 가치 제안을 만들어 낼 수 있다면 오히려 더 강력한 경쟁 우위를 확보할 수 있다. 핵심은 변화를 두려워하지 않고 체계적으로 접근하는 것이다.

개인의 직감에서 시스템의 역량으로, 정보의 독점에서 해석의 차별화로, 단발성 의사결정에서 지속적 학습으로. 이러한 패러다임 전환을 성공적으로 이뤄내는 조직이 AI 시대의 승자가 될 것이다. 변화는 이미 시작되었고 이제는 얼마나 빠르고 체계적으로 적응하느냐가 생존을 결정할 것이다.

제4장

소매금융:

대면에서
데이터로

1906년 진수되어 압도적인 화력을 자랑하는 HMS 드레드노트(HMS Dreadnought)는 영국 해군의 자랑이었다. 이 강철 거인이 20노트의 속력으로 바다를 가르며 나아가는 모습은 그야말로 장관이었다. 305밀리미터 주포 10문을 탑재한 이 거대한 해상 요새는 각 포탄의 무게만 385킬로그램에 달했다. 하나의 전함이 24킬로미터 떨어진 적함을 일격에 격침시킬 수 있는 화력이었다. 이것이야말로 자기 완결적 전투 플랫폼의 정점이었다.

HMS 드레드노트(HMS Dreadnought)의 모습(출처: 위키피디아)

당시 해군력의 공식은 단순명료했다. 더 크고, 더 두꺼운 장갑을 두르고, 더 강력한 함포를 탑재한 전함을 더 많이 보유한 나라가 승자였다. 영국이 세계 해양을 지배할 수 있었던 이유도 바로 여기에 있었다. 개별 전함들의 화력을 합산한 총합이 곧 국가의 해군력이었던 시절이었다(Gardiner, 1985).

하지만 기술 발전은 종종 예상치 못한 방향에서 기존 질서를 흔든다. 1903년 라이트 형제의 첫 비행이 있고 나서 불과 15년 후인 1918년, 영국은 이번에는 HMS 아거스(HMS Argus)라는 기이한 배를 완성한다. 갑판이 평평하게 뚫려 있어 항공기가 이착륙할 수 있는 배였다. 당시 해군 장성들은 저런 작은 비행기가 전함의 두꺼운 장갑을 뚫을 수 있을지 모르겠다는 의구심을 품었다. 그들의 의구심은 이해할 만

했다. 당시 항공기는 나무와 캔버스로 만든 연약한 구조물이었고, 폭탄도 기껏해야 수십 킬로그램 수준이었다. 반면 전함은 수백 밀리미터 두께의 강철 장갑으로 무장하고 있었다. 개별 성능만 놓고 보면 비교 자체가 우스꽝스러웠다.

HMS 아거스(HMS Argus)의 모습(출처: 위키피디아)

그런데 여기서 놓친 것이 있었다. 항공기의 진짜 가치는 개별 성능이 아니라 정보와 네트워크에 있다는 사실이다. 항공기는 적을 먼저 발견할 수 있고, 적의 사거리 밖에서 공격할 수 있다. 무엇보다 여러 대가 동시에 다른 방향에서 공격할 수 있다. 1+1이 단순히 2가 아니라 그 이상이 될 수 있는 새로운 가능성이 열린 것이다. 하지만 이런 가능성을 깨달은 사람은 많지 않았다. 대부분의 군 지도자들은 여전히 더 큰 전함과 더 큰 함포라는 거함거포(巨艦巨砲)의 공식에 매달려 있었기 때문에 새로운 기술을 도입하더라도 기존 사고방식에 끼워 맞추려 했다. 전함 갑판 위에 수상기 몇 대를 올려놓고는 우리도 항공전력을 보강했다고 자위했다.

이런 안일한 생각은 1942년 6월 4일 새벽, 완전히 산산조각이 났다. 태평양 한가운데 작은 산호초 섬 미드웨이(Midway)에서 전쟁사에 남을 만한 극적인 패러다임 전환이 펼쳐졌다. 한쪽에는 거함거포 시대의 정점을 보여주는 일본 함대가 있었다. 항공모함 아카기(赤城), 가가(加賀), 소류(蒼龍), 히류(飛龍)에는 총 230여 대의 최신 함재기가 탑재되어 있었다. 각 항공모함의 조종사들은 진주만과 남방 작전에서 연전연승을 거둔 당대 최고의 베테랑들이었다.

더욱 놀라운 것은 개별 전력의 질이었다. A6M 제로센(零戰) 전투기는 당시 어떤 연합군 전투기보다 빠르고 기동성이 뛰어났으며 항속거리도 압도적이었다. 97식 함상공격기는 불과 6개월 전 진주만에서 미 태평양함대의 주력 전함들을 격침시킨 어뢰 폭격기였다. 99식 함상폭격기의 정확도는 세계 최고 수준이었다. 개별 구성요소의 질적 우위는 명백했다. 당시 일본 해군의 제1항공함대를 지휘하던 나구모 주이치(南雲忠一) 제독은 확신에 차 있었다. 그의 계산은 간단했다. 세계 최고 성능의 항공모함 4척에 최신예 함재기 230대, 그리고 연전연승의 베테랑 조종사들이 있으니 압도적 승리는 당연한 것이었다. 이는 개별 전력들의 우수성을 합해보았을 때 매우 명확한 결론이었다(Parshall & Tully, 2007).

반면 미국 함대는 이에 비해 열세였다. 항공모함은 3척이었고, 그나마 요크타운은 산호해 해전(Battle of the Coral Sea)에서 입은 치명적 손상을 단 72시간 만에 응급수리 한 상태였다. 함재기도 233대로 일본과 거의 비슷한 수준이었지만, 조종사들은 대부분 신참이었다. F4F 와일드캣 전투기는 제로센에 비해 속도도 느리고 기동성도 떨어졌다. 개별 전력의 질적 비교에서 보면 미국이 이길 가능성은 낮아 보였다.

그러나 역사가 기록한 미드웨이 해전의 승자는 미국이다. 개별 전력에서는 열세였던 미군이 어떻게 이런 놀라운 역전을 이룰 수 있었을까? 그 비밀은 전쟁을 바라보는 사고방식의 근본적 차이에 있었다. 미국 랜드 연구소(RAND)의 군사학자 리처드 헌들리(Richard O. Hundley)는 이런 현상을 군사혁명(Revolution in Military Affairs, RMA)이라고 정리했다. 헌들리에 따르면 단순히 새로운 기술 하나가 등장한다고 해서 군사혁명이 일어나지 않는다. 진정한 혁명은 기술의 등장을 시작으로, 그것을 활용하는 장비, 시스템, 전술, 그리고 최종적으로는 조직의 철학과 구조까지 기술(technology), 교리(doctrine), 조직(organization)의 세 요소의 연쇄적인 변화가 일어날 때 비로소 완성된다는 것을 체계화하였다(Hundley, 1999).

미드웨이에서 실제로 무엇이 일어났는지 살펴보자. 새벽 5시 34분, 미드웨이 기지의 레이더가 북서쪽 320킬로미터 지점에서 다수의 비행 물체를 포착했다. 즉시 이 정보는 모든 관련 부대로 전파되었다. 미드웨이 기지의 육상 항공기들이 긴급 출격하기 시작했고, 바다 위의 미 항공모함들도 함재기 발진 준비에 들어갔다. 여기서부터 헌들리가 말한 군사혁명의 첫 번째 요소인 기술 혁신이 드러난다. 미군은 레이더, 무선통신, 암호해독을 개별 기술로 보유한 것이 아니라, 이들을 하나의 통합 정보망으로 연결했다.

그런데 더 흥미로운 일이 벌어졌다. 미드웨이 기지의 B-17 폭격기들은 일본 함대를 공격했지만 큰 성과를 거두지 못했다. 하지만 이들의 진짜 역할은 따로 있었다. 일본군의 주의를 분산시키고 방공 전투기들을 끌어 올리는 것이었다. 뒤이어 출격한 뇌격기 편대들도 마찬가지였다. 이들은 일본 제로센들을 해수면 가까이로 끌어 내려 고도를 잃게 만드는 미끼 역할을 했다. 이는 군사혁명의 두 번째 요소인 교리 혁신의 좋은 사례였다. 미군은 각 부대가 개별적으로 최선의 성과를 내는 것이 아니라, 전체 시스템의 효율성을 위해 역할을 분담한다는 새로운 작전 철학을 구현하고 있었다.

고고도에서 대기하던 급강하 폭격기들 역시 움직였다. 일본 함대의 방공망이 혼란에 빠진 틈을 타서 수직강하를 시작한 것이다. 여기서 군사혁명의 세 번째 요소인 조직 혁신이 결정적 역할을 했다. 각 편대장들은 실시간으로 들어오는 정보를 바탕으로 현장에서 즉석 판단을 내렸다. 더 이상 본부의 세세한 지시를 기다릴 필요가 없었다. 분산된 현장 지휘와 통합된 정보 공유라는 새로운 조직 원리가 작동한 것이다(Symonds & Lurie, 2013).

이 모든 것이 하나의 거대한 전쟁 기계처럼 작동했다. 헌들리가 체계화한 기술-교리-조직의 3요소가 미드웨이 상공에서 구현되면서, 레이더와 무선통신으로 얻은 정보가 실시간으로 공유되고, 각 부대가 전체 작전의 효율성을 위해 자신의 역할에 충실하며, 현장 지휘관들이 상황에 맞춰 유연하게 대응하는 새로운 전쟁의 모습이 펼쳐진 것이다.

반면 일본은 어떠했을까? 항공모함과 전투기라는 새로운 기술은 세계 최고 수준으로 보유했지만, 교리와 조직은 여전히 메이지 시대(明治時代)의 전함 교리에 머물러 있었다. 나구모 제독은 각 항공모함을 개별 단위로 생각했다. 아카기(赤城)가 공격받으면 아카기가 대응하고, 가가(加賀)가 위험하면 가가가 회피기동을 했다. 정보는 각 함정 내부에서만 공유되었고, 전체를 조망하고 조율하는 통합 시스템은 존재하지 않았다.

결과는 심각했다. 오전 10시 22분부터 시작된 불과 5분간의 공격으로, 일본의 핵심 항공모함 3척이 치명타를 입었다. 개별 전력에서는 우세했던 일본이 새로운 방식으로 싸우는 미군에게 완패한 것이다. 미드웨이에서 벌어진 것은 단순한 승부의 역전이 아니었다. 일본이 여전히 개별 전력들의 단순한 합산으로 승부하려 했다면, 미국은 항공모함 전대라는 새로운 시스템의 본질을 깨달았던 것이다. 항공모함은 단순히 바다 위의 비행장이 아니라, 정보 수집부터 타격 실행까지 모든 과정이 실시간으로 연결되는 통합 전투 네트워크의 중심이었다. 그리고 80년이 지난 지금 유사한 패러다임의 전환이 소매금융의 바다에서 벌어지고 있다.

미드웨이 해전: 거대 은행들이 핀테크에 밀리는 이유

2024년 말 세계 주요 은행들의 총자산은 상상을 초월한다. JP모건 체이스 혼자서도 3.7조 달러의 자산을 보유하고 있다. 전 세계에는 여전히 200만 개가량의 은행 지점들이 운영되고 있고, 각 지점마다 평균 15~20명의 전문 직원들이 근무한다. 개별 은행 직원의 전문성도 상당하다. PB(Private Banker)들은 고객 한 명당 수십억 원의 자산을 관리하고, 여신 심사역들은 수천만 원 단위의 대출 결정을 내린다. 개별 구성요소들을 놓고 봤을 때 전통 은행들은 강력하다.

반면 새로 등장한 플레이어들은 초라해 보인다. 브라질의 누뱅크(Nubank)는 설립 10년 만에 직원 5천 명 규모로 성장했지만 여전히 전통 은행 대비 소규모다. 물리적 지점은 거의 존재하지 않는다. 중국의 알리페이는 모회사인 앤트그룹 기준으로 약 2만 6천 명의 직원을 두고 있지만 전통 은행 대비 작은 규모이고, 마찬가지로 물리적 지점은 없다. 개별 전력의 합산으로 보면 이들이 기존 은행들을 이길 확률은 낮아 보인다.

하지만 중국의 알리페이는 국가 단위의 지원과 함께 10억 명 이상의 사용자를 확보했고, 브라질의 누뱅크는 설립 10년 만에 남미 최대 은행으로 성장했다. 차이는 정보를 어떻게 연결하느냐에 있었다. 전통 은행에서 고객이 커피값을 카드로 결제하면 그것은 단순히 '5달러 지출'로 기록될 뿐이지만 새로운 플레이어들에게는 달랐다. 그 5달러가 언제, 어디서, 무엇을 위해 쓰인 돈인지가 중요했다. 평일 오전 9시에 스타벅스에서 결제했다면, 이 고객은 직장인일 가능성이 높다. 매일 비슷한 시간에 비슷한 금액을 쓴다면 규칙적인 소득이 있다는 뜻이다. 주말에는 백화점에서 큰 금액을 쓰고, 월말에는 지출이 줄어든다면 이 사람의 생활 패턴과 소득 수준을 어느 정도 짐작할 수 있다.

새로운 플레이어들이 강력할 수 있는 이유는 이런 정보들이 연결되었기 때문이다. 결제 데이터가 신용평가에 반영되고, 신용평가가 대출 상품 추천으로 이어지며, 여유 자금 규모가 투자 상품 제안의 기초가 되었다. 개별 서비스들이 따로 움직이는 것이 아니라, 하나의 고객을 중심으로 모든 것이 연결되어 돌아갔다.

반면 전통 은행들은 어떠한가? 여전히 각 부서가 개별적으로 운영된다. 대출 부서는 대출만, 예금 부서는 예금만, 투자 상품 부서는 투자 상품만 담당한다. 고객이 A 지점에서 대출을 받고 B 지점에서 예금을 넣어도, 이 정보들이 실시간으로 연결되어 서비스를 제공하지는 않는다. 수십 개의 강력한 부서가 있지만 이들은 서로 연결되지 못하고 있다. 4개의 강력한 항모를 가진 나구모 제독과 똑같은 상황이다.

이것이 바로 통합된 시스템이 개별 요소의 합보다 강력한 이유다. 개별 부서나 상품의 성과를 단순히 더하는 것이 아니라, 고객 데이터의 통합, 실시간 분석, 맞춤형 서비스 제공을 통해 고객 가치와 수익성을 동시에 추구할 수 있기 때문이다. 시스템에서는 작은 거래도 전체 고객 관계를 강화하는 데 기여하지만, 개별 거래의 합산 방식에서는 큰 거래일지라도 순간의 수익에 그칠 뿐이다.

제국의 황혼:
지점과 관계 시대의 종말

물리적 존재감이 곧 경쟁력이었던 시절

전통 은행의 성공 공식은 물리적 존재감에 기반했다. 목 좋은 곳에 위치한 지점망이 곧 경쟁력이었고, 대면 관계를 통해 쌓은 두터운 신뢰 자산이 고객 유치와 유지의 핵심이었다. 1990년대 중반까지만 해도 은행 선택 기준의 1위는 집이나 직장과의 거리였다. ATM 한 대를 설치하는 데 수억 원이 들었던 시절, 은행들은 최대한 많은 접점을 만들기 위해 경쟁했다.

은행원 개인과 고객 간의 인간적 관계가 비즈니스의 기초였다. "제가 다니는 은행의 김 과장님은 정말 친절하고 믿을 만해서 계속 거래하고 있어요"라는 식의 관계 기반 충성도가 일반적이었다. 금융 상품의 복잡성 때문에 고객들은 전문가인 은행원의 설명과 조언에 크게 의존했다. 펀드 하나를 가입하려면 두꺼운 투자설명서를 읽고 은행원과 30분 이상 상담을 해야 했다.

이 시대의 경쟁은 접근성과 신뢰성의 경쟁이었다. 집 근처에 지점이 있는지, 그곳의 직원들이 얼마나 친절하고 전문적인지가 은행을 선택하는 주요 기준이었다. 1990년대 한국의 은행들이 가까이 있어 든든한 은행이라는 슬로건을 내세웠던 것도 이런 맥락이다. 하지만 이런 접근성 중심의 경쟁은 갈수록 비용 부담을 키워갔다. 좋은 입지의 임대료는 해마다 상승했고, 고객 한 명을 위해 거대한 지점 전체를 유지해야 하는 구조적 비효율은 점점 명확해졌다.

표준화된 서비스의 시대

과거의 은행들은 모든 고객에게 동일한 서비스를 제공했다. 예금금리는 정해져 있었고, 대출 조건도 몇 가지 정형화된 틀 안에서 결정되었다. 개인화라는 개념은 존재하지 않았다. VIP 고객이라 해봐야 전용 창구를 이용하거나 약간의 금리 우대를 받는 정도였다.

이런 표준화는 효율성 측면에서는 장점이 있다. 은행원들은 정해진 매뉴얼에 따라 업무를 처리하면 되었고 시스템도 단순했다. 하지만 고객의 다양한 니즈를 충족시키기에는 한계가 명확했다. 30대 신혼부부와 50대 자영업자가 동일한 대출 상품을 제안받는 것이 당연한 시절이었다.

무엇보다 이런 획일적 접근은 고객들이 정보를 더 쉽게 접할 수 있게 되면서 문제를 드러내기 시작했다. 고객들은 점차 자신만의 특별한 상황과 니즈가 있다는 것을 인식하게 되었고, 나에게 맞는 서비스를 원하기 시작했다.

정보 비대칭의 시대

금융 정보 역시 은행의 전유물이었다. 금리 정보나 상품 비교는 직접 지점을 방문해서 확인하거나 신문의 금융면을 보는 것이 전부였다. 이런 정보 비대칭은 은행들에게 유리했다. 고객들은 다른 은행의 조건을 비교하기 어려웠고 결국 접근성이 좋은 가까운 은행을 선택할 수밖에 없었다.

당시에는 대출을 받으려면 최소 3~4곳의 은행을 직접 돌아다녀야 했다. 각각 다른 서류를 요구하고 심사 기준도 달랐다. 그런데 2000년대 인터넷이 보급되기 시작하면서 이 구도가 흔들리기 시작했다. 고객들이 집에서도 금리를 확인할 수 있게 되었고 은행들 간의 조건을 비교하는 것이 가능해졌다. 정보 독점이라는 전통 은행의 핵심 경쟁 우위가 서서히 무너지기 시작한 것이다.

신뢰 구축의 방식

그 시절 은행들이 신뢰를 구축하는 방식은 명확했다. 웅장한 건물, 정장을 입은 직원, 체계적인 절차가 신뢰의 상징이었다. 고객들은 은행 로비의 대리석 바닥을 밟으며 안정감을 느꼈고, 두꺼운 통장을 받으며 소유감을 가졌다. 물리적인 것들이 신뢰를 만들어 내는 시대였다.

이런 신뢰 구축 방식은 시간이 걸렸지만 지속적이었다. 한번 은행을 정하면 평생 그 은행을 이용하는 고객들이 많았다. 세대를 이어 같은 은행을 이용하는 가족들도 흔했다. 하지만 이런 전통적인 신뢰 구축 방식도 한계를 보이기 시작했다. 젊은 세대들은 웅장한 건물보다는 편리함을 중시했고, 가족의 선택보다는 자신만의 기준으로 은행을 평가하기 시작했다. 무엇보다 물리적 위압감에 기반한 신뢰보다는 실제 서비스 품질에 기반한 신뢰를 더 중요하게 여기게 되었다.

균열의 시작

그러자 새로운 일들이 벌어지기 시작했다. 각 지점들이 개별적으로는 최선을 다하고 있었지만 전체적인 고객 만족도나 수익성 개선은 기대만큼 이루어지지 않았다. 고객들이 더 이상 가까운 은행을 무조건 선택하지 않았다. 인터넷으로 금리를 비교하고 전화로 대출 조건을 확인했다. 심지어 물리적으로 멀리 있는 은행의 상품을 선택하는 일도 늘어났다.

더 심각한 문제는 고객 정보의 파편화였다. 같은 고객이 A 지점에서 예금을 넣고 B 지점에서 대출을 받더라도 이 정보들이 연결되어 그 고객에게 최적화된 서비스를 제공하지는 못했다. 강력한 개별 지점들을 가지고 있었지만, 이들이 하나의 통합된 시스템으로 작동하지 못하는 한계가 있었다.

마치 미드웨이에서 개별 항모들이 최고의 성능을 발휘했지만 전체 함대가 패배했던 것처럼 뭔가 근본적으로 다른 접근이 필요한 시점이 다가오고 있었다. 고객들의 행동 양식이 바뀌고, 기술이 발전하면서, 기존의 개별 지점들의 합산 방식으로는 대응하기 어려운 새로운 도전들이 나타나기 시작한 것이다.

대중화된 개인화의 시대

　전통 은행들이 각 지점별로 분산된 고객 정보를 연결하지 못하는 한계에 직면했을 때 데이터를 통한 새로운 방식의 예측은 해답을 제시했다. 미드웨이에서 미군이 레이더, 무선통신, 정보 분석을 하나의 통합 시스템으로 연결했듯이, 새로운 플레이어들은 고객의 금융 행동 데이터를 연결하여 전혀 새로운 서비스를 만들어 내기 시작했다. 핵심은 단순히 더 많은 데이터를 수집하는 것이 아니었다. 각각 따로 존재하던 예금, 대출, 투자, 결제 정보를 하나의 통합된 고객 프로필로 연결하여, 개별 거래가 아닌 전체 맥락에서 고객을 이해할 수 있게 된 것이다. 이로 인해 소매금융 분야에서 예측의 새로운 지평이 열렸다. 예측은 더 이상 과거 패턴의 단순한 연장이 아니라, 새로운 유형의 예측들을 제공하는 전방위적 도구가 되었다.

유형 1: 기존에 예측하지 못했던 것들에 대한 예측

과거 신용평가는 연봉, 재직기간, 신용카드 사용 이력 등 제한된 변수에 의존했다. 이런 방식의 가장 큰 문제는 기존 시스템의 사각지대에 있는 사람들을 평가할 수 없다는 점이었다. 신용 이력이 부족한 사람, 새로운 형태의 경제활동을 하는 사람, 기존 카테고리에 맞지 않는 사람들은 아무리 성실하고 신용도가 높아도 제대로 평가받을 수 없었다.

브라질의 누뱅크는 이런 문제에 도전한 대표적 사례다. 브라질은 인구의 상당수가 신용 이력이 부족한 상황이었고, 누뱅크는 기존에는 신용과 무관하다고 여겨졌던 디지털 행동 패턴에서 신용도를 읽어내기 시작했다. 사용자의 앱 사용 패턴만으로도 상당한 신용 정보를 추출할 수 있다는 점을 발견한 것이다. 새벽에 갑자기 잔액을 확인하는 빈도, 가계부 작성의 성실성, 월급날 이후의 자금 관리 패턴 등이 모두 분석 대상이 된다. 이를 통해 기존 금융권이 접근하지 못했던 5천만 명 이상의 고객을 확보할 수 있었다.

누뱅크의 접근법을 구체적으로 살펴보면 놀라운 점들이 드러난다. 예를 들어, 고객이 앱에 로그인하는 시간대만으로도 상당한 정보를 얻을 수 있다. 매일 오전 8시와 오후 6시에 규칙적으로 접속하는 고객은 정규직일 가능성이 높고, 불규칙한 시간에 접속하는 고객은 자영업자나 프리랜서일 가능성이 높다. 월급날 직후 큰 금액을 이체하고 월말에 잔액을 자주 확인하는 패턴은 가족에게 용돈을 보내는 성실한 가장의 모습을 보여준다. 이런 행동 패턴들이 누적되면 전통적인 신용평가로는 알 수 없었던 고객의 실제 신용도를 파악할 수 있게 된다 (Berg, et al., 2020).

아마존 렌딩(Amazon Lending)은 이런 접근법을 소상공인 시장에 적용한 혁신적 사례다. 아마존은 기존 금융권이 평가하기 어려웠던 소상공인들의 신용도를 완전히 새로운 방식으로 측정해 낸다. 플랫폼에서 활동하는 판매자들의 거래 데이터를 골드만삭스와의 파트너십을 통해 신용을 평가한다. 매출액, 재고 회전율, 고객 만족도, 반품률, 계절성 등을 분석하여 기존 신용평가로는 불가능했던 소상공인들에게 신용을 제공한다.

특히 주목할 점은 아마존에서 아직 발생하지 않은 미래의 매출에 대한 예측까지 신용평가에 포함될 수 있다는 것이다. 예를 들어, 어떤 판매자가 크리스마스 시즌에 장난감을 판매한다면, 11월부터 12월까지의 예상 매출을 계산하여 10월에 미리 재고 구입 자금을 대출해 줄 수 있게 된다. 이는 전통적인 은행들이 과거의 실적만을 기준으로 평가하는 것과는 완전히 다른 접근이다. 2023년 기준으로 아마존 렌딩은 20억 달러 이상을 소상공인들에게 대출해 주었으며, 연체율은 전통 은행의 소상공인 대출 연체율과 유사한 수준인 1.3%가량을 유지하고 있다(Business Insider, 2023).

인도의 PayTM은 또 다른 혁신적 접근을 보여준다. QR코드 결제 데이터만으로 소상공인의 신용도를 평가하는 시스템을 구축했다. 하루 거래량이 얼마나 되는지, 거래 패턴이 얼마나 규칙적인지, 성수기와 비수기 매출 변동이 어떤지 등을 분석하여 전통 은행이 접근할 수 없었던 약 3천만 명의 소상공인에게 금융 서비스를 제공하고 있다. 특히 인도의 경우 많은 소상공인들이 공식적인 사업자등록 없이 영업하거나 현금 거래 위주로 사업을 하기 때문에 전통적인 신용평가가 거의 불가능했다. PayTM은 이런 신용 무형(credit invisible) 계층에게 새로운 기회를 제공하고 있다.

케냐의 M-Pesa도 비슷한 혁신을 보여준다. 모바일 머니 서비스인 M-Pesa는 통신 데이터와 송금 패턴을 분석하여 은행 계좌가 없는 인구에게도 소액 대출을 제공한다. 가족에게 송금하는 빈도와 규모, 통신비 납부 패턴, 모바일 머니 잔액 관리 방식 등을 종합 분석하여 신용도를 평가한다. 이를 통해 케냐 인구의 상당수가 처음으로 공식적인 금융 서비스에 접근할 수 있게 되었다(Jack & Suri, 2014).

한국이 직면한 다층적 규제 구조

한국에서는 여러 제약 요소들이 복합적으로 작용하면서 핀테크 서비스 혁신의 기본 조건들이 성립하지 않고 있다. 이로 인해 해외에서 나타나는 것과 같은 혁신이 구조적으로 실현되기 어려운 상황이다.

| 소액 대출(micro credit): 전통적인 은행 서비스를 이용하기 어려운 저소득층이나 빈곤층에게 담보나 보증 없이 소액의 자금을 대출하여 창업을 지원하는 금융 제도이다. 수혜자들이 영세한 사업을 통해 스스로 소득을 창출하고 경제적으로 자립하도록 돕는 것을 핵심 목적으로 한다.

1. 망분리 규제

2014년부터 시행된 이 규제는 금융회사의 내부 업무망과 외부 인터넷망을 물리적으로 완전히 분리하도록 강제한다. 이는 마치 외부 세상과 소통할 수 없게 만드는 쇄국정책과 같다. 현대 금융 혁신은 외부 데이터와의 실시간 연결이 핵심이다. 브라질의 인터넷 은행 누뱅크(Nubank)는 고객의 카드 사용 패턴을 실시간으로 분석해 사기 거래를 즉시 차단하고, 스페인의 BBVA 은행은 고객의 위치정보를 활용해 특정 지역에서만 사용할 수 있는 안전한 가상 카드를 발급한다. 하지만 한국에서는 이 모든 것이 원칙적으로 불가능하다. 외부 인터넷망에 연결된 데이터를 내부 업무 시스템으로 가져와 실시간으로 분석하는 것 자체가 망분리 규제로 인해 차단되기 때문이다.

2. 목적 제한 원칙

신용정보법 제15조는 신용정보회사 등이 업무 범위에서 수집과 처리의 목적을 명확히 정하고, 목적 달성에 필요한 최소한의 범위에서만 신용정보를 수집하고 처리하도록 규정하고 있다. 개인정보보호법 역시 처리 목적을 벗어난 용도 활용을 금지한다. 즉, 데이터를 수집할 때 밝혔던 목적 외에는 절대 사용할 수 없도록 하고 있다.

하지만 혁신은 기존 데이터에서 새로운 가치를 발견하는 것에서 출발한다. 인도의 PayTM은 노점상의 QR코드 결제 데이터를 분석해 이들의 신용도를 평가하고 소액 대출을 제공하며, 케냐의 M-Pesa는 모바일 송금 패턴을 분석해 금융 소외 계층을 위한 새로운 금융 상품을 만들었다. 하지만 한국에서는 이런 방식이 모두 불법이다. '결제'를 목적으로 수집한 데이터를 '신용평가'에 활용하거나, '송금' 데이터를 '상품 개발'에 쓰는 것은 목적 외 사용이기 때문이다. 애플처럼 생태계 전반의 데이터를 통합해 사용자 경험을 높이는 방식은 꿈도 꿀 수 없다.

3. 업종별 진입 제약

한국에서는 금융, 유통, 통신, 의료 등 각 산업마다 별도의 법률과 규제가 존재해 한 기업이 여러 산업을 아우르는 통합 서비스를 만드는 것이 제도적으로 불가능하다. 업종별 진입 규제가 존재하여 애플이나 위챗이 구현하는 '결제-쇼핑-교통-의료-엔터테인먼트' 통합 플랫폼 구축은 원천적으로 실현될 수 없다. 금융회사는 전자상거래나 통신, 의료 서비스에 직접 진입하기 어렵고, IT 기업이 금융 서비스 영역에 진입하

> 려면 복잡한 허가 절차를 거쳐야 한다. 결국 고객의 삶 전반에 관여하여 맥락을 파악하고 진정한 문제 해결을 제공하는 혁신 모델은 제도적으로 허가되지 않는다.

유형 2: 미래에 대한 예측

전통적인 방식의 가장 큰 한계 중 하나는 고객의 현재 상태만을 보고 판단해야 한다는 것이다. 예를 들어, 오늘의 예금 잔액이 적은 고객은 소액 고객으로 분류하여 최소한의 서비스만 제공하고, 오늘의 예금 잔액이 많은 고객은 VIP 고객으로 분류하여 집중 관리 하는 방식이다. 하지만 이런 접근법은 고객의 미래 가치를 고려하지 않는 근시안적 접근이다.

예를 들어, 한 의대생의 통장 잔액이 50만 원에 불과하다고 해보자. 전통 은행들은 그를 관리 불필요 고객으로 분류한다. 신용카드 한도는 50만 원이고 적금은 월 10만 원짜리만 가입이 가능하다. 은행 직원들은 그에게 어떤 상품도 적극적으로 추천하지 않는다. 하지만 이 의대생은 2년 후에는 수련의, 4년 후에는 전문의가 될 예정이다. 향후 30년간 그가 창출할 금융 수익은 수억 원에 달할 것이 분명하다.

반면 같은 시기 은행이 VIP 고객으로 분류한 58세의 고객은 예금 잔액이 5억 원이다. 하지만 그는 은퇴를 앞둔 상황이고 향후 10년간 예금을 점진적으로 인출할 예정이다. 은행은 현재의 큰 잔액에 현혹되어 그에게 집중 투자 하지만, 그는 장기적으로 수익성이 떨어지는 고객이다. 현재에 매몰된 판단이 얼마나 잘못될 수 있는지를 보여주는 전형적인 사례다.

미국의 캐피털원은 이런 전통적 접근법을 근본적으로 바꾼 선구자다. 1994년 설립 당시부터 데이터 기반 의사결정을 핵심 철학으로 삼았다. 캐피털원의 고객 생애주기 예측 모델은 매우 정교하다. 고객의 나이, 직업, 학력, 거주지, 소비 패턴, 금융 거래 이력을 종합 분석하여 고객 생애가치(Customer Lifetime Value, CLV)를 계산한다. 예를 들어, 20대 후반의 공무원이 Capital One 신용카드를 신청하면, AI는 이 고객이 향후 정년까지 창출할 예상 수익을 계산할 수 있다. 승진에 따른 소득 증가, 결혼과 출산에 따른 대출 수요, 중년기의 투자 상품 이용, 노후 준비를 위한 연금 상품 가입 등 모두 예측에 포함될 수 있다.

더욱 정교한 것은 라이프 이벤트(life event) 예측이다. 고객의 소비 패턴을 분석하여 결혼, 출산, 이사, 이직 등의 중요한 생활 변화를 예측한다. 예를 들어, 혼자 살던 고객이 갑자기 커플 레스토랑, 웨딩홀 관련 검색을 하고 보석 구매 내역이 늘어나면 결혼 준비 단계로 분류할 수 있다. 이렇게 되면 캐피털원은 신혼여행 상품, 주택 담보 대출, 가족 보험 등을 적절한 타이밍에 맞춰 제안할 수 있게 된다.

아마존 렌딩의 계절성 예측 대출은 미래 예측의 또 다른 혁신적 사례다. 아마존은 판매자의 과거 매출 데이터와 상품 카테고리, 시장 트

| 고객 생애가치(Customer Lifetime Value, CLV): 한 명의 고객이 기업과 처음 거래를 시작해서 관계를 끝낼 때까지, 즉 고객으로 남아 있는 전체 기간 동안 기업에 가져다줄 것으로 예측되는 총이익의 합계를 의미한다.

렌드 등을 분석하여 향후 몇 개월간의 매출을 예측한다. 크리스마스 시즌에 장난감을 판매하는 판매자라면, 9월부터 판매량이 급증할 것을 예상하고 8월에 미리 재고 구입 자금을 제공한다. 아직 발생하지 않은 미래 매출을 담보로 현재 자금을 대출해 주는 것이다. 이런 접근이 가능한 것은 아마존이 플랫폼 전체의 거래 데이터를 실시간으로 분석하여 정확한 수요 예측을 할 수 있기 때문이다.

중국의 앤트그룹(알리페이 운영사)은 라이프 이벤트 예측을 한 단계 더 발전시켰다. 알리페이 생태계 10억 사용자의 데이터를 분석하여 결혼, 출산, 이사 등 주요 라이프 이벤트를 3~6개월 전에 예측한다. 결혼 예측의 경우, 혼자 살던 고객이 갑자기 커플 레스토랑 결제가 늘어나고, 웨딩홀이나 결혼준비 관련 검색이 증가하며, 보석이나 화장품 구매가 늘어나는 패턴을 종합 분석한다. 출산 예측의 경우, 산부인과 결제, 육아용품 구매, 육아 관련 콘텐츠 소비 등의 신호를 포착한다.

이런 예측이 가능하면 앤트그룹은 적절한 타이밍에 맞춤형 금융 상품을 제안할 수 있다. 결혼 예정자에게는 신혼여행 대출이나 신혼집 대출을, 출산 예정자에게는 육아보험이나 교육비 적금을 제안하는 식이다. 고객이 필요를 느끼기 전에 미리 솔루션을 준비해서 제공하는 것이다.

유형 3: 즉시적인 예측

전통 은행들은 고객이 다른 은행으로 떠난 후에야 그 사실을 알 수 있었다. 고객이 해지 신청을 하거나 거래가 완전히 중단된 후에야 해당 고객을 잃었다는 것을 깨닫는다. 이미 늦은 시점에서 고객을 만류하기 위한 전화를 하거나 별도의 특별 혜택을 제안해 봐야 대부분 효과가 없었다. 모두 사후약방문일 뿐이다.

하지만 AI 기반 예측은 고객이 실제로 떠나기 몇 주 또는 몇 달 전에 이탈 신호를 감지할 수 있다. 거래 빈도의 미묘한 변화, 상품 이용 패턴의 변화, 고객센터 문의 내용의 변화, 심지어 로그인 시간대의 변화까지 모든 것이 분석 대상이 된다. 즉시적 예측의 핵심은 변화의 징후를 포착하는 즉시 그 의미를 해석하고 대응하는 것이다.

미국의 웰스파고 은행은 이 분야의 선도 기업 중 하나다. 웰스파고의 AI는 앱 사용 패턴 변화만으로 고객 이탈을 높은 수준의 정확도로 예측한다. 평소 주 3~4회 앱에 접속하던 고객이 주 1~2회로 줄어드는 경우, 가계부 작성을 성실히 하던 고객이 갑자기 중단하는 경우, 투자 상품을 자주 조회하던 고객이 조회를 멈추는 경우 등이 주요 이탈 신호로 분석된다.

이런 신호가 포착되면 고객 유지 캠페인이 자동으로 시작된다. 하지만 단순히 할인 혜택을 제공하는 것이 아니라, 해당 고객이 왜 이탈을 고려하는지 원인을 분석하여 맞춤형 솔루션을 제공한다. 예를 들어, 투자 상품 이용이 줄어든 고객에게는 새로운 투자 옵션을 제안하고, 가계부 작성을 중단한 고객에게는 자동 가계부 기능을 안내한다. 웰스파고는 이런 선제적 대응을 통해 고객 이탈률을 유의미하게 감소시켰다고 발표했다(Moor Insights, 2023).

스페인의 금융 그룹 BBVA(Banco Bilbao Vizcaya Argentaria)의 실시간 사기 탐지 시스템은 즉시적 예측의 또 다른 혁신적 사례다. BBVA는 거래 발생 즉시 사기 확률을 계산한다. 거래 위치, 시간, 금액, 과거 패턴, 단말기 정보, 주변 상황 등을 종합 분석하여 높은 수준의 정확도를 유지한다. 이는 고객이 카드를 사용하는 순간 즉시 그 거래의 정상성을 판단하여 필요한 경우 즉시 차단하거나 추가 인증을 요구하는 시스템이다.

BBVA의 시스템이 특히 혁신적인 것은 단순히 과거 패턴과의 비교가 아니라 실시간 상황 분석을 한다는 점이다. 예를 들어, 고객이 평소 이용하지 않던 지역에서 카드를 사용하더라도, 그 지역이 고객의 여행 예약 정보와 일치한다면 정상 거래로 판단한다. 반대로 고객의 휴대폰이 A 지역에 있는데 카드가 B 지역에서 사용된다면 사기 가능성이 높다고 판단한다(BBVA, 2023).

싱가포르 DBS는 API 호출 즉시 신용한도를 결정하는 시스템을 구축했다. 고객이 대출을 신청하면 기존 거래 이력, 현재 재정 상태, 시장 상황, 경쟁사 금리 등을 실시간으로 분석하여 몇 초 내에 승인 여부와 한도를 결정한다. 현재 싱가포르, 인도, 인도네시아 3개국에서 동시 서비스하고 있으며, 대출 승인 시간을 기존 3~5일에서 즉시 승인으로 단축했다.

더욱 혁신적인 것은 신용도 평가의 실시간 업데이트다. 전통적인 신용평가는 월 단위나 분기 단위로 갱신되었지만, AI 기반 평가는 고객의 행동 변화를 즉시 반영한다. 예를 들어, 꾸준히 적금을 넣고 투자 상품에 관심을 보이기 시작하면 재정 안정성 개선으로 평가되어 신용도가 상향 조정된다. 이는 고객의 현재 상황 변화를 놓치지 않고 즉시 포착하여 반영하는 시스템이다(KPMG, 2021).

혁신의 속도를 멈추게 하는 한국 금융의 시간

1. 가명정보 결합

기업들이 혁신적인 서비스를 만들기 위해 서로의 데이터를 합쳐보고자 할 때, 한국에서는 두 기업이 직접 데이터를 주고받을 수 없다. 반드시 정부가 지정한 결합전문기관 또는 데이터 전문기관이라는 중개자를 거쳐야만 한다. 이는 마치 두 사람이 직접 대화하는 것이 아니라, 모든 대화 내용을 정부 기관에 보내 번역과 검토를 거친 뒤에야 상대방에게 전달받는 셈이다. 당연히 이 과정에서 짧게는 몇 주, 길게는 몇 달이라는 긴 시간이 소요될 수밖에 없다. 몇 달 뒤에나 분석 결과를 받아본다면, 그것은 혁신이 아니라 의미 없는 과거 데이터 분석일 뿐이다.

2. 야간 배치 처리

많은 한국 금융사의 핵심 전산 시스템은 하루 동안 쌓인 모든 업무를 밤에 한꺼번에 모아서 처리하는 야간 배치(Batch) 처리 방식을 사용하고 있다. 예를 들어, 한 고객이 특정 서비스를 더 이상 사용하지 않으려는 이탈 신호를 오늘 오전에 보냈다고 가정해 보자. 시스템이 이 신호를 인지하고 분석하는 것은 모든 업무가 끝난 다음 날 새벽이다. 고객의 마음을 돌릴 수 있는 골든타임은 이미 한참 지나버린 후이다. 미국의 웰스파고(Wells Fargo) 은행이 고객의 이탈 가능성을 실시간으로 예측하고 즉시 할인 쿠폰이나 맞춤형 제안을 보내는 것과 비교하면, 한국의 시스템은 항상

24시간 늦게 반응하는 셈이다.

3. 복잡한 동의 체계

고객이 여러 금융기관의 데이터를 통합 활용하는 서비스에 동의하더라도, 각 기관별로 별도의 동의 절차를 거쳐야 하며, 데이터 활용 목적과 범위를 구체적으로 명시해야 한다. 즉, 고객은 하나의 서비스를 이용하기 위해 데이터를 제공하는 은행, 카드사, 증권사, 보험사마다 일일이 찾아가 따로따로 동의하고 인증해야 한다. 이는 마치 하나의 서비스를 신청하는데 관련 기관마다 방문해서 똑같은 내용의 서류에 반복해서 서명해야 하는 것과 같다. 유럽의 ING 은행이 8개국에 흩어진 고객 자산을 하나의 앱에서 통합 관리해 주거나, 아메리칸 익스프레스가 포괄적인 동의 한 번으로 다양한 맞춤형 서비스를 제공하는 것과 비교하면, 한국의 복잡한 절차는 고객 경험을 해치고 새로운 서비스의 시장 진입 속도를 현저히 늦추는 결과를 낳는다.

시스템의 진화:
통합된 전투 플랫폼

　세 가지 예측의 진짜 위력은 이들이 개별적으로 작동할 때가 아니라 하나의 통합된 맥락으로 연결될 때 드러난다. 전통 금융이 상품 중심으로 사고했다면, 새로운 플레이어들은 고객의 생활 맥락 중심으로 사고한다. 이는 단순한 기술적 진보가 아니라 금융 서비스에 대한 패러다임 전환이다.

　실제 사례를 통해 이런 통합 시스템이 어떻게 작동하는지 살펴보자. 한 고객이 중국의 알리페이를 통해 일본 여행 관련 환전을 조회한다고 가정해 보자. 전통 은행이라면 단순히 엔화 환전 수수료가 얼마라는 정보만 제공하고 끝이었을 것이다. 하지만 알리페이의 AI는 이 순간부터 세 가지 예측을 동시에 가동한다.

　유형 1 예측을 통해 이 고객의 현재 신용도를 실시간으로 평가한다. 최근 소비 패턴, 즈마신용 점수, 알리페이 사용 이력 등을 종합 분석하여 여행 경비 부족 시 단기 대출 제공 가능성을 판단한다. 유형 2 예측을 통해 나이, 직업, 소득 수준을 바탕으로 향후 해외여행 빈도와 외화 서비스의 장기적 수요를 계산한다. 유형 3 예측을 통해 항공료 결제, 숙박 예약 등의 패턴을 보고 여행 일정을 추정하여 최적 타이밍에 맞는 서비스를 제안한다.

이 세 가지 예측이 통합될 때 놀라운 일이 일어난다. '환전+대출+보험'을 각각 제안하는 것이 아니라, 이 고객의 여행이라는 하나의 맥락 안에서 최적화된 통합 솔루션을 제공하는 것이다. 환전은 최적 시점에 최적 금액으로, 여행자보험은 목적지와 기간에 맞춤형으로, 현지 결제용 카드는 해당 국가에서 가장 유리한 조건으로 제공된다. 더 놀라운 것은 이 모든 과정이 고객의 명시적 요청 없이도 능동적으로 진행될 수 있다는 점이다.

전통 은행들이 놓친 기회는 바로 이런 통합적 접근이다. 대출 부서, 예금 부서, 카드 부서가 각각 최선을 다했지만, 하나의 고객을 중심으로 모든 정보가 연결되어 새로운 가치를 창출하는 것은 불가능하다. 새로운 예측 기술은 단순히 더 정확한 위험 평가나 더 나은 상품 추천을 가능하게 하는 것이 아니라, 전혀 다른 차원의 금융 서비스를 가능하게 하는 것이다.

이런 통합의 핵심은 상품 중심 사고에서 고객의 생애주기를 기반으로 한 맥락 중심 사고로의 전환이다. 전통 금융은 어떤 상품을 팔 것인지에 집중했다면, 새로운 플레이어들은 고객이 진짜 해결하고 싶어 하는 문제가 무엇인가에 집중한다. 고객이 표면적으로 요청하는 것과 실제로 필요한 것은 다르다. 고객이 일본 여행 환전을 문의할 때 진짜 니즈는 단순히 엔화를 바꾸는 것이 아니라 여행 전체를 걱정 없이 즐기고 싶다는 것이다.

데이터: 맥락의 기반

과거의 금융 데이터는 주로 거래 내역이었다. 언제, 어디서, 얼마를 입금하고 출금했는지가 전부였다. 이런 데이터로는 고객의 현재 상태는 알 수 있어도 미래의 니즈나 생활의 맥락을 파악하기는 어려웠다. 하지만 지금의 데이터는 다르다. 고객의 디지털 발자국이 분석 대상이 되고, 이를 통해 고객의 생활 맥락을 입체적으로 이해할 수 있게 되었다.

JP모건의 Customer 360 시스템은 이런 데이터 통합의 대표적 사례다. JP모건은 여러 사업부의 데이터를 실시간으로 통합하는 시스템을 구축했다. 예를 들어, 한 고객이 신용카드로 여행 관련 결제를 하면, 이 정보가 PB(Private Banker)에게 전달되어 여행자보험이나 외화 서비스를 제안할 수 있게 된다. 고객이 부동산 관련 웹사이트를 자주 방문하거나 주택 관련 검색을 늘리면 모기지 전문가가 연락을 취할 수 있다.

ING는 유럽 8개국 4천만 고객의 통합 프로필을 구축했다. PSD2(결제서비스지침 개정안) 기반으로 타행 데이터까지 연계하여 고객의 전체 금융 활동을 파악한다. 고객이 타행에서 주택담보대출을 받으면 자동으로 관련 보험이나 투자 상품을 제안하는 시스템을 운영하고 있다. ING의 개인화 엔진은 고객의 라이프스테이지, 위험 선호도, 재정 목표 등을 종합 분석하여 최적의 금융 포트폴리오를 제안한다(PYMNTS.com, 2019).

아메리칸 익스프레스의 Travel Ecosystem은 카드 결제 데이터를 분석하여 고객의 여행 패턴을 파악하고 맞춤형 서비스를 제공한다. 항공료 결제 패턴을 보고 출장 빈도가 높은 고객에게는 공항 라운지 서비스를, 가족 여행을 자주 하는 고객에게는 가족 보험을 제안한다. 고객이 특정 호텔 체인을 자주 이용하면 해당 호텔의 VIP 멤버십을 제안하고, 특정 항공사를 선호하면 마일리지 최적화 방안을 안내한다(American Express, 2024).

진짜 맥락을 이해하려면 고객의 전방위적 활동 데이터가 필요하다. 어떤 앱을 사용하는지, 어디서 결제하는지, 무엇을 검색하는지, 누구와 소통하는지, 언제 어디를 방문하는지까지 알아야 비로소 고객의 진짜 니즈가 보인다. 이는 전통 은행이 확보할 수 없는 종류의 데이터다. 따라서 고객의 진짜 문제를 해결하는 데에는 플랫폼 기반의 생태계가 필수적이다. 결제, 쇼핑, 검색, 소통, 엔터테인먼트, 일상 서비스까지 고객의 삶 전반에 관여해야만 맥락을 읽을 수 있고, 그래야만 진정한 문제 해결이 가능하다.

미국의 애플이 보여준 혁신은 특히 주목할 만하다. 2019년 출시된 애플카드는 전통적인 신용카드의 개념을 완전히 바꿔놓았다. 플라스

틱 카드 없이도 아이폰만으로 즉시 발급되고, 실시간 캐시백이 제공되며, 복잡한 수수료 구조를 단순화했다. 더 중요한 것은 애플이 가진 생태계의 힘이다. 아이폰, 아이패드, 맥북, 애플워치, 앱스토어, 아이튠즈, 아이클라우드 등 모든 애플 서비스 이용 데이터가 금융 서비스에 활용될 수 있다.

애플은 사용자가 앱스토어에서 어떤 앱을 다운로드하는지, 아이튠즈에서 어떤 음악을 듣는지, 아이클라우드에 어떤 사진을 저장하는지, 애플워치로 어떤 운동을 하는지까지 모든 것을 알고 있다. 이런 데이터를 종합하면 사용자의 라이프스타일, 취향, 건강 상태, 소비 성향까지 정확히 파악할 수 있다. 2024년 기준으로 애플 생태계 내에서 이루어지는 금융 거래는 연간 6천억 달러에 달한다.

중국의 위챗페이와 알리페이는 이런 생태계 접근을 극한까지 발전시킨 사례다. 위챗페이는 결제-쇼핑-교통-의료를 완전 통합한 슈퍼앱이다. 일일 활성 사용자 12억 명의 모든 활동 데이터를 실시간으로 분석하여 개인화된 서비스를 제공한다. 병원 결제가 늘어나면 건강보험을 제안하고, 택시 이용이 증가하면 교통카드 충전을 제안하며, 특정 레스토랑을 자주 이용하면 해당 레스토랑의 할인 쿠폰을 제공한다.

데이터의 가장 무서운 특성은 네트워크 효과다. 사용자가 많을수록 더 정확한 예측이 가능하고, 더 정확한 예측은 더 나은 서비스로 이어져 더 많은 사용자를 유치한다. 이런 선순환이 만들어지면 후발주자가 따라잡기 거의 불가능한 격차가 벌어진다. 중국의 알리페이는 이런 데이터 네트워크 효과의 완성형을 보여준다. 10억 명 이상의 사용자가 알리페이를 통해 결제, 투자, 대출, 보험 등 모든 금융 서비스를 이용한다. 이런 규모의 데이터가 축적되면 개별 사용자의 행동을 매우 높은 정확도로 예측할 수 있게 된다.

플랫폼 서비스 구축이 불가능한 한국의 환경

1. 데이터 사일로 의무화

한국의 금융회사들은 업권별, 사업부별로 엄격한 데이터 분리를 요구받고 있다. JP모건의 17개 사업부의 데이터를 실시간으로 통합하는 시스템과 달리, 한국에서는 같은 금융기관 내에서도 신용카드 부서의 여행 관련 결제 데이터를 PB 부서가 활용하여 여행자보험을 제안하는 것이 제약을 받는다. 각 부서별로 수집 목적이 다르기 때문에 통합 활용을 위해서는 별도의 동의 절차와 법적 근거가 필요하다.

2. 자동화 평가 제약

신용정보법은 컴퓨터 등 정보처리장치로만 개인신용정보를 처리하여 개인인 신용정보 주체를 평가하는 행위에 대해 별도의 고지 의무, 인간의 개입 권리 보장, 알고리즘 설명 의무 등을 요구한다. 이는 AI는 똑똑한 조언을 해주는 내비게이션일 뿐, 최종 운전대는 반드시 사람이 잡아야 한다는 의미이다. 싱가포르 DBS 은행이 단 몇 초 만에 대출 한도를 자동으로 결정하는 것과 달리, 한국에서는 AI가 아무리 빠르게 결론을 내려도 최종 단계에서는 사람의 개입 가능성을 열어두어야 한다. 이로 인해 완전한 실시간 자동화 시스템을 구축하는 데 제약이 따를 수밖에 없다.

3. 오픈뱅킹의 제한적 허용

한국의 오픈뱅킹은 주로 계좌 조회와 이체 서비스에 집중되어 있어, ING가 PSD2 기반으로 구현한 '타행 데이터까지 연계하여 고객의 전체 금융 활동을 파악하고 자동으로 관련 상품을 제안'하는 포괄적 서비스에 비해 범위가 제한적이다. 또한, 가명

정보 결합을 통해서는 통계 작성, 과학적 연구, 공익적 기록 보존 목적에 한해서만 활용할 수 있어 개인을 위한 맞춤형 광고나 상품 추천 같은 상업적 목적으로 활용하는 것은 불가능하다.

4. 감독 문화

금융감독원의 신중하고 예측 가능한 의사결정을 선호하는 문화는 실시간 자동 의사결정에 대한 우려로 이어진다. 신용공급이나 금리 결정 등 핵심 업무에서 AI의 자동화된 실시간 결정보다는 충분한 검토 기간과 절차적 정당성을 중시하는 문화로 인해, 기술적으로 가능한 혁신도 그 범위가 제한될 수밖에 없다.

이러한 복합적 제약들로 인해 한국에서는 혁신이 실현되지 못하거나, 가능하더라도 속도가 지연되거나, 범위가 축소되어 해외 경쟁사들과의 격차가 점점 벌어지고 있는 상황이다.

판단: 상품 판매에서 큐레이션으로

전통적인 은행원의 역할이 미리 정해진 상품을 설명하고 판매하는 것이었다면, 새로운 시대의 금융 서비스는 AI가 분석한 고객별 최적 금융 포트폴리오를 해석하고 맞춤형으로 설계하는 큐레이터 역할을 해야 한다. 이는 단순한 업무 방식의 변화가 아니라 직업의 본질적 변화다. AI가 아무리 정교한 예측을 해도, 그 결과를 해석하고 실제 고객에게 어떤 가치를 제공할지 결정하는 것은 여전히 인간의 몫이기 때문이다.

미국의 뱅크오브아메리카는 이런 변화를 선도하고 있다. 2018년 출시한 AI 어시스턴트 에리카(Erica)는 4천만 명 이상의 고객과 월 2억 건 이상의 상호작용을 처리한다. 자연어 처리와 감정 분석을 통해 고객의 의도를 파악하며, 고객의 소비 패턴 변화를 감지하여 "이번 달 유틸리티 요금이 평소보다 높습니다. 에너지 효율 대출 상품을 확인해 보시겠어요?"와 같은 맥락적 제안을 한다(Bank of America, 2018).

에리카의 진화 과정을 보면 AI 큐레이션의 발전 방향을 알 수 있다. 초기에는 단순한 잔액 조회나 거래 내역 확인 수준이었지만, 지금은 고객의 금융 목표 설정부터 달성까지 전 과정을 지원한다. 고객이 집을 사고 싶다고 말하면, 에리카는 고객의 현재 재정 상태, 신용도, 소득 안정성 등을 종합 분석하여 현실적인 주택 구매 계획을 제시한다. 월 적금액, 다운페이먼트 목표, 예상 대출 한도, 이자율 시나리오 등을 구체적으로 안내한다.

여기서 중요한 것은 AI가 제공하는 분석 결과를 기계적으로 전달하는 것이 아니라, 해당 고객의 특수한 상황과 니즈에 맞게 해석하고 재구성하는 것이다. 같은 연봉과 자산을 가진 두 고객이라도, 한 명은 안정을 추구하고 다른 한 명은 성장을 추구한다면 완전히 다른 솔루션이 필요하다. AI는 두 고객의 위험 선호도가 다르다는 것을 분석할 수 있지만, 그 차이를 고객이 이해할 수 있는 언어로 설명하고 구체적인 상품 조합으로 구현하는 것은 인간의 역할이다.

동시에 과연 그 판단이 옳은지, 우리가 읽어낸 맥락이 정확한지를 지속적으로 검증해야 한다. 새로운 경쟁 방식의 핵심은 모든 의사결정이 데이터에 기반하여 검증된다는 점이다. 전통 은행들이 경험과 직감에 의존했다면, 새로운 플레이어들은 철저히 A/B 테스트[1]를 통해 자신들의 맥락 해석이 옳은지 확인한다.

1994년 설립 당시부터 데이터 기반 의사결정을 핵심 철학으로 삼은 캐피털원은 이 분야의 선구자이다. 캐피털원은 매년 8만 건 이상의 A/B 테스트를 진행한다. 신용카드 마케팅 메시지부터 앱 UI, 대출 승인 기준까지 모든 것이 테스트 대상이다. 이는 고객의 맥락을 올바르게 이해했는지, 그에 맞는 솔루션을 제공했는지를 끊임없이 검증하는 과정이다(D'Onfro, 2022).

캐피털원의 테스트 방식을 구체적으로 보면, 신용카드 마케팅 이메일의 제목 하나를 바꾸는 것만으로도 수십만 명을 대상으로 테스트한다. '지금 신청하세요'와 '오늘 신청하세요'의 차이, '연회비 면제'와 '첫 해 연회비 무료'의 차이까지 모든 것을 정밀하게 측정한다. 그 결과 클릭률이 2~3% 차이 나더라도 수억 달러의 매출 차이로 이어질 수 있다는 것을 발견했다(Thomke, 2020).

실행: 실시간 개인화 엔진으로

고객의 맥락을 정확히 파악하고 개인화된 대응이 가능해지면, 이

---

[1] A/B 테스트: 두 가지 이상의 버전(A와 B)을 무작위로 사용자에게 노출하여 어떤 버전이 더 나은 성과를 보이는지 비교하는 실험 방법. 이를 통해 마케팅 문구, 웹사이트 디자인, 앱 기능 등 다양한 요소의 효과를 데이터 기반으로 객관적으로 측정하고 검증할 수 있다.

제는 그러한 맥락에 얼마나 **빠르게 대응하느냐**가 새로운 경쟁 요소가 된다. 전통 은행의 신규 상품 출시는 6개월이 걸리지만, 새로운 플레이어들은 2주 만에 새로운 서비스를 선보인다. 이런 속도의 차이가 새로운 경쟁의 핵심을 보여준다. 고객의 니즈를 실시간으로 파악할 수 있다면, 그에 대한 솔루션도 실시간으로 제공해야 의미가 있기 때문이다.

전통 은행을 예로 들면, 새로운 적금 상품 하나를 출시하기까지 상품기획팀의 시장 조사부터 시작해서 리스크 관리팀의 위험도 평가, 준법감시팀의 규제 검토, 상품위원회 승인, IT팀의 시스템 개발, 마케팅팀의 프로모션 기획, QA팀의 테스트, 영업점 교육까지 총 25주가 소요된다. 반년이 넘는 시간이 걸리는 것이다.

반면 새로운 플레이어들의 애자일 개발 프로세스[I]는 2주 단위의 스프린트[II]로 진행되며, 완벽한 상품을 한 번에 출시하기보다는 최소 기능 제품(MVP)[III]을 빠르게 출시하고 지속적으로 개선하는 방식이다. 고객 피드백을 받은 후 1주 차에 기본 기능을 개발하고, 2주 차에 베타

[I] 애자일(agile) 개발 프로세스: 처음부터 완벽한 계획을 세우기보다, 짧은 주기의 개발 단위를 반복하여 시장의 변화와 고객의 요구에 유연하게 대응하는 방법론. 실제 작동하는 프로토타입을 지속적으로 만들어 고객의 피드백을 즉시 반영하며, 이를 통해 개발 과정의 불확실성을 줄이고 제품의 완성도를 점진적으로 높여나간다.

[II] 스프린트(Sprint): 애자일 개발, 특히 스크럼 방식에서 사용되는 시간 단위로, 보통 1주에서 4주 사이의 고정된 기간을 의미한다. 각 스프린트마다 팀은 구체적으로 실행할 업무 목표를 설정하고 개발에 집중하며, 스프린트가 끝나면 실제 작동하는 결과물을 만들어 검토하고 회고하는 과정을 거친다.

[III] 최소기능제품(Minimum Viable Product, MVP): 고객에게 핵심 가치를 제공할 수 있는 최소한의 기능만을 구현한 초기 버전의 제품. 시장에 빠르게 제품을 출시하여 실제 사용자의 피드백을 얻고, 이를 바탕으로 제품을 개선하거나 개발 방향을 검증하는 것을 목적으로 한다.

테스트를 진행하며, 3주 차에 정식 출시한다. 6개월 vs 3주의 차이는 단순한 속도 차이가 아니라 고객 니즈에 대응하는 철학의 차이다.

이런 속도 차이는 코로나19 상황에서 극명하게 드러났다. 2020년 3월 각국 정부의 긴급재난지원금 정책이 발표되자, 새로운 플레이어들은 3일 만에 관련 서비스를 출시했다. 반면 대부분의 전통 은행들은 1~2주가 걸렸다. 고객들이 가장 필요한 순간의 맥락을 파악하고, 그 순간에 가장 빠르게 대응한 것이 고객 만족도를 크게 높였다.

미국에서도 비슷한 상황이 벌어졌다. PPP(Paycheck Protection Program) 대출이 시작되었을 때, 전통 은행들은 시스템 준비에 몇 주가 걸렸지만, 크로스 리버 뱅크(Cross River Bank)와 같은 핀테크 전문 은행이나 스퀘어(Square), 카비지(Kabbage) 같은 핀테크 기업들은 자동화된 온라인 플랫폼을 통해 며칠 만에 서비스를 시작했다. 그 결과 초기 PPP 대출의 15~30%가량을 핀테크들이 가져갔다(Battisto, et al., 2021).

동시에 이러한 실행 시스템을 운영하기 위해서는 전혀 새로운 기술 역량이 필요하다. 싱가포르 DBS의 사례를 보면 이런 변화가 명확하다. DBS는 아시아 전역 수천만 고객이 동시에 접속해도 각자에게 개인화된 메인 화면을 빠르게 제공한다. 고객의 최근 거래 패턴, 보유 상품, 생활 패턴 등을 실시간으로 분석하여 각자에게 가장 관련성 높은 정보와 상품을 우선적으로 노출한다. 이를 위해서는 전혀 다른 IT 아키텍처가 필요하다.

DBS는 클라우드상에서 수천 개의 마이크로서비스를 운영한다. 각 서비스가 독립적으로 스케일링되면서 전체적으로는 실시간 개인화를 구현한다. 예를 들어, 신용평가 서비스, 상품 추천 서비스, 고객 분석 서비스가 각각 독립적으로 운영되면서도 API를 통해 실시간으로 연결된다. 한 서비스에 문제가 생겨도 다른 서비스에는 영향을 주지 않으면서, 전체적으로는 하나의 통합된 경험을 제공한다.

마지막으로, 기술적 실행 능력만큼 중요한 것이 조직 문화의 변화다. 전통 은행들의 위계적이고 보수적인 문화로는 빠른 실행이 어렵다. 새로운 아이디어가 나와도 수많은 승인 단계를 거쳐야 하고, 실패에 대한 두려움 때문에 혁신적인 시도를 주저하게 된다. 반면 새로운 플레이어들은 빠른 실패(fail fast) 문화를 바탕으로 끊임없이 실험하고 개선한다. 구글의 경우 매년 수천 개의 실험을 진행하고, 그중 90% 이상이 실패로 끝나지만, 이런 실패들이 10%의 성공적 혁신을 만들어 낸다. 실패를 개인의 책임이 아닌 학습의 기회로 보는 문화가 혁신의 속도를 결정한다.

성공적 전환의 조건

기술 부채 해소

성공적인 디지털 전환의 첫 번째 단계는 축적된 기술 부채를 체계적으로 해소하는 것이다. 하지만 이것이 기존 시스템을 한 번에 전면 교체하는 빅뱅 방식을 의미하지는 않는다. 이를 위해서는 'Strangler Fig'라는 점진적 접근법이 유효하다. 이는 새로운 시스템이 기존 시스템을 서서히 대체해 나가는 방식으로, 마치 무화과나무가 다른 나무를 감싸며 자라나가는 것과 같다(Strangler Fig)고 해서 붙여진 이름이다. 기존 시스템은 그대로 두고, 새로운 기능부터 현대적인 시스템으로 구축한 후 API로 연결한다.

JP모건의 사례가 좋은 예다. 2020년부터 클라우드 퍼스트 전략을 통해 기존 시스템을 단계적으로 클라우드로 이전하고 있다. 하지만 핵심 코어뱅킹 시스템은 여전히 온프레미스에 유지하면서 위험을 관리하고 있다. 비핵심 시스템부터 클라우드로 이전하고, 충분한 검증을 거친 후 핵심 시스템으로 확대하는 방식이다. 기존 메인프레임의 안정성은 그대로 유지하면서도 혁신의 속도를 높일 수 있는 하이브리드 모델의 성공 사례다.

ING는 2017년부터 전통 은행에서 기술 회사로의 3년간 변신을 시도했다. 계좌 관리, 거래 처리 등의 핵심 업무는 기존 메인프레임에서 처리하되, 모바일 앱, 웹사이트, AI 추천 엔진 등은 클라우드 기반의 최신 기술로 구축했다. 두 시스템 사이는 API 게이트웨이로 연결하여 실시간 데이터 동기화를 구현했다.

'차세대 시스템' 뒤에 숨겨진 진짜 과제

한국의 금융 IT는 겉보기엔 세계 최고 수준이다. 세계에서 가장 빠르고 편리한 모바일뱅킹 앱들이 경쟁하고 있으며, 2010년대 이후 대부분의 주요 은행들은 차세대 시스템 구축이라는 이름 아래 막대한 비용을 투자했다. 이 프로젝트들의 핵심은 탈(脫)코볼, 자바(JAVA) 중심의 오픈 플랫폼 전환이었다. 이 덕분에 한국 금융은 표면적으로 코볼의 굴레에서 벗어나 혁신을 이룬 것처럼 보인다.

하지만 그 실상은 훨씬 더 복잡하다. 한국 금융권이 마주한 기술 부채는 단순히 낡은 시스템을 방치한 문제가 아니다. 오히려 거대한 전환 과정에서 탄생한 코볼과 자바의 위태로운 동거라는, 훨씬 더 까다롭고 새로운 형태의 과제에 직면해 있다.

| 온프레미스(on-premise): 기업이 자체 서버, 스토리지 같은 IT 인프라를 외부 클라우드 서비스에 맡기지 않고, 자체 데이터 센터나 전산실 내에 직접 설치하고 운영하는 방식을 의미한다.

하이브리드 아키텍처: 심장은 남겨둔 리모델링

대부분의 은행들은 차세대 프로젝트를 진행하며 전면 교체가 아닌 투 스피드(Two-speed) IT 또는 하이브리드 전략을 택했다. 이는 리스크를 최소화하기 위한 현실적인 선택이었다.

채널계/정보계(Fast Speed): 고객이 직접 사용하는 인터넷/모바일 뱅킹 앱, 상품 추천, 마케팅, 데이터 분석 시스템 등은 변화에 민첩하게 대응해야 한다. 이 영역은 신기술 접목이 쉬운 자바(JAVA) 언어와 리눅스(Linux) 같은 개방형 운영체제 기반으로 새롭게 구축되었다. 신한은행의 더 넥스트(The NEXT), 우리은행의 위니(WINI) 프로젝트 등이 대표적이다. 우리가 일상에서 체감하는 모든 혁신적인 금융 서비스는 바로 이 빠른 영역에서 탄생한다.

계정계(Slow Speed): 고객의 원장, 입출금, 여수신, 이자 계산 등 모든 금융 거래의 기록을 책임지는 은행의 심장부다. 이곳의 최우선 가치는 속도나 유연성이 아닌 안정성과 데이터 정합성이다. 이 때문에 많은 은행들은 수십 년간 운영되며 안정성이 완벽하게 검증된 IBM 메인프레임과 코볼(COBOL) 시스템을 그대로 유지한다.

AI 도입의 3대 장벽: 이중 구조의 역습

문제는 바로 이 이질적인 두 얼굴의 시스템이 AI 도입의 발목을 잡는 거대한 족쇄가 되고 있다는 점이다. AI의 잠재력을 온전히 활용하려 할 때, 이 하이브리드 구조의 취약점이 기술 부채가 되어 드러난다.

1. 데이터 통합의 장벽

AI, 특히 머신러닝 모델은 고객에 대한 360도 뷰, 즉 통합되고 정제된 데이터를 실시간으로 필요로 한다. 하지만 자바 기반 채널계에 쌓이는 고객의 최신 행동 데이터(앱 사용 기록, 검색 패턴 등)와 코볼 기반 계정계에 기록된 핵심 금융 데이터(거래 원장, 신용 정보 등)는 물리적으로도 구조적으로도 분리되어 있다. AI가 정교한 예측을 위해 두 종류의 데이터를 실시간으로 결합하려면, EAI(전사적 애플리케이션 통합)나 MCI(채널 통합) 같은 복잡하고 노후화된 미들웨어 통역 시스템을 거쳐야 한다. 이 과정에서 지연(Latency)이 발생하고 데이터의 신선도가 떨어져, 결국 AI 모델의 성능을 저하시키는 원인이 된다.

2. 실시간 실행의 장벽(The Speed Mismatch)

현대의 AI는 밀리초(ms) 단위로 사기 거래를 탐지하고 개인화된 상품을 추천한다. 하지만 이 예측 결과가 코볼 기반 계정계의 데이터를 필요로 하거나, 예측 결과(예: AI가 실시간으로 승인한 소액대출)를 계정계 원장에 최종적으로 반영해야 할 때 병목 현상이 발생한다. 예를 들어, 자바 기반의 사기탐지시스템(FDS)이 의심스러운 거래를 포착해도, 최종 지급을 막기 위해 계정계 원장을 제어하는 데 시간이 걸린다면 그 사이 돈은 이미 빠져나간 뒤일 수 있다. 최첨단 AI 엔진을 장착하고도, 낡은 코볼 시스템의 야간 일괄처리(Batch Processing) 문화와 속도를 기다려야 하는 두 속도 IT(Two-speed IT)의 딜레마는 AI의 가치를 반감시킨다.

3. 모델 배포 및 운영의 장벽(MLOps의 반쪽짜리 성공)

AI 모델을 신속하게 개발, 배포, 테스트, 재학습하는 MLOps(기계 학습 운영) 환경은 보통 민첩한 클라우드 위에서 구현된다. 하지만 AI 모델이 코볼 계정계와 상호작용 해야 할 경우 문제는 복잡해진다. AI팀은 민첩한(Agile) 방식으로 모델을 매주 업데이트하고 싶어 하지만, 계정계 운영팀은 안정성을 위해 6개월 단위의 폭포수(Waterfall) 방식으로 시스템을 변경한다. 결국 민첩한 AI가 느리고 육중한 계정계의 변경 주기에 갇히게 되는 것이다. 빠른 실험과 학습을 통한 개선이 불가능하다면, AI 프로젝트는 단순한 일회성 분석 과제로 전락할 위험에 처한다.

결론적으로 한국 금융권의 진짜 과제는 단순히 '낡은 코볼 코드'를 걷어내는 것이 아니다. 오히려 비교적 최신의 디지털 채널(자바)과 수십 년 된 코어 시스템(코볼)이 공존하는 하이브리드 구조 속에서, 어떻게 AI라는 새로운 엔진을 성공적으로 안착시킬 것인가 하는 훨씬 더 복잡하고 어려운 문제에 직면해 있다.

데이터 기반 경쟁력 확보

두 번째 단계는 파편화된 고객 정보를 통합하여 고객 통합 관점(Customer 360 View)을 구축하는 것이다. 이는 단순히 기술적인 데이터 통합을 넘어 조직 문화의 변화를 요구한다.

가장 먼저 해결해야 할 것은 데이터 소유권 문제다. 전통적으로 각 부서는 자신들의 데이터를 독점하려 했다. 대출 부서는 대출 고객 정보를, 카드 부서는 카드 사용 정보를 각각 관리하면서 다른 부서와 공유하지 않았다. 이런 사일로 문화를 깨뜨리지 않고는 개인화가 불가능하다.

성공적인 데이터 통합을 위해서는 최고 데이터 책임자(CDO) 중심의 거버넌스 체계가 필요하다. 개별 부서의 이익이 아닌 전사적 관점에서 데이터를 관리하고, 데이터 품질과 보안을 책임지는 조직이 있어야 한다. 동시에 개인정보보호 규제를 준수하면서도 마케팅과 상품 개발에 활용할 수 있는 데이터 활용 정책을 수립해야 한다.

하지만 가장 중요한 것은 데이터 품질 관리다. 모든 모델은 기본적으로 '쓰레기가 들어가면 쓰레기가 나온다(Garbage In, Garbage Out)'는 원칙을 벗어날 수 없다. 따라서 아무리 좋은 AI 모델이 있어도 데이터가 부정확하면 의미가 없다. 이런 데이터 품질 문제를 해결하기 위해서는 상당한 인력과 시간이 필요하다. 보통 프로젝트에서 실제 AI 모델 개발은 20%에 불과하고, 나머지 80%는 데이터 수집, 정제, 검증에 소요된다.

다음 전선을 향해

소매금융에서 확인한 패러다임 전환의 본질은 명확하다. 미드웨이에서 일본군이 개별 항모의 우수성에 의존했지만 통합 시스템으로 싸우는 미군에게 패배했듯이, 금융업에서도 개별 최적화에서 시스템 최적화로의 전환이 승부를 가르고 있다. 더 이상 많은 지점을 효율적으로 운영하는 것이 아니라, 고객의 맥락을 정확히 읽고 실시간으로 개인화된 솔루션을 제공하는 능력이 경쟁력을 결정한다.

하지만 이런 변화가 전통 은행의 종말을 의미하지는 않는다. 오히려 현명한 전환 전략을 수립한 은행들에게는 새로운 기회가 되고 있다. AI 모델의 검증이 부족하거나, 내부통제 시스템이 미비하고, 자본 건전성이 취약한 점 등 새로운 플레이어들이 가진 한계는 전통 은행들의 강점과 정확히 대응된다.

성공의 열쇠는 하이브리드 전략에 있다. 기존의 강점인 신뢰성, 안정성, 자본력은 그대로 유지하면서, 새로운 역량인 데이터 분석, 실시간 대응, 개인화 서비스를 단계적으로 구축하는 것이다. Strangler Fig 패턴을 통한 점진적 시스템 전환, 고객 통합 관점을 위한 데이터 통합, 그리고 안전한 실험 문화의 도입이 그 구체적인 방법이다. 개별 최적화에서 시스템 최적화로의 전환, 이것이 소매금융의 미래를 결정할 것이다.

제5장

보험:
사후 보상에서 사전 예방으로

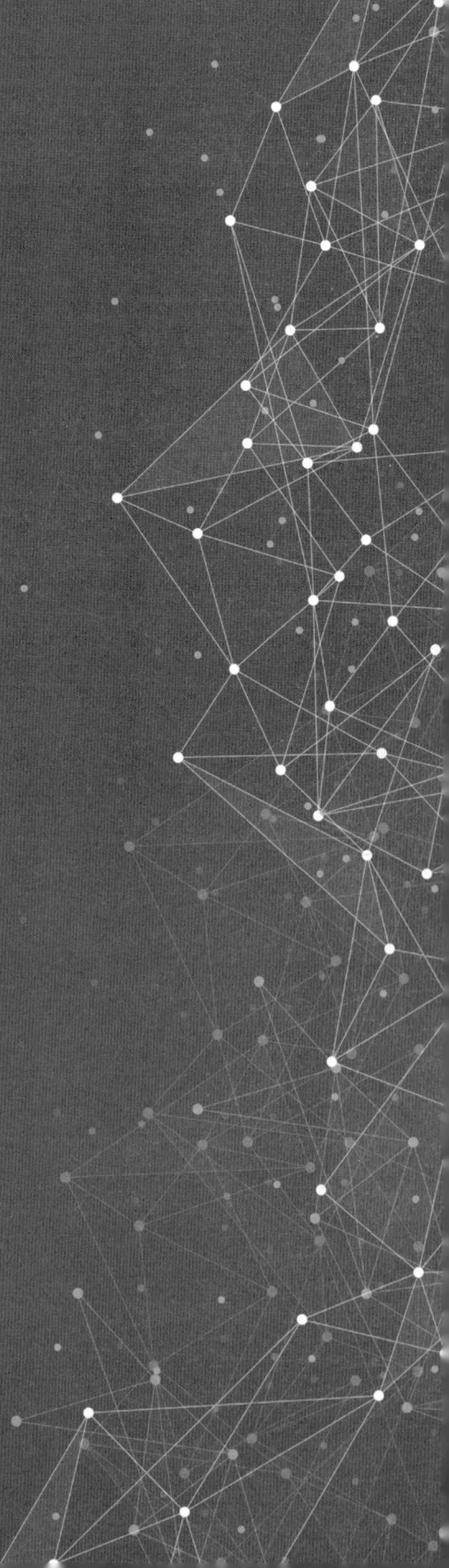

1854년 8월 31일 런던(London) 소호(Soho) 지역에서 발생한 콜레라(Cholera) 창궐은 현대 역학(疫學, Epidemiology)의 출발점이 되었다. 앤 루이스(Anne Eliza Lewis)라는 생후 5개월 아기의 사망으로 시작된 이 전염병은 3일 만에 127명, 일주일 만에 500명, 2주 만에 700명 이상의 목숨을 앗아갔다. 당시 소호 지역 인구 2만 명 중 절반이 도시를 떠날 정도로 상황은 심각했다.

당시 유럽 의학계의 주류는 미아즈마(miasma) 이론, 즉 오염된 공기가 질병을 전파한다는 가설을 신봉했다. 정부 당국은 이 이론에 따라 거리에 석회를 살포하고 시민들에게 창문을 닫고 지내도록 권고했다. 그러나 이러한 조치들은 사망자 증가를 막지 못했다.

이러한 상황 속에서 마취과 의사였던 존 스노(John Snow)는 당시로서는 파격적인 접근법을 택했다. 41세의 그는 이미 빅토리아 여왕(Queen

Victoria)의 아들인 레오폴드 왕자(Prince Leopold) 출산에 클로로포름 마취를 성공적으로 시행한 바 있어 의학계에서 인정받는 인물이었다. 하지만 역학은 그의 전문 분야가 아니었다. 동료들이 하수도의 악취와 씨름할 때 스노는 전혀 다른 무기를 꺼내 들었다.

스노는 소호 지역을 직접 발로 뛰며 사망자들의 정확한 주소를 수집했다. 당시에는 공식적인 사망 통계도 제대로 없었고, 대부분의 정보는 구전이나 신문 부고란에 의존해야 했다. 그는 교구 기록, 장례식장 대장, 심지어 동네 주민들과의 면담까지 동원해 데이터를 모았다.

그러고 나서 스노는 질병의 공간적 분포를 시각화했다. 그는 런던시의 상세 지도를 구입하고, 사망자 한 명당 검은 막대기 하나씩을 그려 넣었다. 아파트에서 여러 명이 사망한 경우에는 막대기를 하나씩 추가로 쌓아 올렸다. 이것이 바로 현대 역학의 기초가 된 도트 맵(dot map)의 원형이었다(Johnson, 2007).

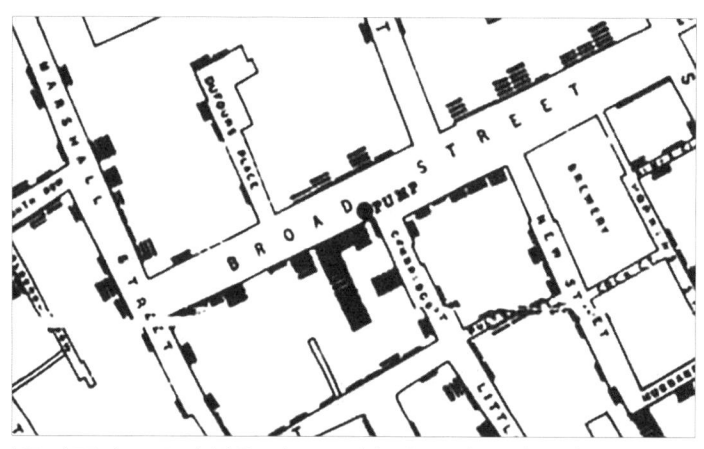

브로드 스트리트(Broad Street)에서 존 스노(John Snow)가 그린 도트 맵(dot map)의 원형(출처: 위키피디아)

당시 존 스노의 행동은 동료 의사들에게 낯설고 이해하기 어려운 것이었다. 그러나 스노는 무작위로 흩어진 듯 보이는 죽음들 속에서도 일정한 패턴이 진실을 말해줄 것이라는 확신을 갖고 있었다. 실제로 지도 위에 사망자들의 위치를 하나씩 표시해 나가자, 처음엔 무의미해 보이던 점들 사이에 질서가 드러나기 시작했다.

사망자들은 브로드 스트리트(Broad Street)에 위치한 한 공중 펌프를 중심으로 모여 있었고, 특히 그 펌프로부터 250야드(약 230미터) 이내에 전체 사망자의 73%가 거주하고 있었다. 더욱 흥미로운 것은 예외 사례들이었다. 같은 거리의 한 양조장에서는 직원 70명 가운데 단 5명만이 콜레라에 걸렸는데, 이들은 모두 양조장에서 제공하는 무료 맥주를 마시고 있었기 때문에 펌프 물을 마시지 않았다. 또한 인근의 폴란드 스트리트 구빈원(救貧院, Poland Street Workhouse)에서는 535명의 거주자 중 단 5명만이 사망했는데, 이곳은 브로드 스트리트 펌프가 아닌 자체 우물을 사용하고 있었다.

가장 결정적인 단서는 소호에서 멀리 떨어진 런던 북쪽 햄스테드(Hampstead)에 살던 한 과부, 서스나 루이스(Susanna Lewis)에게서 나왔다. 몇 년 전까지 브로드 스트리트 근처에 살았던 그녀는 이사 후에도 매주 마차를 타고 옛 동네를 찾았다. 명분은 친구 방문이었지만, 실제 목적은 브로드 스트리트 펌프의 물을 길어 오는 것이었다. 그녀는 그 물맛을 천국의 물이라 부르며 유리병에 담아 일주일 내내 마셨다.

1854년 8월 말, 콜레라가 소호를 강타한 직후에도 그녀는 여느 때처럼 그 물을 마셨고, 며칠 뒤 자신과 조카가 동시에 병에 걸려 모두

숨겼다. 햄스테드에서는 이들이 유일한 콜레라 사망자였고 주변 이웃과 하인들은 모두 멀쩡했다. 결과적으로 브로드 스트리트에서 멀리 떨어진 지역에 살면서도 오직 그 펌프 물을 마신 사람만 병에 걸렸다는 이 사건은 스노의 가설에 결정적인 근거가 되었다(Coleman, et al., 2022).

  1854년 9월 7일 저녁, 존 스노는 직접 만든 지도와 체계적으로 수집한 자료들을 들고 세인트 제임스 교구 위원회 회의장으로 향했다. 스노는 사망자들의 분포가 브로드 스트리트 펌프 주변에 집중되어 있다는 사실을 중심으로 자신의 분석을 제시했다. 그는 양조장 직원들의 낮은 감염률, 자체 우물을 사용한 구빈원의 사례, 그리고 햄스테드에서 유일하게 펌프 물을 마신 후 사망한 과부의 사례까지 차례로 설명하며, 그 모든 정황이 하나의 공통점을 가리키고 있다고 주장했다. 당시에는 물속에 있는 세균이 병을 일으킨다는 생각 자체가 알려져 있지 않던 시대이기 때문에 대부분의 사람들은 스노의 주장에 대해 회의적이었으나, 그는 펌프 하나를 폐쇄하는 데 별다른 비용이 들지 않는다는 점과 그 조치 하나로 더 많은 생명을 구할 수 있다면 시도해 볼 만하다는 점을 강조했다.

  논의 끝에 위원회는 스노의 제안을 받아들였고, 다음 날 아침 브로드 스트리트 펌프의 손잡이를 제거해 더 이상 물을 길어 쓸 수 없도록 했다. 이 소식을 들은 주민들 사이에서는 당혹과 의문이 뒤섞인 반응이 나왔지만, 이후 며칠 사이에 사망자 수는 눈에 띄게 감소했다. 9월 8일에는 3명, 9일에는 0명, 10일에는 1명만이 사망했다.

170년이 지난 지금 보험업계는 존 스노의 지도를 다시 한번 그리고 있다. 사고가 발생한 후 보상하는 것이 아니라, 사고가 발생하기 전에 원인을 찾아 예방하는 것. 21세기의 보험사들은 스노처럼 데이터 포인트를 하나씩 수집하고 있다. 다만 이번엔 검은 막대가 아니라 센서와 알고리즘으로 말이다.

대수의 법칙과
사후 처리

위험 분산(Risk Pooling)의 경제학

보험업의 출발점은 수학자 야코프 베르누이(Jacob Bernoulli)가 1713년 발견한 대수의 법칙(law of large numbers)¹이다. 개별적으로는 예측 불가능한 사건들이라도 대량으로 모이면 통계적 규칙성을 보인다는 이 법칙은 위험 분산(risk pooling)을 가능하게 했다. 1688년 에드워드 로이드(Edward Lloyd)의 런던 커피하우스에서 시작된 해상보험이 바로 이 원리의 실증적 적용이었다.

| 대수의 법칙(law of large numbers): 동일한 실험이나 조사를 아주 많이 반복하면, 그 결과로 얻은 평균값이 이론적으로 기대되는 값(기댓값)에 점점 더 가까워진다는 확률 이론의 기본 원리이다. 예를 들어, 동전을 던질 때 앞면이 나올 확률은 2분의 1이지만, 몇 번만 던져서는 결과가 한쪽으로 치우칠 수 있어도 수천, 수만 번 던지면 앞면이 나온 횟수의 비율은 2분의 1에 거의 정확히 수렴하게 된다. 이 법칙은 보험사가 위험을 예측하거나 여론조사가 전체 의견을 추정할 수 있는 수학적 근거를 제공한다.

위험 분산의 핵심은 상호성(mutualization)이다. 각자가 감당하기 어려운 대형 손실을 여러 명이 나누어 부담함으로써 개별 당사자의 위험을 관리 가능한 수준으로 줄이는 것이다. 이는 경제학에서 말하는 위험 분산(risk diversification)과 규모의 경제(economies of scale)를 동시에 실현하는 메커니즘이다(Arrow, 1963).

예를 들어, 1천 척의 선박이 있고 각각의 침몰 확률이 1%라고 가정해 보자. 개별 선주는 자신의 배가 침몰할 확률을 정확히 알 수 없지만 1천 척 전체로 보면 연간 평균 10척이 침몰할 것이라는 예측이 가능하다. 각 선주가 자신의 선박 가치의 1.5%를 보험료로 지불한다면 (1%의 예상 손실+0.5%의 보험사 운영비 및 이익) 보험회사는 안정적으로 운영될 수 있다.

이 모델의 수학적 기반은 중심극한정리(central limit theorem)로 표본의 크기가 충분히 클 때 표본 평균의 분포는 모집단의 분포와 상관없이 정규분포에 가까워진다. 즉, 보험 가입자가 많을수록 전체 손실률의 변동성은 줄어들고 예측 가능성은 높아진다. 이것이 보험회사가 대규모 고객 기반을 확보하려는 이유다.

하지만 전통적 위험 분산에는 중요한 제약이 있다. 모든 위험이 독립적이어야 한다는 가정이다. 만약 위험들이 서로 상관관계를 가진다

| 중심극한정리(central limit theorem): 모집단의 분포 형태와 관계없이, 표본의 크기가 충분히 크다면 표본 평균들의 분포가 정규분포에 가까워진다는 통계학 원리. 즉, 원래 데이터가 어떤 모양으로 분포되어 있든 상관없이, 거기서 여러 번 무작위로 샘플을 뽑아 각각의 평균을 구한 뒤 그 평균값들을 모아 분포를 그려 보면 종 모양의 정규분포를 따른다는 것이다. 이는 통계적 추론에서 특정 현상의 분포를 알지 못하더라도 정규분포를 활용하여 가설을 검증하고 신뢰구간을 추정할 수 있게 해주는 이론적 기반이 된다.

면(예: 전쟁, 대규모 자연재해) 대수의 법칙은 작동하지 않는다. 2005년 허리케인 카트리나 때 미국 보험업계가 겪은 충격이 바로 이런 경우다. 뉴올리언스 지역의 수만 개 주택이 동시에 침수되면서 개별 위험의 독립성 가정이 무너진 것이다.

또한 위험의 동질성(homogeneity) 가정 역시 중요하다. 이러한 가정에 기인해 전통적 모델에서는 같은 범주에 속하는 가입자들은 비슷한 위험도를 가진다고 가정하고 동일한 보험료를 부과했다. 25세 남성 운전자라면 개인차와 상관없이 모두 비슷한 사고 위험을 가진다고 본 것이다. 하지만 이는 현실과는 상당한 괴리가 존재했다. 같은 25세 남성이라도 운전 습관, 주행 환경, 차량 관리 상태 등에 따라 실제 위험도는 크게 달랐다. 이는 안전한 운전자에게는 비용을 전가하면서 위험한 운전자는 평균 속에 숨게 만드는 방식이다. 정교한 위험 측정 대신 통계적 평균을 통해 안정적인 수익 구조를 유지하는 구조이다(Williams, 1995).

정보 비대칭의 구조적 문제

보험 시장의 가장 근본적인 문제는 정보 비대칭성(information asymmetry)이다. 1970년 노벨경제학상을 받은 조지 애컬로프(George Akerlof)가 레몬 시장(market for lemons) 이론으로 설명한 이 개념은 보험업에서 가장 극명하게 나타난다. 보험이 발생하는 일반적인 상황을 살펴보면 보험을 구매하려는 고객은 자신의 실제 위험도를 상대적으로 잘 알고 있는 반면, 보험회사는 고객에 대해 제한적인 정보만 가지고 있다(Akerlof, 1970).

이로 인해 두 가지 심각한 문제가 발생한다. 첫째는 역선택(adverse selection)[I]이다. 위험도가 높은 사람일수록 보험 가입 의향이 높고, 위험도가 낮은 사람일수록 보험료가 비싸다고 생각해 가입을 꺼린다. 간단히 말해 이미 아픈 사람들은 건강보험에 적극적으로 가입하려 하지만 건강한 사람들은 나는 아프지 않을 것이라고 생각해 가입을 미루는 현상이 대표적이다(Rothschild & Stiglitz, 1976).

1990년대 미국 개인건강보험 시장에서 관찰된 죽음의 나선(death spiral) 사례가 이를 잘 보여준다. 보험료가 오르면 건강한 사람들부터 보험을 포기한다. 상대적으로 위험도가 높은 사람들만 남게 되면서 보험회사의 손실률이 증가한다. 이를 만회하기 위해 보험료를 다시 올리면 또 다른 건강한 사람들이 떠난다. 이런 악순환이 반복되면서 결국 시장 자체가 붕괴되는 것이다(Cutler & Reber, 1998).

둘째는 도덕적 해이(moral hazard)[II]다. 보험에 가입한 후 오히려 더 위

[I] 역선택(adverse selection): 거래 당사자 간의 정보 비대칭으로 인해 정보가 부족한 쪽이 불리한 선택을 하게 되는 상황을 말한다. 주로 계약이 체결되기 전에 발생하며, 정보 우위에 있는 측이 자신의 숨겨진 특성을 이용해 이득을 취하려 하기 때문에 질이 나쁜 상품이나 사람만 시장에 남게 되는 시장 실패로 이어질 수 있다. 대표적으로 중고차 시장에서 판매자는 차의 결함을 알지만 구매자는 모르기 때문에 결국 상태가 좋지 않은 차들만 거래되는 현상을 들 수 있다.

[II] 도덕적 해이(moral hazard): 계약을 맺은 이후, 한쪽 당사자가 상대방이 자신의 행동을 완벽히 감시할 수 없음을 이용해 자신의 의무를 다하지 않거나 더 위험한 행동을 하는 경향을 의미한다. 이는 계약 체결 이후에 발생하는 정보 비대칭 문제로, 개인이 손실의 비용을 전부 부담하지 않을 때 발생하기 쉽다. 예를 들어, 화재 보험에 가입한 사람이 보험을 믿고 화재 예방에 소홀해지는 것이 전형적인 도덕적 해이의 사례이다.

험한 행동을 할 유인이 생기는 현상이다. 자동차보험에 가입한 운전자가 더 과감하게 운전하거나, 건강보험에 가입한 사람이 건강 관리를 소홀히 하는 경우가 그 예다. 연구에 따르면 종합 보험에 가입한 운전자들의 사고율은 일반 보험 가입자보다 실제로 23%가량 높다 (Dionne & Gagne, 2001).

더 미묘한 형태의 도덕적 해이도 있다. 1980년대 미국 의료보험에서 발견된 공급자 유인 수요(supplier-induced demand) 현상이다. 의사들이 환자의 의료보험 가입 여부를 확인한 후 불필요한 검사나 치료를 권하는 경우가 늘어난 것이다. 보험회사가 비용을 부담하니까 환자는 부담을 덜 느끼고, 의사는 수익을 올릴 수 있는 윈-윈 구조처럼 보이지만, 결국 전체 의료비 상승으로 이어져 모든 가입자의 보험료 인상을 초래했다(Feldstein, 2011).

국가가 보험에 크게 개입하는 한국에서는 이러한 문제점들이 더욱 명확하게 나타난다. 예를 들어 실손의료보험의 경우를 살펴보면, 환자와 의료공급자 모두에게서 도덕적 해이가 발생한다. 환자는 실손보험 덕분에 병원비 부담이 적으니 크지 않은 증상에도 자주 병원을 방문하거나, 도수치료나 영양주사와 같이 보험 적용이 가능한 비급여 진료를 적극적으로 선택하려는 경향을 보인다. 동시에 의료공급자는 실손보험 가입 여부를 확인한 뒤 환자에게 꼭 필요하지 않은 추가 검사나 시술, 주사 등을 권하거나, 때로는 미용 목적의 시술에도 보험 청구가 가능하도록 행위를 왜곡한다. 이로 인해 실손보험 청구액이 급증하고, 보험회사의 적자가 누적되어 보험료 인상으로 귀결되는 악순환이 발생한다.

자동차보험에서도 나이롱환자 문제가 도마 위에 오른다. 일부 교통사고 피해자는 경미한 충격에도 장기간 허위 또는 과잉진료를 받거나, 실질적 치료가 필요함에도 불필요한 입원을 장기화하는 방식으로 보험금을 과다하게 수령한다. 의료인 역시 보험금 청구가 된다는 점을 고려해, 사실상 필요하지 않은 입원이나 진료, 진단서 발급을 권장하는 경우도 빈번하다. 이러한 도덕적 해이는 전체 자동차보험 손해율을 끌어올려 보험료 급등 문제를 불러오며, 선의의 보험 가입자들에게 부담이 전가되는 결과를 초래한다.

계약 설계를 통한 인센티브 정렬의 한계

전통적 보험업에서 이러한 정보 비대칭성과 도덕적 해이 문제를 완화하기 위한 핵심 도구는 계약 설계였다. 경제학에서 말하는 계약 이론(contract theory)의 핵심은 정보 우위에 있는 당사자(보험 고객)의 인센티브를 정보 열위에 있는 당사자(보험회사)가 원하는 방향으로 유도하는 것이다.

가장 기본적인 도구는 공제액(deductible)과 본인부담금(co-payment)이다. 작은 손실에 대해서는 고객이 직접 부담하게 함으로써 불필요한 청구를 줄이고 조심스러운 행동을 유도하는 것이다. 예를 들어, 자동차보험에서 50만 원의 공제액을 설정하면, 50만 원 미만의 작은 사고는 고객이 자비로 처리해야 한다. 이는 운전자가 더 조심스럽게 운전하도록 유도하는 효과가 있다(Rothschild & Stiglitz, 1976).

하지만 공제액 설정에는 미묘한 균형이 필요하다. 너무 높으면 가입자가 부담을 느껴 보험 가입을 꺼려 역선택이 심화되고, 너무 낮으면 도덕적 해이를 충분히 억제하지 못한다. 1990년대 미국 건강보험에서 이 딜레마가 극명하게 드러났다. 공제액을 올려 의료비 남용을 막으려 했지만 결과적으로 저소득층의 의료 접근성만 떨어뜨리는 부작용이 발생했다.

경험요율제(experience rating)도 중요한 인센티브 도구였다. 과거 청구 이력에 따라 차년도 보험료를 조정하는 방식이다. 사고를 많이 낸 운전자는 보험료가 오르고, 무사고 운전자는 할인을 받는다. 이는 장기적으로 안전한 행동을 유도하는 효과가 있었지만, 단기적 행동 변화에는 한계가 있다. 보험료 조정이 1년 후에나 이루어지기 때문에 즉각적인 피드백 효과가 부족하기 때문이다.

일정 기간 동안 보험금을 청구하지 않으면 보험료를 할인해 주는 제도인 노클레임 보너스(no-claim nonus) 시스템도 널리 사용되었다. 한국의 자동차보험사 대부분이 도입하고 있는 이 제도는 최대 60% 할인이 가능하다. 그러나 이 제도의 이면에는 구조적 한계가 존재한다. 보험사의 입장에서 사고 및 손해 데이터를 충분히 수집하지 못하게 되어, 단기적으로는 보험금 지급액을 줄이지만, 장기적으로는 실제 사고 발생 패턴과 리스크 요인을 체계적으로 분석하거나 맞춤형 예방 대책을 개발하는 능력이 저해된다. 즉, 보상구조에만 의존한 나머지,

보험사가 고유하게 확보해야 할 리스크 관리 역량과 데이터를 스스로 축소시키는 결과를 낳게 된다. 결국 단기적인 보험금 지급을 줄이는 데 급급하여 장기적인 리스크 관리의 기회를 스스로 없애는 교각살우(矯角殺牛)의 실수를 범하게 될 뿐이다.

더 복잡한 계약 설계로는 선택형 계약(menu of contracts) 방식이 있다. 여러 개의 서로 다른 공제액-보험료 조합을 제시하고 고객이 선택하게 하는 것이다. 위험도가 낮은 고객은 높은 공제액-낮은 보험료를 선택하고, 위험도가 높은 고객은 낮은 공제액-높은 보험료를 선택할 것이라는 가정이다. 이러한 방식은 이론적으로 자기선택(self-selection)을 통해 정보 비대칭성 문제를 완화할 수 있다고 여겨진다. 하지만 현실에서는 이 방식도 한계가 있다. 보험 상품의 복잡성으로 인해 최적의 선택을 하기가 어려웠고, 많은 고객들은 충분히 합리적으로 선택하지 않았다. 2000년대 초 미국 의료보험회사들이 20여 개의 복잡한 옵션을 고객에게 제시했을 때, 대부분의 고객들이 충분한 비교 검토 없이 첫 번째나 가장 저렴한 옵션을 선택했다(Einav & Finkelstein, 2011).

가장 근본적인 한계는 모든 전통적 계약 설계가 사후적(ex-post) 성격을 가진다는 점이다. 즉, 사고가 발생한 후의 보상 방식은 조정되고 있지만 사고 발생 자체를 예방하는 메커니즘은 부족했다. 인센티브도 간접적이고 지연된 형태였다. 예를 들어, 안전 운전을 해도 그 효과가 보험료에 반영되는 것은 1년 후였으며 할인 폭 역시 제한적이었다. 또한 전통적 계약은 획일적(one-size-fits-all) 접근법에 의존했다. 같은 위험 그룹에 속하는 모든 고객에게 동일한 계약 조건을 제시할 수밖에 없었다. 개별 고객의 특성이나 상황을 세밀하게 반영한 맞춤형 계약은 기술적으로나 경제적으로 불가능했다. 이는 보험회사와 고객 모두에게 최적이 아닌 결과를 가져왔다.

전통적 모델의 구조적 한계와 시장 실패

이러한 한계가 결합되면서 전통적 보험 시장에는 구조적 문제들이 누적되었다. 가장 심각한 것은 보험 불가능한 위험(uninsurable risks)들이다. 정보 비대칭성이 너무 심하거나, 도덕적 해이를 통제할 수 없거나, 위험들 간의 상관관계가 너무 높은 경우에는 아예 보험 상품을 출시할 수 없다.

예를 들어, 사업 실패 위험은 당사자가 가장 잘 알고 있고 노력 여하에 따라 결과가 크게 달라지기 때문에 보험이 불가능하다. 마찬가지로 실업 위험도 개인의 노력과 선택에 크게 의존하기 때문에 민간 보험 시장에서는 제대로 된 상품이 나올 수가 없다. 이런 위험들은 결국 정부가 사회보장의 형태로 개입할 수밖에 없었다.

크림 스키밍(cream skimming)¹ 문제도 심각했다. 보험회사들이 위험도가 낮은 고객만 선별적으로 유치하려 하면서, 정말 보험이 필요한 고위험 고객들은 보험에 가입하기 어려워지거나 터무니없이 높은 보험

| 크림 스키밍(Cream Skimming): 기업이 특정 시장에서 가장 수익성이 높은 '크림'에 해당하는 고객이나 부문만을 선별하여 공략하고, 수익성이 낮거나 비용이 많이 드는 부분은 외면하는 전략을 의미한다.

료를 부담해야 했다. 이는 보험의 사회적 기능인 위험 분산과 사회적 연대를 훼손하는 결과를 낳았다.

정보 수집 비용의 한계도 컸다. 개별 고객의 위험도를 정확히 파악하기 위해서는 막대한 비용이 든다. 의료검진, 신용조회, 과거 이력 조사, 전문가 평가 등에 드는 비용이 보험료 수입의 상당 부분을 차지했다. 특히 소액 보험의 경우 정보 수집 비용이 보험료보다 높아지는 경우도 있어서 시장 자체가 성립하지 않았다.

마지막으로, 전통적 모델에서는 동적 효율성(dynamic efficiency)이 부족했다. 시장 환경이나 기술이 변화해도 기존의 위험 분류 체계나 계약 설계를 바꾸는 데에는 오랜 시간이 걸렸다. 규제 당국의 승인 과정, 기존 시스템의 관성, 조직 내 저항 등으로 인해 혁신의 속도가 매우 느렸다. 이는 새로운 위험에 대한 대응력을 떨어뜨리고, 결과적으로 고객과 사회 전체의 후생을 감소시켰다.

2000년대 초까지만 해도 이런 한계들은 보험업의 태생적 숙명으로 여겨졌다. 정보 비대칭성과 도덕적 해이는 극복할 수 없는 근본적 문제라는 것이 업계의 정설이었다. 하지만 AI와 IoT[1] 기술의 등장으로 이러한 전제들이 흔들리기 시작했다. 170년 된 보험업의 경제학적 기반이 조금씩 재구성되고 있는 것이다.

---

[1] IoT(Internet of Things, 사물인터넷): 우리 주변의 다양한 사물에 센서와 통신 기능을 탑재하여 인터넷으로 연결하는 기술을 말한다. 이렇게 연결된 사물들은 서로 데이터를 주고받으며 스스로 상황을 인식하고, 사용자는 원격으로 상태를 확인하거나 제어할 수 있다.

리스크의 실시간화

보험사가 더 많은 것을 알게 될 때

전통적으로 고객은 자신에게 직면한 위험에 대해 보험회사보다 더 많이 알고 있었다. 하지만 AI의 등장으로 이제는 보험회사가 고객보다 고객의 위험을 더욱 잘 예측할 수 있게 되었다. 이는 200년 보험사상 최초로 일어나는 패러다임의 전환이다.

케임브리지 모바일 텔레매틱스(Cambridge Mobile Telematics)의 사례는 이를 잘 보여준다. 전 세계 3,500만 대의 차량에서 매일 2억 마일의 운전 데이터를 수집하는 이 시스템은 개별 운전자조차 모르는 자신의 위험 패턴을 실시간으로 분석한다. 운전자는 자신이 안전하게 운전하고 있다고 생각하지만, AI는 미세한 핸들 조작 패턴, 브레이크 압력의 변화, 가속 페달 사용 패턴을 통해 그의 실제 위험도를 더 정확히 파악한다.

특히 흥미로운 것은 운전자들 스스로도 인지하지 못하는 숨겨진 위험의 탐지와 발견이다. 예를 들어, 스마트폰 알림이 올 때 발생하는 미세한 속도 변화나, 피곤할 때 나타나는 차선 유지 패턴의 변화 등이다. 이런 신호들을 AI가 종합 분석하면 운전자 본인도 모르는 졸음운전이나 집중력 저하 상태를 감지할 수 있다.

건강보험 영역에서는 이 현상이 더욱 잘 나타난다. 애플워치나 핏빗(fitbit) 같은 웨어러블 기기가 수집하는 데이터는 사용자가 의식적으로 인지하지 못하는 건강 변화를 포착한다. 스탠퍼드 의대의 2024년 연구에 따르면, 심박수 변이성 패턴만으로도 스트레스 수준, 수면의 질, 심지어 우울증 위험까지 예측할 수 있다. 즉, 사용자 자신은 스스로 건강하다고 생각할지라도 AI는 데이터를 통해 3개월 후 건강 문제가 발생할 가능성을 예측할 수 있다는 것이다.

이러한 변화의 핵심은 연속적 모니터링(continuous monitoring)이다. 전통적으로는 보험 가입 시점의 일회성 정보(나이, 성별, 과거 이력)에 의존했다면, 이제는 24시간 365일 실시간으로 위험 상태가 업데이트된다. 동시에 이런 변화는 새로운 윤리적, 법적 문제를 야기한다. 보험회사가 고객보다 고객의 미래를 더 잘 안다면, 그 정보를 어떻게 사용해야 할까? 고객에게 미리 알려주어야 할까, 아니면 보험료 산정에만 활용해야 할까? 이는 정보 의무(information duty)라는 새로운 개념을 탄생시켰으며, 정보 우위에 있는 당사자가 상대방에게 어떤 의무를 져야 하는지에 대한 논의가 시작되게 되었다.

위험 분산에서 위험 예방으로

전통적 위험 분산은 사후적 손실 분담에 기반했다. 마치 품앗이나 계(契) 같은 상부상조(相扶相助) 모델로 사고가 발생한 후 그 손실을 가입자 전체가 나누어 부담하는 방식이었다. 하지만 실시간 모니터링 기술의 발달로 사전적 위험 예방이 가능해지면서 위험 분산의 개념 자체가 바뀌고 있다.

미국의 보험사인 스테이트팜의 팅(Ting) 센서 프로젝트가 대표적 사례다. 200만 개의 스마트 센서를 고객 가정에 무료 설치하여 전기 시스템을 24시간 모니터링한다. 이 센서들은 정상적인 전류 패턴에서 벗어나는 아크 폴트(arc fault) 현상을 감지하여 화재 발생 평균 7일 전에 경고를 보낸다. 결과적으로 화재 발생률이 감소했고, 스테이트팜은 보험금 지급액을 절약할 수 있었다.

| 정보 의무(information duty): 계약이나 거래 관계에서 정보가 더 많은 쪽이 상대방에게 중요한 정보를 정확하고 충분하게 제공해야 할 법적 또는 계약상의 책임을 의미한다. 이는 양 당사자 간의 정보 비대칭성을 해소하여, 정보가 부족한 쪽이 불리한 결정을 내리지 않도록 보호하기 위한 장치이다. 예를 들어, 금융 상품 판매자는 상품의 원금 손실 가능성 같은 위험 요소를 반드시 고객에게 명확히 설명해야 할 정보 의무를 가진다.

이는 위험 분산의 경제학을 근본적으로 바꾼다. 전통적 모델에서는 1천 가구 중 10가구에서 화재가 발생하면 그 손실을 전체 가입자가 분담했다. 하지만 예방 중심 모델에서는 위험 징후를 조기에 감지하여 실제 화재를 5건으로 줄일 수 있다. 이는 단순히 손실을 분담하는 것이 아니라 손실 자체를 줄이는 위험 감소의 개념이다.

자동차보험에서는 더욱 흥미로운 현상이 나타난다. 프로그레시브(Progressive) 보험사의 스냅숏(Snapshot) 프로그램에 참여하는 2,400만 운전자들의 운전 패턴이 서로 영향을 미치게 되는 네트워크 효과가 발생하는 것이다. 앱을 통해 다른 운전자들과 안전 운전 점수를 비교할 수 있게 되면서, 일종의 사회적 압력이 작동한다. '내 동료들은 모두 90점 이상인데 나만 75점이네'라는 인식이 행동 변화를 유도하는 것이다.

이는 행동경제학에서 말하는 사회적 규범의 활용이다. 사람들은 자신의 행동을 다른 사람들과 비교하여 조정하려는 성향이 있다. 프로그레시브는 이를 활용해 "당신 지역의 평균 안전 운전 점수는 87점입니다. 당신은 82점이군요"와 같은 메시지를 보낸다. 이런 피드백을 받은 운전자들의 위험 운전 행동이 감소한다는 연구 결과가 있다.

건강보험에서는 이러한 효과가 더욱 강력하게 작동한다. 남아프리카공화국에 본사를 둔 건강보험사 디스커버리(Discovery)의 바이탈리티(Vitality) 프로그램에 참여하는 가입자들은 가족이나 친구들끼리 운동량을 비교하고 경쟁할 수 있는 기능이 있다. 이번 주 걸음 수 순위에서 1위를 하면 스타벅스 쿠폰을 받는다는 식의 게임화(gamification)가 결합되면서, 개인의 건강 관리가 집단적 활동으로 강화된다.

건강 데이터를 활용할 수 없는 한국의 보험

존 스노우의 콜레라 지도를 보험사에서 만들어 고객의 건강을 진단한다면 불법일 가능성이 높다. 의료법 제27조의 의료인이 아니면 누구든지 의료행위를 할 수 없으며 의료인도 면허된 것 이외의 의료행위를 할 수 없다는 조항 때문이다.

1. 의료법이 만든 디지털 장벽

의료법 제27조는 의료인이 아닌 자의 의료행위를 엄격히 금지하고 있으며, 대법원은 의료행위를 "의학적 전문지식을 기초로 하는 경험과 기능으로 진찰, 검안, 처방, 투약 또는 외과적 시술을 시행하여 하는 질병의 예방 또는 치료행위 및 그밖에 의료인이 행하지 아니하면 보건위생상 위해가 생길 우려가 있는 행위"로 정의하고 있다. 이 광범위한 해석으로 인해 AI가 건강 데이터를 분석하여 질병 위험도를 예측하는 행위는 의료행위로 간주되어 3년 이하 징역 또는 5천만 원 이하의 벌금에 처해질 수 있다. 이 규정의 파괴력은 상상을 초월한다. 애플워치의 심박수 데이터를 분석해 건강상태를 추론하는 것도, 갤럭시워치의 수면 패턴을 종합해 질병 위험을 예측하는 것도, 심지어 국가건강검진 결과를 AI로 분석하여 미래 질병 가능성을 제시하는 것까지도 모두 의료행위로 간주된다. 보험사들은 가장 기본적인 건강 데이터조차 예측 모델에 활용할 수 없는 상황에 놓여 있다.

2. 중국이 앞서가는 이유

중국 핑안보험의 AI 의사 애스크밥이 보여주는 성과는 충격적이다. 국제 당뇨병 관리 경쟁에서 애스크밥은 92.4점을 기록했는데, 이는 6명의 내분비 전문의팀이 기록한 89.5점을 상회하는 수치다. 심혈관 질환 관리에서는 더욱 놀라운 결과를 보였다. 애스크밥이 97.7점을 기록한 반면, 베이징 안전병원과 베이징 우정병원, 베이징대 국제병원에서 파견한 심장내과 레지던트 의사들은 93.9점에 그쳤다. 이는 단순한 기술 과시가 아니다. 애스크밥은 현재 140만 명의 의사를 지원하고 있으며, 3,800만 건의 의학 저널을 학습하여 3만여 종의 질병에 대한 2만 가지 진단 경로를 개발했다. 핑안보험은 이러한 AI 기술을 바탕으로 헬스케어 생태계를 구축하여 연간 4억 명의 사용자에게 서비스를 제공하고 있다. 보험과 건강관리가 완전히 통합된 혁신적인 비즈니스 모델의 완성체다. 반면 한국에서 동일한 서비스를 시도한다면 어떻게 될까? AI 건강 상담은 무면허 의료행위로, 질병 예측 서비스는 형사처벌 대상으로, 개인별 건강 처방은 의료인만 가능한 행위다. 사전 예방 모델 구축은 꿈도 꿀 수 없다.

3. 가로막힌 혁신

바이탈리티 프로그램은 또 다른 차원의 혁신을 보여준다. 이 회사는 고객에게 애플워치를 최소 25달러에 제공하고, 월 500점 이상의 활동점수를 2년간 달성하면 추가 비용 없이 기기를 소유할 수 있게 한다. 운동량, 심박수, 수면의 질을 종합 분석하여 개인별 건강 위험도를 평가하고, 건강 개선 정도에 따라 보험료를 최대 30% 할인해 준다. 이 프로그램의 핵심은 데이터 기반 예측이다. 웨어러블 기기에서 수집된 생체정보를 AI가 실시간으로 분석하여 개인의 건강 상태를 평가하고, 이를 바탕으로 맞춤형 건강관리 서비스와 보험료 할인 혜택을 제공한다. 고객은 건강해질수록 더 많은 혜택을 받고, 보험사는 위험률 감소로 수익성을 개선하는 완벽한 선순환 구조다. 하지만 한국에서는 이 모든 것이 불가능하다. 심박수 분석은 의료행위로, 건강 위험도 평가는 진단행위로, AI 건강 조언은 의료상담으로 간주되어 의료법 위반에 해당할 가능성이 높다. 국내에서 교보라이프플래닛생명이 웨어러블 기기를 제공하여 보험상품을 판매하고 있으나, 단순히 걸음 수를 측정하여 포인트를 제공하는 수준에 그치고 있다.

4. 법이 만든 악순환의 고리

한국 보험업계는 구조적 악순환에 갇혀 있다. 건강 데이터 접근이 차단되니 예측이 불가능하고, 예측이 불가능하니 사후 보상만 가능하며, 사후 보상만 가능하니 고객 불만이 증가하고, 고객 불만이 증가하니 경쟁력이 저하되는 악순환의 고리에서 벗어날 수 없다. 보험업법상 '특별이익 제공' 조항도 발목을 잡는다. 보험계약 체결 시부터 최초 1년간 납입되는 보험료의 10% 또는 3만 원 중 적은 금액을 넘는 금품 제공이 금지되어 있어, 가치 있는 웨어러블 기기를 제공하는 것 자체가 법적 리스크가 된다. 반면 해외 보험사들은 완전히 다른 궤도를 달리고 있다. 건강 데이터를 수집하고, AI로 예측하며, 사전 예방 서비스를 제공하고, 보험료를 할인해 주고, 고객 만족도가 증가하면서 더 많은 데이터를 확보하는 선순환 구조를 완성했다. 데이터가 많을수록 예측 정확도가 높아지고, 예측 정확도가 높을수록 더 정교한 서비스를 제공할 수 있는 것이다.

5. 놓치고 있는 기회의 크기

한국이 놓치고 있는 기회의 크기는 어마어마하다. 우리나라는 세계 최고 수준의 IT 인프라와 전 국민 건강보험 시스템을 보유하고 있다. 이는 AI 기반 예방의학 발전에 이상적인 조건이다. 보건복지부 관계자도 "우리나라는 AI를 의료와 바이오에 접목시키기에 매우 좋은 여건이다. 건강보험도 잘 되어 있고 병원별 바이오뱅크도 갖춰졌다"고 인정한다. 하지만 현실은 정반대다. 법적 프레임워크와 기술에 대한 몰이해가 이러한 잠재력을 완전히 봉쇄하고 있다.

6. 변화의 시급성

AI 시대의 보험업은 사후 보상에서 사전 예방 모델로의 전환이 생존의 조건이다. 이를 위해서는 의료법 제27조에 대한 현실적 재해석이 필요하다. AI 기반 건강 예측과 전통적 의료행위를 명확히 구분하는 법적 기준을 마련해야 한다. 또한 보험업법도 건강증진을 목적으로 하는 웨어러블 기기 제공에 대해서는 특례를 인정해야 한다. 무엇보다 건강 데이터 활용의 사회적 효용성에 대한 국민적 공감대 형성이 시급하다. 개인정보 보호와 사회적 편익 사이의 균형점을 찾아야 한다.

한국 보험업계는 물론 헬스케어와 관련된 제반 산업 전체가 글로벌 경쟁에서 도태되지 않으려면, 기술혁신을 뒷받침할 수 있는 법제도 개선이 시급하다. 세계 최고의 디지털 인프라를 가진 나라가 20세기 법령에 발목 잡혀 21세기 혁신을 포기할 수는 없다. 안전과 혁신 사이의 균형점을 찾아, 국민의 건강과 보험업계의 미래를 동시에 보장할 수 있는 패러다임을 모색해야 할 때다.

실시간 인센티브와 동적 계약

실시간 모니터링 기술은 계약 설계의 시점에도 변화를 가져왔다. 전통적으로 보험 계약은 정적(static)이었다. 가입 시점에 조건이 결정되면 1년간 그대로 유지되었다. 하지만 이제는 동적 계약(dynamic contracts)이 가능해졌다. 고객의 실시간 행동에 따라 보험료나 보장 내용이 동적으로 조정되는 것이다.

프로그레시브의 스냅숏 프로그램을 보면 이를 알 수 있다. 과거에는 6개월간의 운전 데이터를 수집한 후 다음 계약 갱신 시에 보험료를 조정했다. 하지만 이제는 매월, 심지어 매일 보험료가 조정될 수 있다. 안전하게 운전한 날에는 즉시 크레디트를 받고, 위험 운전을 한 날에는 추가 크레디트가 부과된다. 유사한 사례로 미국의 보험사인 존핸콕의 건강보험은 더 나아가 마이크로 인센티브(micro-incentive) 시스템을 도입했다. 하루 1만 보를 걸으면 그날 밤 스타벅스 쿠폰을 받고, 일주일간 운동 목표를 달성하면 다음 주 보험료에서 할인을 받는 식이다. 이런 작은 보상들이 누적되어 연간 최대 600달러까지 절약할 수 있다고 한다. 여기서 중요한 것은 보상의 크기가 아니라 즉시성(immediacy)이다. 인간의 뇌는 먼 미래의 큰 보상보다 당장의 작은 보상에 더 강하게 반응한다.

하지만 이런 동적 계약에는 새로운 복잡성이 따른다. 계약 조건이 실시간으로 변하면 고객이 이를 모두 이해하고 추적하기 어렵다. 계약의 복잡성이 급증하면서 오히려 고객의 이해도가 떨어질 수 있다. 때문에 이를 해결하기 위해 AI 기반 계약 설명 시스템들 역시 개발되고 있다. 복잡한 계약 조건을 고객이 이해하기 쉬운 언어로 실시간 번역해 주는 것이다.

| 동적 계약(dynamic contracts): 계약 조건이 고정되어 있지 않고, 실시간 데이터나 특정 조건 변화에 따라 자동으로 조정되는 계약을 말한다. 예를 들어, 사물인터넷(IoT) 기기로부터 수집된 운전 습관 데이터를 기반으로 보험료가 매달 바뀌는 자동차보험이나, 기업의 성과에 따라 대출 이자율이 변동되는 계약이 이에 해당한다.

예방 서비스 생태계

치료에서 예방으로

건강보험 영역에서 일어나고 있는 변화는 보험의 경쟁 방식이 사후 조치에서 사전 예방으로 이동하고 있음을 보여준다. 중국 핑안(平安)의 사례가 이를 잘 보여준다. 2014년 회장 마밍저(马明哲)는 경영진 회의에서 우리는 더 이상 보험회사가 아니며 헬스케어 생태계를 구축할 것이라는 파격적인 발표를 했다. 당시만 해도 이는 무모한 도전으로 여겨졌다. 보험사가 의료 서비스까지 직접 제공한다는 것은 전례가 없었다.

하지만 마밍저의 비전은 명확했다. 고객이 아프면 보험금을 지급하는 것보다, 고객이 아프지 않도록 도와주는 게 더 좋은 비즈니스라고 생각한 그는 회사 전체를 헬스케어 플랫폼으로 전환하기로 결정했다.

2015년 출시된 핑안의 굿닥터(Good Doctor) 플랫폼은 의사 상담, 병원 예약, 약품 주문, 건강 관리까지 모든 것을 하나의 앱에서 해결할 수 있는 서비스였다.

초기에는 회의적인 시각이 많았다. 중국인들이 스마트폰으로 의사와 상담받는다는 것이 현실적이지 않다고 여겨졌다. 특히 나이 많은 사용자들은 화상통화로 어떻게 진료를 받느냐며 거부감을 보였다. 하지만 코로나19가 모든 것을 바꿔놓았다. 2020년 팬데믹 기간 동안 대면 진료가 어려워지자, 온라인 헬스케어 수요가 폭증했다. 굿닥터 플랫폼의 일일 상담 건수는 2019년 하루 평균 8만 건에서 2020년 80만 건으로 10배 이상 증가했다.

2024년 현재, 굿닥터 플랫폼의 등록 사용자는 5억 명에 달한다. 중국 인구의 대다수가 사용하는 셈이다. 자체 의료진 2,200명, 협력 의사 2만 명, 세계 10대 병원과의 파트너십을 보유하고 있다. 하루 90만 건의 상담이 이루어진다. 더 중요한 것은 이것이 단순한 온라인 진료를 넘어선 종합적인 건강 관리 생태계라는 점이다.

핑안의 또 다른 혁신은 AI 의사 애스크밥(AskBob)이다. 2016년 첫 출시된 애스크밥은 초기에는 단순한 증상 체크 수준이었다. "열이 나고 기침이 난다"고 입력하면 "감기일 가능성이 높습니다"라는 식의 답변을 제공했다. 하지만 7년간의 학습을 통해 애스크밥은 놀라운 수준까지 발전했다. 3천여 질병을 진단할 수 있으며, 심혈관 질환 진단에서는 인간 의사(93.9점)보다 높은 97.7점의 정확도를 보인다. 암 진단 정확도도 95.1%에 달한다. 더 놀라운 것은 애스크밥은 환자의 말

투와 표정까지 분석한다는 점이다. 음성 인식을 통해 환자의 호흡 패턴을 파악하고, 얼굴 인식을 통해 안색과 표정을 분석한다. 이를 통해 환자의 심리 상태까지 파악할 수 있다(Ping An, 2020).

핑안 헬스케어 생태계의 가치는 고객 확보와 유지에 있다. 핑안그룹 신규 금융 고객의 15~20%가 헬스케어 생태계를 통해 유입된다. 이는 기존 마케팅 비용을 크게 절약해 준다. 헬스케어 서비스를 이용하는 고객의 평균 계약 건수는 3.1개로, 미이용자(2.0개)보다 55% 많다. 자산운용규모(AUM)도 1만 위안으로 미이용자(5,600위안)의 거의 2배다. 가장 중요한 것은 고객 유지율이다. 헬스케어 서비스 이용 고객의 해지율은 2.3%로, 일반 고객(7.8%)의 3분의 1 수준이다(Mirae Asset Securities, 2021).

수익 다각화도 성공적이다. 더 이상 보험료 수입에만 의존하지 않는다. 의료 상담, 약품 배송, 건강 관리 서비스, 병원 플랫폼 수수료, 제약회사와의 제휴 수입 등이 새로운 성장 동력이 된 것이다. 핵심은 이것이 단순한 부가 서비스가 아니라는 점이다. 핑안의 CFO 야오보(姚波)는 헬스케어 서비스를 통해 고객의 건강 상태를 실시간으로 파악할 수 있어 보험료 산정의 정확도가 크게 상승한다고 설명한다.

이런 변화는 건강보험의 경제학을 근본적으로 바꾼다. 전통적 모델에서는 1천 명의 가입자 중 100명이 입원할 것을 예상하고 보험료를 책정했다. 하지만 예방 중심 모델에서는 조기 진단과 예방적 개입을 통해 실제 입원을 60건으로 줄일 수 있다. 이는 단순히 100건의 의료비를 1천 명이 분담하는 것이 아니라, 의료비 지출 자체를 40% 줄이는 가치 기반 헬스케어 모델(value-based healthcare)의 실현이다.

파트너십 생태계

독일의 보험사 알리안츠(Allianz)의 접근법은 또 다른 혁신 모델을 보여준다. 2019년부터 영국에서 시작된 이들의 실험은 단일 회사가 모든 것을 내재화하는 것이 아니라, 12개 파트너사와의 복잡한 오케스트레이션을 통해 통합적인 예방 서비스를 제공하는 것이다. 이는 생태계 오케스트레이터(ecosystem orchestrator) 모델의 대표적 사례다.

파트너사들은 각각 고유한 전문성을 가지고 있다. 차량관리 솔루션 기업인 라이프풋(Lightfoot)은 실시간 운전 코칭을, 지도 및 위치 정보 기술 기업 히어테크놀로지스(HERE Technologies)는 실시간 교통 데이터와 도로 위험 정보를, 엔지니어링 기업인 보쉬(Bosch)는 엔진, 브레이크, 타이어 상태 등의 차량 진단 데이터를, 부품 제조업체인 콘티넨탈(Continental)은 타이어 공기압 모니터링을, 네덜란드의 내비게이션 기술 기업 톰톰(TomTom)은 내비게이션 최적화와 교통 체증 회피를 담당한다. 이스라엘의 첨단 운전자 지원시스템(ADAS) 개발 기업인 모빌아이(Mobileye)는 충돌 위험 예측과 ADAS 데이터를, 차량 무선인터넷 서비스 기업 케임브리지 모바일 텔레매틱스(Cambridge Mobile Telematics)는 운전 행동 분석을 제공한다.

각 파트너사의 데이터를 통합해 고객에 대한 360도 리스크 프로필을 만드는 것이 알리안츠의 핵심 전략이다. 예를 들어, 한 고객이 위험한 도로(히어테크놀로지스의 데이터)에서 타이어 공기압이 낮은 상태(콘티넨탈의 데이터)로 졸음운전 패턴(케임브리지 모바일 텔레매틱스의 데이터)을 보이면, 즉시 종합적인 경고와 대안을 제시한다. "내비게이션을 안전한 경로로 변경하시겠습니까?", "근처 주유소에서 타이어 공기압을 점검하세요", "졸음 쉼터에서 15분 휴식을 권합니다" 같은 실시간 안전 코칭이 가능해진 것이다.

하지만 이처럼 여러 회사의 데이터를 통합하는 것은 기술적으로 매우 복잡하다. 각 회사마다 데이터 형식, 업데이트 주기, API 구조가 다르기 때문이다. 예를 들어, 교통 데이터는 1분 간격으로 업데이트되지만, 타이어 데이터는 10분 간격으로 업데이트된다고 생각해 보자. 동시에 운전 점수는 실시간으로 계산되지만, 차량 진단 결과는 하루에 한 번씩 전송된다고 생각해 보자. 이 모든 데이터를 동기화해서 의미 있는 인사이트를 만들어 내는 건 정말 어렵다.

알리안츠는 이 문제를 해결하기 위해 자체 데이터 플랫폼을 구축했다. 아마존 웹서비스(AWS)의¹ 클라우드를 기반으로 실시간 데이터 처리가 가능한 시스템이다. 머신러닝 알고리즘이 서로 다른 시점의 데이터들을 종합해 위험도를 계산한다.

---

1 아마존 웹서비스(Amazon Web Service, AWS): 아마존(Amazon)이 제공하는 세계 최대의 클라우드 컴퓨팅 플랫폼.

생태계 구축 딜레마: 연결할수록 불법, 분리할수록 무의미

2024년 보험산업 전망에 따르면 보험산업의 디지털 전환 수준은 코로나19 이후 제고되었으나, 사업모형 전환을 통한 경쟁력 강화를 위해서는 디지털 전환 고도화, 디지털 보험 활성화, 금융 소비자 보호 등 다양한 과제를 해결해야 한다고 분석된다. 특히 플랫폼의 보험상품 비교추천 서비스에 대응하여 보험회사는 상품 혁신, 판매 전문성 강화를 통해 소비자와 긍정적 관계를 형성해야 한다는 과제가 제기되고 있다. 하지만 글로벌 보험업계가 생태계 중심의 통합 서비스로 전환하는 동안, 한국 보험업계는 개인정보보호법의 엄격한 제약으로 인해 근본적인 딜레마에 직면해 있다. 다양한 파트너사와의 협력을 통한 생태계 실행 능력이 미래 보험업의 핵심 경쟁력임에도 불구하고, 한국에서는 이러한 생태계 구축이 거의 불가능한 상황이다.

1. 개인정보보호법의 '목적 외 사용 금지' 원칙이 만든 장벽

한국의 개인정보보호법은 수집 목적과 이용 목적을 엄격히 일치시켜야 한다는 '목적 외 사용 금지' 원칙을 핵심으로 한다. 보험 가입 목적으로 수집된 데이터는 보험 서비스 외 다른 목적으로 사용할 수 없다는 이 원칙이 생태계 구축의 근본적 장벽이 되고 있다. 실제 제약 사례들을 살펴보면 그 심각성을 알 수 있다. 첫째, 자동차보험과 카셰어링의 연동이 불가능하다. 프로그레시브의 스냅숏 프로그램은 운전자의 실제 운전 패턴 데이터로 보험료를 산정하며, 평균적으로 고객들이 연간 322달러의 절약 효과를 얻고 있다. 하지만 한국에서는 카셰어링 앱의 운전 데이터를 보험사가 활용하려면 별도 동의가 필요하여 통합 서비스가 불가능하다. 둘째, 건강보험과 피트니스 앱의 연동이 제약받는다. 최근 한 생명보험사가 이용자가 운동을 하면 금전적인 보상을 받는 M2E(Move to Earn) 앱과 임베디드 보험을 결합해 운동 중 발생할 수 있는 골절, 깁스 등의 보험 혜택을 제공하는 사례가 있지만, 이마저도 피트니스 앱 데이터를 보험사가 받으려면 '개인정보 제3자 제공' 별도 동의가 필요하고, 매번 운동할 때마다 데이터 전송 동의가 필요한 복잡한 구조다. 셋째, 화재보험과 스마트홈 IoT의 연동이 한계를 보인다. 해외에서는 네스트(구글) 연기감지기와 연동한 스테이트 팜 보험처럼 IoT 기기와 연동한 사전 예방 서비스가 활발하지만, 한국에서는 IoT 기기별로 개별 개인정보 수집·이용 동의가 필요하고 가족 구성원 각각의 개별 동의까지 받아야 하는 복잡함 때문에 실효성이 떨어진다.

2. 동의 피로감(Consent Fatigue)과 서비스 포기의 악순환

생태계 서비스를 이용하려면 고객이 수십 개의 개별 동의를 해야 한다. 예를 들어, 스마트 자동차보험 가입 시 필요한 동의들은 다음과 같다:
- 자동차보험 개인정보 수집·이용(필수)
- 텔레매틱스 기기 위치정보 수집(필수)
- 운전 패턴 분석을 위한 민감정보 처리(선택)
- 파트너 정비업체 정보 제공(선택)
- 긴급출동 서비스 위치정보 제공(선택)
- 교통정보 앱과의 데이터 연동(선택)
- 마케팅 활용 동의(선택)
- 제3자 제공 동의(선택)

텔레매틱스 보험은 집적된 데이터로 피보험자의 운전거리, 운전형태 등을 활용해 위험을 차별화하는 상품으로, 주행거리뿐 아니라 운전습관, 운전지역 정보 등을 통한 추가적인 서비스를 제공할 수 있고, 보험료 산정의 정확도가 상승하며 저위험의 운전자 유치가 가능하다는 점이 장점이지만, 단점은 개인정보 보호 우려라고 지적되고 있다. 결과적으로 고객의 80% 이상이 복잡함을 이유로 포기하거나 최소한의 기본 서비스만 선택하는 현상이 나타나고 있다.

3. 해외와 한국의 극명한 차이

독일 알리안츠와 같은 글로벌 보험사들은 하나의 앱에서 자동차보험, 건강관리, 홈시큐리티를 통합 관리하고, 파트너 데이터의 자동 연동으로 유기적인 사용자 경험을 제공하며, 위험도 감소에 따른 실시간 보험료 조정까지 가능하다. 반면 한국 보험사의 분절된 생태계는 자동차, 건강, 재산보험이 각각 별도 앱으로 운영되고, 파트너 서비스 이용 시마다 개별 동의 절차를 거쳐야 하며, 데이터 통합 분석이 불가능하여 개인화 서비스가 제한되는 구조다.

4. 생태계 효과 실현 불가의 악순환 구조

보험연구원의 조사에 따르면, 글로벌 보험 시장에서 임베디드 보험시장의 가치는 2025년까지 약 700억 달러 이상이 될 것으로 예상되는 상황에서, 한국 보험업계만 이러한 트렌드에서 소외되고 있는 것이다. 공급자 중심의 보험 상품에서 수요자 중심의 보험 상품 확대로 합리적 소비와 가성비 중시, 일상생활에서의 리스크 보장 등 보험 소비의 새로운 트렌드가 출현하여 수요자 주도적 상품이 부각되고 있으며, 임베디드 보험, 소액단기 보험, 맞춤형 보험 등이 주목받고 있다. 또한 디지털 차량공유 플랫폼 업체와 파트너십을 맺어 케냐와 우간다의 긱(gig) 경제 근로자 7만 명 이상에게 생명 및 건강보험 상품을 판매하는 사례처럼, 해외에서는 플랫폼과 보험의 결합이 이미 현실화되고 있다.

5. 해결 방안과 제언

한국 보험업계의 생태계 구축 딜레마를 해결하기 위해서는 법 제도적 개선이 시급하다. 첫째, 보험업 특성을 고려한 개인정보보호법의 예외 조항 신설이 필요하다. 보험업의 위험 분산과 예방 서비스 제공이라는 공익적 목적을 고려하여, 고객 동의 하에 관련 데이터의 활용 범위를 확대할 수 있는 법적 근거를 마련해야 한다. 둘째, 포괄적 동의(Umbrella Consent) 제도의 도입을 검토해야 한다. 개별 서비스마다 동의를 받는 현행 방식 대신, 생태계 전체 서비스에 대한 포괄적 동의를 받되, 고객이 언제든 세부 항목별로 동의를 철회할 수 있는 유연한 시스템이 필요하다. 셋째, 규제 샌드박스의 확대 적용이 필요하다. 70% 이상의 보험사가 디지털 신기술을 활용해 새로운 상품·서비스를 개발한 경험이 있으며, 코로나19 이후에는 AI, 클라우드, 빅데이터 등에 대한 활용도가 높아지고 있다는 현실을 감안할 때, 보험업계의 생태계 구축 실험을 위한 규제 완화 구역을 확대해야 한다.

파라메트릭 보험: 만물의 금융화

가장 혁신적인 변화 중 하나는 파라메트릭 보험(parametric insurance)의 확산이다. 전통적 보험은 실제 손실을 보상하는 방식이었다. 화재가 발생하면 손해사정사가 현장을 조사하고 실제 피해액을 산정한 후 보험금을 지급했다. 하지만 파라메트릭 보험은 객관적 지표에 기반한다. 특정 조건(예: 풍속 50m/s 이상, 지진 규모 6.0 이상, 적설량 50cm 미만)이 충족되면 손실의 정확한 산정 없이도 사전에 정의된 금액을 자동으로 지급한다.

오스트리아 알프스의 스키장 사례가 이를 잘 보여준다. 최근 수십 년간 유럽 알프스 지역에서는 겨울 평균 기온이 상승하면서 자연 적설량이 지속적으로 감소하고 있다. 이에 따라 오스트리아의 대표적 스키장들은 기후 위험에 대응하기 위해 파라메트릭 보험(스노우 옵션)을 도입했다(Ballotta et al., 2020). 이 상품은 스키장 운영에 필요한 일일 적설량이 30cm 미만으로 떨어질 경우 또는 한 시즌 내 100일 이상 30cm 적설이 유지되지 못하는 경우를 트리거로 설정해 자동으로 보상금을 지급한다.

측정 방식도 정교하다. 독립적인 기상 관측소 데이터를 기반으로 일일 적설량이 트리거 기준에 미달하면 서류와 별도의 손실 증명 없이 보험금 혹은 옵션의 보상액이 지급된다. 실제로 최근 기온 상승과 적설량 감소로 인해 유럽 알프스 다수 스키장이 정상 개장에 어려움을 겪고 있으며, 이러한 파라메트릭형 상품에 가입한 스키장들은 매출 손실의 일정 비율을 보전받는 효과를 경험하고 있다.

기후 변화로 인해 눈이 충분히 오지 않을 경우, 보험금으로 인공 눈 제조기 가동 확대를 비롯한 대체 관광 프로그램 개발 등 다양한 대응 전략을 펼칠 수 있게 되었으며, 이 성공 사례는 프랑스, 스위스 등 다른 알프스 국가 스키장들까지 파라메트릭 보험 및 유사 상품을 도입하는 계기가 되고 있다(Steiger & Scott, 2020).

농업 분야에서 파라메트릭 보험의 혁신은 더욱 주목받고 있다. 인도의 대표적 사례로 IFFCO-Tokio와 ICICI Lombard 등 보험사들이 도입한 몬순 강우량 인덱스 보험이 있다. 이 보험 상품은 주요 작물 재배기의 주요 단계마다 누적 강수량이 특정 기준보다 부족하면 자동으로 보험금이 지급되는 구조로 설계되어 있다. 예를 들어, 계약기간 (주로 6~9월 몬순기) 동안 누적 강수량이 설정된 '스트라이크 레벨' 미만일 경우 결손 강수량당 일정 금액이 지급되고, 극심한 강우 부족 시 더 높은 보상금이 지급된다. 보험료는 비교적 저렴하며, 정부 및 민간 유통망을 통해 다수 소농가에 공급되고 있다(Giné et al., 2010).

세계은행과 국제식량정책연구소(IFPRI)가 추진하는 지수기반 가축보험(Index-Based Livestock Insurance, IBLI)[I] 프로그램은 케냐, 에티오피아, 소말리아, 세네갈 등 아프리카 지역에서 크게 확산되었으며, 2023년 기준 90여 개 보험구역에서 운영되고 있다. IBLI의 원리는 인공위성이 측정한 식생지수(Normalized Difference Vegetation Index, NDVI)[II]가 일정 수준 이하로 떨어질 경우 자동으로 보험금이 지급되는 방식이다. 목축업자들은 실제 가축 피해 여부를 일일이 확인하지 않고도, 위성 데이터에 따라 즉각적인 보상을 받아 사료 구입과 가축 이동 등에 활용할 수 있다. 최근 케냐, 에티오피아, 소말리아, 세네갈 등지에서 수십

[I] 지수기반 가축보험(Index-Based Livestock Insurance, IBLI): 가축의 폐사나 질병 같은 직접적인 손실을 보상하는 대신, 가뭄 지수나 사료 가격 지수와 같이 사전에 정한 객관적인 지표가 특정 기준을 충족할 때 약속된 보험금을 지급하는 방식의 보험

[II] 식생지수(Normalized Difference Vegetation Index, NDVI): 위성이나 드론으로 촬영한 영상 데이터를 이용해 식물의 건강 상태와 밀도를 측정하는 대표적인 지표. 식물의 엽록소가 흡수하는 적색광과 반사하는 근적외선의 차이를 공식에 대입하여 계산하며, 이 값이 1에 가까울수록 식생이 건강하고 울창하다는 것을 의미한다. 이 지수는 농작물 생육 상태 모니터링, 가뭄 및 산불 피해 분석 등 다양한 분야에 널리 활용된다.

만 이상 농가가 해당 보험 상품을 이용 중이다(Gehring & Schaudt, 2024).

디지털 경제의 성장으로 기업들이 클라우드 서비스에 점점 더 의존하게 되면서, 클라우드 중단과 같은 새로운 위험에 대한 주목이 커지고 있다. 이러한 위험을 관리하기 위한 방법으로 최근 몇 년 사이에 파라메트릭 보험이 등장했다. 예를 들어, 클라우드 서비스의 중단이 발생하면, 실제 손실액 산정 절차 없이 즉시 지급이 이뤄지는 구조다(Woods & Wolff, 2025).

클라우드 다운타임 보험은 아마존, 마이크로소프트, 구글 등이 운영하는 주요 서비스를 대상으로 설계되고 있으며, 서비스가 정해진 시간 이상 중단되면 자동으로 보험금이 지급되는 구조다. 2024년 크라우드 스트라이크(CrowdStrike) 소프트웨어에서 발생한 오류로 인해 전 세계적으로 막대한 규모의 IT 장애가 발생하였다. 이 사태는 항공, 금융, 언론, 의료 등 다양한 산업에 걸쳐 심각한 혼란을 초래하여 역대 최악의 IT 대란 중 하나로 기록된 바가 있다. 이처럼 클라우드 서비스 및 IT 인프라의 장애로 전 세계 주요 산업이 영향을 받는 사례가 늘어나면서, 파라메트릭 방식의 보험이 큰 의미를 갖는다. 실제로 보험 산업 및 학계는 파라메트릭 상품이 전통보험 대비 신속하고 투명한 지급 구조, 단순한 설계, 명확한 지급 조건 등에서 차별화된 이점을 가진다는 점을 분석하고 있다(Kousky et al. 2021).

| 크라우드 스트라이크(CrowdStrike): 클라우드를 기반으로 제공되는 보안 솔루션으로, 전통적인 백신 프로그램을 넘어 기업의 서버, 노트북, 데스크톱 등 모든 단말기(엔드포인트)를 보호하는 데 중점을 둔다. 이 소프트웨어는 인공지능(AI)과 전 세계 사용자들로부터 수집한 위협 정보를 활용하여, 알려지지 않은 신종 랜섬웨어나 해킹 공격까지 실시간으로 탐지하고 차단한다.

이런 변화는 만물의 금융화(financialization of everything)라는 새로운 현상을 낳고 있다. 과거에는 보험이 될 수 없었던 것들이 측정 가능해지면서 거래 가능한 금융 상품으로 변환되고 있다. 날씨, 지진, 눈의 양, 클라우드 서비스 가동률, 심지어 소셜미디어 트렌드까지도 보험의 대상이 될 수 있다. 이는 보험업의 경계를 크게 확장시키고 있다.

기후 변화 시대, 데이터 생태계 개선 방안

기후 변화로 인한 극한기상이 일상화되면서 전 세계 보험업계는 혁신적 해답을 찾고 있다. 전 세계 파라메트릭 보험 시장 규모는 2023년 14.8억 달러에 달하며, 2024년과 2032년 사이에 11.5% 이상의 연평균 성장률을 기록할 것으로 예상된다. 이는 기존 손해사정 방식의 한계를 뛰어넘어, 미리 합의된 기상 조건이 충족되면 즉시 보험금을 지급하는 혁신적 보험 모델이다. 한국도 이 흐름에서 예외가 아니다. 2021년 기준 농작물재해보험의 보험료 규모는 약 7천억 원으로, 이 중 일부가 파라메트릭 방식으로 운영되고 있으며, 날씨보험의 경우 2020년 기준 약 100억 원 규모의 시장을 형성하고 있다. 정부도 2027년까지 농작물재해보험 가입률을 70%까지 확대하고 파라메트릭 방식 적용 품목을 늘린다는 계획이다.

1. 데이터 접근성의 현실과 개선 필요성

기후 변화 시대에 파라메트릭 보험의 핵심은 정확하고 신속한 기상 데이터다. 그런데 한국의 기상 데이터 생태계는 여전히 개선 여지가 크다. 현재 우리나라 예보 모델은 세계 6위 수준으로 결코 낮지 않지만, 민간의 혁신적 활용에는 제약이 있는 상황이다. 해외 사례를 보면 상황이 다르다. 아큐웨더는 수치예보모델과 미 항공우주국(NASA), 각 국가 기상청 등의 자료를 통합해 재구성하며, 윈디닷컴의 경우 수치예보모델과 각종 레이더 자료를 별다른 분석 없이 있는 그대로 이용자들에게 제공하고 있다. 이용자가 ECMWF, GFS, ICON 등 각 모델을 직접 선택할 수 있도록 하여 데이터의 투명성과 접근성을 높이고 있다. 반면 한국은 기상청 중심의 체계가 유지되고 있다. 가장 큰 차이점은 컴퓨터가 계산한 수치를 그대로 예보에 반영하는 유럽과 달리, 우리나라는 예보관의 판단이 개입된다는 점이다. 이는 질적 관리 측면에서는 장점이 있지만, 민간의 다양한 활용 모델 개발에는 제약으로 작용할 수 있다.

2. 파라메트릭 보험 발전을 위한 과제

현재 한국의 파라메트릭 보험은 주로 농작물 분야에 집중되어 있다. 과수작물의 경우 특정 온도 이하로 내려가면 자동으로 보험금이 지급되고, 태풍보험은 중심기압이 특정 수준 이하로 떨어지면 보상이 이루어진다. 하지만 이런 단순한 지표 기반 모델을 넘어서려면 더 정교한 데이터 활용이 필요하다. 특정 피해 발생 대신 사전에 정한 지표가 특정 조건에 이를 경우 보험금이 자동으로 지급되는 파라메트릭 보험의 활용도가 확대되고 있으며, 자연재해뿐 아니라 사이버 공격이나 클라우드 장애로 인한 서비스 중단 등까지 기준을 넓힐 수 있다. 이를 위해서는 기상 데이터뿐만 아니라 IoT 센서, 위성 데이터, AI 분석 등 다양한 기술의 융합이 필요하다.

3. 혁신 생태계 조성을 위한 제언

첫째, 기상 데이터의 민간 활용 확대가 필요하다. 현재도 해외 기상 서비스들이 한국에서 운영되고 있지만, 국내 기업들이 글로벌 수준의 기상 서비스를 개발할 수 있도록 데이터 접근성을 높여야 한다. 공공데이터의 개방성과 품질을 동시에 확보하는 방향으로 정책을 개선해야 한다. 둘째, 기상 예측의 정확도 향상을 위한 투자가 지속되어야 한다. 기상청 관측 지점을 현재 700여 개에서 1천 개, 2천 개로 늘리고, 예보관의 업무 과중을 해결하기 위한 인력 확충이 필요하다는 전문가 지적에 주목해야 한다. 셋째, 민관 협력을 통한 기후테크 생태계 육성이 중요하다. IBISA는 아시아와 아프리카의 파라메트릭 보험을 확장하기 위해 300만 달러를 모금했으며, 이는 기후 변화의 영향을 완화하기 위한 저렴하고 접근 가능한 파라메트릭 보험 솔루션에 대한 수요를 증가시키고 있다. 한국도 이런 글로벌 흐름에 적극 참여해야 한다.

기후 변화가 가속화될수록 정확하고 신속한 기상 정보의 중요성은 더욱 커진다. 파라메트릭 보험은 기후 리스크에 대응하는 혁신적 도구로 자리 잡을 잠재력이 충분하다. 하지만 이를 실현하려면 데이터 생태계의 개선, 기술 투자의 확대, 민관 협력의 강화가 필요하다.

보험업의 재편

데이터: 추론에서 관찰로

보험업에서 일어나고 있는 가장 근본적인 변화 중 하나는 데이터의 성격이 완전히 바뀌고 있다는 점이다. 전통적으로 보험회사가 가진 데이터는 추론적(inferential) 성격이 강했다. 고객의 나이, 성별, 거주지, 직업, 과거 이력 등 정적인 정보를 바탕으로 위험도를 추정해야 했다. 25세 남성 운전자라는 정보만으로 그의 실제 운전 실력이나 안전 의식을 짐작할 뿐으로, 본질적으로 간접적인 관찰이었다.

하지만 IoT와 웨어러블 기술의 발전으로 이제는 직접적 관찰(direct observation)이 가능해졌다. 이런 변화의 경제적 의미는 매우 크다. 정보경제학의 아버지로 불리는 조지 스티글러(George Stigler)는 정보의 가치를 불확실성을 줄이는 정도로 정의한다. 전통적 보험에서는 개별 고객의 실제 위험도에 대한 불확실성이 매우 컸다. 같은 위험 그룹으로 분류된 고객들 사이에도 실제 위험도에는 매우 큰 차이가 있을 수 있다. 하지만 실시간 모니터링을 통해 이런 불확실성이 크게 줄어들었다(Stigler, 1961).

앞서 언급한 스테이트팜의 화재 센서 사례를 보면, 과거에는 40년 된 주택이라는 정보만으로 화재 위험을 추정해야 했다. 하지만 이제는 전기 시스템의 실제 상태를 24시간 모니터링하고 화재 발생 전에 위험을 예측할 수 있다. 단순히 현재 상태를 아는 것이 아니라 미래 위험을 예측할 수 있는 데이터다.

건강보험에서는 이런 변화가 더욱 극명하다. 전통적으로는 연간 건강검진 결과라는 마치 특정 순간의 단면과 같은 저량(貯量, stock) 정보에 의존했다. 하지만 애플워치나 핏빗 같은 웨어러블 기기는 심박수, 수면 패턴, 활동량을 24시간 365일 연속으로 측정해 유량(流量, flow) 정보를 제공한다. 이는 마치 영화와 사진의 차이와도 같다.

판단: 판매자에서 컨설턴트로

AI와 빅데이터 기술의 발전은 보험사의 사업 모델뿐만 아니라 보험설계사의 역할도 근본적으로 변화시키고 있다. 전통적으로 보험설계사는 정보 전달자의 역할에 머물러 있었다. 회사에서 정해준 보험 상품의 내용을 고객에게 설명하고 가입을 유도하는 것이 주된 업무였다. 하지만 AI 시대의 보험설계사는 다른 역할을 수행하게 될 것이다. 이들은 AI가 분석한 고객의 종합적인 위험 프로필을 바탕으로 개인 맞춤형 솔루션을 설계하는 리스크 컨설턴트로 진화하고 있다. 단순한 상품 판매가 아닌, 고객의 전체 라이프사이클을 아우르는 종합적인 위험 관리 파트너 역할을 담당하게 될 것이다.

중국의 핑안 보험은 이러한 변화를 선도적으로 실현한 대표적 사례다. 35세 남성 소프트웨어 엔지니어가 상담을 요청하면, AI 시스템이 그의 직업적 특성과 생활 패턴을 다각도로 분석한다. 웨어러블 기기와 신용카드 사용 내역, 가족력, 운전 습관 등에서 수집된 데이터를 통해 현재의 건강 상태와 미래 위험을 예측하는 것이다. 분석 결과 IT 업계의 높은 스트레스와 부족한 수면, 운동 부족으로 인해 10년 후 고혈압과 당뇨병 발병 확률이 상당히 높다고 예측되었다. 설계사는 이러한 AI 분석을 바탕으로 단순한 보험 상품 판매를 넘어선 종합적인 라이프케어 솔루션을 제안한다. 예상되는 질병에 특화된 보험 상품과 함께 생활 습관 개선을 위한 건강 관리 프로그램, 그리고 고객의 생애 주기를 고려한 장기 재무 설계까지 아우르는 통합 서비스를 제공하는 것이다(Ping An, 2025).

AI 시대에 설계사의 정보 중개자 역할은 오히려 더욱 중요해졌다. 그 이유는 AI가 생성하는 복잡하고 방대한 분석 결과를 고객이 이해하고 의사결정에 활용할 수 있도록 돕는 것이 새로운 핵심 부가가치가 되었기 때문이다. 복잡한 데이터를 고객 친화적인 형태로 가공하고, 개인의 상황과 선호도에 맞게 해석해 주는 능력이 AI 시대 설계사의 차별화 요소가 된 것이다. 핑안의 사례에서 나타난 구체적 성과를 보면, 설계사 1인당 연평균 계약액이 증가했고, 고객 유지율도 향상되었다. 더 중요한 것은 고객 만족도의 상승인데, AI 기반 컨설팅을 받은 고객들의 순수 추천 지수(NPS)는 전통적 상담을 받은 고객들보다 더 높았다. 이는 고객들이 설계사를 단순한 보험 판매원이 아닌 개인 리스크 관리 파트너로 인식하기 시작했음을 보여준다(Selvadurai and Huang, 2025).

그러나 이러한 긍정적 변화의 이면에는 업계 전체가 직면한 심각한 구조적 도전이 존재한다. 컨설턴트로의 전환은 설계사들에게 전혀 다른 차원의 역량을 요구한다. 복잡한 AI 분석 결과를 이해하고 활용하는 데이터 해석 능력, 건강과 재정, 라이프스타일 전반에 대한 생활 습관 상담 역량, 고객의 전체 라이프사이클을 아우르는 장기 재무 설계 능력 등이 필수가 되었다.

문제는 수십 년간 관계 중심의 대면 영업에 의존해 온 기존 설계사 인력의 역량과 교육 수준이 새로운 시대의 요구와 극심한 격차를 보인다는 점이다. 보험사들이 대대적인 재교육 프로그램을 도입하더라도 그 효과는 제한적일 수밖에 없다. 단기간의 교육으로 데이터 분석이나 종합적 컨설팅 역량을 체화하기는 거의 불가능하며, 이는 재교육의 구조적 한계를 드러내고 있다.

---

1   순수 추천 지수(Net Promoter Score, NPS): 이는 고객 충성도를 측정하는 대표적인 지표로 "우리 회사(또는 제품)를 친구나 동료에게 얼마나 추천하고 싶으신가요?"라는 질문을 통해 측정된다. 고객을 추천 의향에 따라 비추천 고객, 중립 고객, 추천 고객으로 나눈 뒤, 추천 고객의 비율(%)에서 비추천 고객의 비율(%)을 빼서 점수를 산출한다.

결과적으로 새로운 시대에 적응하는 소수의 고역량 컨설턴트와 그렇지 못한 다수의 설계사 간에 소득 및 기회의 극심한 양극화가 발생할 것이다. 이에 따라 기존 인력 중 상당수가 시장에서 도태될 수 있다는 냉혹한 현실 역시 업계 전반에 자리 잡고 있다. 이러한 변화는 단순히 개별 설계사의 역할 변화를 넘어서, 보험사의 전체 채널 전략에 대한 근본적 재검토를 요구한다. 과거 채널 전략의 핵심 질문이 어떻게 하면 더 많은 설계사를 통해 더 많은 상품을 팔 것인가라는 판매 중심의 관점이었다면, 이제는 어떤 고객에게, 어떤 가치를, 어떤 최적의 경로로 전달할 것인가라는 가치 중심의 질문으로 패러다임이 완전히 전환되었다.

이는 기존의 단일 대면 채널에 의존하던 방식을 폐기하고, 고객과 상품의 특성에 따라 다각화된 가치 전달 경로를 설계하는 멀티트랙 전략으로의 전면적인 전환을 의미한다. 고복잡도 상품의 경우 AI 기반 고급 컨설턴트를 통한 대면 채널을, 중복잡도 상품은 디지털 플랫폼과 전문 상담사의 하이브리드 채널을, 저복잡도 상품은 완전 디지털화된 셀프서비스 채널을 활용하는 방식이다. 하지만 이러한 멀티트랙 전략으로의 전환은 필연적으로 거대한 내부 저항에 직면한다. 과거 대면 채널 유지에 투입되던 막대한 자원을 기술 개발과 소수 정예 컨설턴트 육성에 재분배하는 과정은, 그 역할이 축소되어 가는 기존 영업 조직과의 고통스러운 갈등을 수반할 수밖에 없다. 이 내부의 정치적 저항을 어떻게 관리하고 변화의 동력을 잃지 않느냐가 혁신 성공의 관건이 될 것이다.

미래의 채널 전략은 단순히 판매망을 관리하는 것을 넘어서, 고객 가치를 전달하는 다양한 경로를 유연하게 설계하고 조율하는 오케스트레이션의 개념으로 진화할 것이다. 보험사의 생존과 성장은 더 이상 상품 경쟁력이 아닌, 이 복잡한 가치 전달 생태계를 얼마나 효과적으로 설계하고 운영할 수 있느냐에 달려 있다. 이 도전적 과제의 성공 여부가 미래 보험사의 운명을 결정하게 될 것이다.

실행: 단일 기업에서 생태계 조절자로

보험업에서 가장 혁명적인 변화는 조직 실행 방식이다. 전통적으로 보험회사는 모든 것을 내부에서 처리하려 했다. 언더라이팅, 손해사정, 마케팅, 고객 서비스까지 모든 기능을 자체적으로 보유했다. 이는 수직 통합(vertical integration) 모델이었다. 하지만 예방 서비스 중심으로 패러다임이 바뀌면서 생태계 오케스트레이션(ecosystem orchestration) 모델이 새로운 경쟁력의 원천이 되고 있다.

앞서 언급한 알리안츠의 파트너사 협업 모델을 예로 보자. 단일 보험회사가 실시간 교통 정보, 차량 진단, 운전 코칭, 충돌 예측, 타이어 모니터링 등의 서비스를 모두 자체 개발하는 것은 불가능하므로, 각 분야의 전문 기업들과 협업하는 구조이다. 하지만 생태계 오케스트레이션은 단순한 아웃소싱과는 다르다. 핵심은 네트워크 효과(network effect)를 창출하는 것으로, 개별 파트너사들이 제공하는 서비스가 결합되었을 때 1+1이 3이나 4가 되는 시너지를 만들어 내는 것이다.

이런 생태계 운영에는 새로운 형태의 경제학적 도전이 있다. 첫째는 조정 비용(coordination cost)의 문제다. 로널드 코스(Ronald Coase)가 제시한 거래 비용 이론에 따르면 기업의 경계는 내부 조정 비용과 시장 거래 비용의 균형점에서 결정된다(Coase, 1937). 즉, 다수의 파트너사를 조정하는 비용이 내부에서 모든 것을 개발하는 비용보다 낮아야 생태계 모델이 경제적으로 타당하다. 둘째는 인질화 문제(hold-up problem)[1]이다. 특정 파트너사가 생태계에서 중요한 역할을 하게 되면, 나중에 불공정한 조건을 요구할 수 있다. 이를 방지하기 위해서는 파트너사 간의 상호 의존성을 적절히 균형 맞추는 포트폴리오 관리가 필요하다. 셋째는 정보 스필오버(information spillover)의 문제다. 생태계 내에서 정보를 공유하다 보면 의도치 않게 경쟁 정보가 유출될 수 있다. 이를 관리하기 위한 정교한 정보 거버넌스가 필요하다.

디스커버리의 바이탈리티 프로그램은 이런 도전을 성공적으로 해결한 사례다. 헬스케어, 피트니스, 소매, 여행 등 다양한 산업의 파트너들과 협업하여 통합적인 건강 관리 생태계를 구축했다. 애플, 스타벅스, 아마존, 버진액티브 헬스클럽, 울워스 슈퍼마켓 등이 주요 파트너다. 각 파트너는 고유한 가치를 제공하고, 디스커버리는 이를 조율

---

[1] 인질화 문제(hold-up problem): 거래 당사자 중 한쪽이 특정 거래 관계에만 유용한 관계특유투자를 실행한 후, 상대방이 이를 빌미로 협상 조건을 자신에게 유리하게 변경하려는 기회주의적 행동을 말한다. 일단 투자가 이루어지면 해당 자산은 다른 용도로 사용하기 어려워 투자한 측은 인질처럼 상대방에게 종속되며, 이로 인해 불리한 요구를 수용할 수밖에 없는 상황에 처하게 된다. 이러한 문제 때문에 기업들은 효율적인 투자를 망설이게 되고, 결국 사회 전체적으로 비효율적인 자원 배분을 초래할 수 있다.

하여 고객에게 통합된 경험을 제공한다.

이러한 생태계 모델의 핵심은 윈-윈 구조를 만드는 것이다. 고객은 더 나은 건강 관리 서비스를 받고, 파트너사들은 새로운 고객을 확보하며, 디스커버리는 고객 충성도와 수익성을 동시에 높인다. 예를 들어, 고객이 일주일간 운동 목표를 달성하면 스타벅스 쿠폰을 받는다. 스타벅스는 새로운 고객을 확보하고, 고객은 즉시 보상을 받으며, 디스커버리는 고객의 건강 개선을 통해 장기적 의료비 절감을 실현한다.

이를 위해서는 효율적인 정보 통합이 필요하다. 서로 다른 파트너사들로부터 오는 다양한 형태의 데이터를 실시간으로 통합하고 분석할 수 있는 기술적 역량이 핵심이다. 디스커버리는 애플워치의 운동 데이터, 울워스의 구매 데이터, 버진액티브의 체육관 이용 데이터를 통합하여 개별 고객의 전인적 건강 프로필을 구성한다.

또 다른 필요 역량은 플랫폼 모델의 구축이다. 단순히 서비스를 제공하는 것이 아니라, 다양한 파트너들이 고객과 만날 수 있는 플랫폼을 제공하는 것이다. 이러한 플랫폼에 참여하는 파트너가 많을수록 고객에게 더 많은 가치를 제공할 수 있고, 고객이 많을수록 파트너들에게 더 매력적인 플랫폼이 된다.

보험업의 새로운 과제: 효율성에서 효과성으로

이 모든 변화의 핵심은 가치 창출의 중심이 사후 보상의 효율성(ex-ante efficiency)에서 사전 예방의 효과성(ex-poste effectiveness)으로 이동하고 있다는 점이다. 전통적으로 보험회사의 경쟁력은 사고가 발생한 후 얼마나 빠르고 정확하게 보상하느냐에 달려 있었다. 언더라이팅의 정확성, 손해사정의 신속성, 청구 처리의 효율성이 핵심 지표였다. 이는 본질적으로 비용 중심(cost-centric)의 사고방식이다.

하지만 이제는 가치 중심(value-centric) 사고로 전환되고 있다. 핵심 질문이 "사고가 났을 때 얼마나 빨리 처리할 수 있는가?"에서 "사고 자체를 어떻게 예방할 수 있는가?"로 바뀐 것이다. 이는 경제학에서 말하는 가치 창출 대 가치 확보(value creation vs value capture)의 관점에서 새로운 변화다. 즉, 기존 가치를 더 효율적으로 분배하는 것이 아니라, 새로운 가치를 창출하는 것이 경쟁력의 원천이 된 것이다.

이런 변화는 보험사의 수익 구조를 보험료라는 단일 수익원에 의존하던 구조에서 헬스케어·예방 서비스, 데이터 기반 플랫폼, 수수료, 투자수익 등 다중 수익원 구조로 전환할 것이다(McKinsey, 2025). 더 중요한 것은 수익성의 질이다. 전통적인 보험 사업의 결합비율(combined ratio)이 통상 95~98% 수준인 반면, 예방 서비스 수입의 이익률은

| 결합비율(combined ratio): 보험회사가 받은 보험료 대비 지급한 보험금과 사업비를 합친 금액의 비율을 나타내는 핵심 수익성 지표. 이 수치가 100% 미만이면 보험 영업을 통해 이익을 냈다는 의미이며, 100%를 초과하면 손실이 발생했음을 뜻한다.

30~40%에 달한다. 디스커버리의 바이탈리티 프로그램이 좋은 예다. 가입자가 애플워치를 소액 부담(관리비 또는 초기비용 약 25달러 상당)으로 구입하고, 실제 단말기 구입비(약 300달러)는 디스커버리가 대부분 부담한다. 그런데 이 고객들의 평균 의료비는 일반 고객보다 23% 낮아서, 연간 의료비 절감액이 평균 1,200달러에 달한다. 275달러를 투자해서 1,200달러를 절약하는 셈이다.

다가오는 전환과
현실적 장벽

전통 보험사들이 이 거대한 변화에 대응하기 위해서는 근본적으로 다른 철학이 필요하다. 전통적 보험업의의 사고방식은 후행적이었다. 즉, 수백 년간 축적된 과거 데이터와 통계적 지식을 기반으로 예측 가능한 범위 내에서 위험을 관리하며, 안정성과 점진적 개선을 중시하는 보수적 사고방식이었다. 하지만 변화하는 시대는 실시간 데이터를 기반으로 한 예방과 생태계 구축을 요구한다. 이는 단순한 기술 도입을 넘어선 철학적 전환을 의미한다. 문제가 발생한 후 대응하는 반응적(reactive) 사고에서 문제 발생 전에 개입하는 예방적(proactive) 사고로의 전환이 필요하다.

이러한 현실 속에서 보험 산업의 미래 경쟁력은 네 가지 측면에서 나타날 것이다. 첫 번째는 데이터 자산 구축이다. 이는 미래 경쟁의 원재료 확보의 개념으로, 보험사는 우리만이 가질 수 있는 데이터가 무엇인지 고심해야 한다. 데이터는 21세기의 원유라고 불리지만, 모든 데이터가 같은 가치를 가지는 것은 아니다. 독점성, 품질, 실시간성, 예측력을 갖춘 데이터를 확보해야 한다. 즉, 프로그레시브의 2,400만 명 운전자 데이터나 평안의 3억 7,300만 명 헬스케어 사용자 데이터처럼, 경쟁사가 쉽게 복제할 수 없는 대규모 독점 데이터가 경쟁 우위의 원천이다. 이를 위해서 기업들은 IoT 인프라 구축, 독점적 파트너십 체결, 고객 인센티브를 통한 데이터 수집을 확대해야 할 것이다. 이러한 데이터 인프라에 대한 투자는 초기 비용이 크고 회수기간이 길지만, 일단 구축되면 강력한 해자 역할을 한다.

두 번째는 예측 역량의 고도화다. 이는 데이터를 인사이트로 전환하는 능력으로, 보험사가 고객보다 먼저 리스크를 알 수 있는지 물어야 한다. 단순히 데이터를 많이 가지는 것이 아니라, 그 데이터에서 의미 있는 패턴을 찾아내는 능력이 중요하다. AI/ML 알고리즘, 실시간 분석 시스템, 예측 모델링에 대한 투자가 필요하다. 미국 필립스 헬스케어의 AI 시스템이 웨어러블 데이터만으로 심혈관 질환 위험을 85% 정확도로 예측하는 것처럼, 예측의 정확도가 경쟁력을 결정한다(Huang et al., 2022). 이러한 예측력은 선순환 구조가 시작되는 지점이 된다. 더 많은 데이터가 더 정확한 예측을 만들고, 더 정확한 예측이 더 많은 고객을 유치하는 선순환 구조가 생성된다.

세 번째는 고객 경험 혁신이다. 이는 예측을 고객 가치로 전환하는 능력으로, 고객이 우리를 필수적 파트너로 인식하는지를 질문해야 한다. 아무리 정확한 예측을 할 수 있어도 고객이 이를 가치 있게 느끼지 못하면 의미가 없다. 플랫폼 설계, UX/UI 개선, 개인화 서비스에 대해 투자가 필요하다. 바이탈리티 프로그램이 애플워치를 활용해 즉시 보상 시스템을 구축한 것처럼, 고객이 체감할 수 있는 구체적 가치를 제공해야 한다. 이를 위해서는 행동경제학의 주요 결과들을 참조하고 활용해야 한다. 인간의 심리적 특성을 이해하고 이를 바탕으로 더 나은 선택을 유도하는 넛지(nudge) 시스템이 중요하다.

마지막은 생태계 오케스트레이션이다. 이는 다양한 파트너와 함께 고객 문제를 해결하는 능력으로, 생태계의 중심이 될 수 있는지 고민해야 한다. 21세기의 경쟁은 기업 대 기업이 아니라 생태계 대 생태계의 경쟁이 되고 있다. 파트너십 구축, 플랫폼 비즈니스, 개방형 혁신이 필요하다. 디스커버리의 바이탈리티 생태계가 애플, 스타벅스, 아마존 등과 협업해 통합적 건강 관리 서비스를 제공하는 것처럼, 단일 기업으로는 불가능한 가치를 창출할 수 있다. 이러한 역량에 대한 투자는 가장 복잡하고 위험하지만, 성공할 경우 가장 높은 수익을 제공한다. 네트워크 효과로 인해 선점 효과가 크고, 일단 구축된 생태계는 경쟁사가 따라잡기 어렵다.

| 넛지(nudge): 팔꿈치로 슬쩍 찌르다라는 뜻처럼, 강제적인 명령이나 금지 없이 사람들의 선택을 바람직한 방향으로 부드럽게 유도하는 개입 방식을 의미한다. 이는 선택 설계를 통해 사람들이 더 나은 결정을 내리도록 돕는 것이다. 예를 들어, 식당 메뉴판에서 건강한 음식을 눈에 잘 띄는 곳에 배치하는 것이 대표적인 넛지다.

실패의 교훈과 근본적 딜레마

디지털 전환은 보험업계에 새로운 가능성을 열어주었지만, 동시에 예상치 못한 실패와 복잡한 딜레마를 야기하고 있다. 실제 사례들을 통해 드러나는 패턴들은 기술적 혁신이 반드시 비즈니스 성공으로 이어지지 않는다는 현실과, 혁신 과정에서 마주치는 근본적인 가치 충돌을 보여준다. 보험업계가 직면한 가장 복잡한 딜레마는 개인화와 프라이버시 사이의 갈등이다. 더 정확한 위험 예측과 맞춤형 서비스를 제공하려면 더 많은 개인정보가 필요하지만, 이는 고객의 신뢰를 잃을 위험을 수반한다.

메트라이프(MetLife)의 웨어러블 프로그램 실패가 이를 극명하게 보여준다. 2016년 시작된 이 프로그램은 기술적으로는 완벽했다. 핏빗을 통한 데이터 수집, 분석, 보험료 조정까지 모든 과정이 자동화되었다. 하지만 6개월 후 참여율은 급격히 떨어졌다. 고객들은 회사가 나를 감시한다고 느꼈고, 운동을 강요받는다고 불만을 제기했다(Ellis and Piwek, 2018; Ringeval et al., 2020).

이는 프라이버시 역설(privacy paradox)이라는 현상을 보여준다(Barth and De Jong, 2017). 유럽연합의 2024년 조사에 따르면, 소비자의 대부분이 더 정확한 보험료 산정을 위해서는 개인정보 제공이 불가피하다

| 프라이버시 역설(privacy paradox): 사람들이 개인정보보호에 대해 강한 우려를 표현하면서도, 실제 행동에 있어서는 사소한 편의나 혜택을 위해 자신의 정보를 쉽게 제공하는 태도와 행동 사이의 불일치를 말한다. 즉, 개인정보 유출의 위험성을 인지하고 걱정한다고 말하면서도, 무료 앱 사용이나 맞춤형 서비스와 같은 눈앞의 이점을 더 크게 평가하여 결국 개인정보를 제공하는 모순적인 선택을 하는 현상이다.

고 인정하면서도, 동시에 유사한 비중의 응답자가 보험회사의 개인정보 수집이 과도하다고 우려한다(EIOPA, 2024). 사람들은 개인화된 서비스를 원하면서도 개인정보 제공은 꺼리는 모순된 태도를 보인다. 일부 보험사들은 프라이버시 바이 디자인(Privacy by Design, PbD)[I] 접근법으로 이 문제를 해결하려 하고 있다. 개인을 식별할 수 있는 정보는 수집하지 않고 통계적 패턴만 분석하거나, 데이터를 익명화해서 처리하거나, 고객이 언제든지 데이터 사용을 중단할 수 있도록 하는 방식이다. 하지만 이는 개인화의 정확도를 떨어뜨릴 수 있어 근본적 해결책은 되지 못한다.

두 번째는 효율성 추구가 낳는 형평성 문제이다. AI를 기반으로 가격 책정이 정교해지면 개별 고객의 실제 위험도를 정확히 반영할 수 있어 효율적이지만, 동시에 위험도가 높은 고객들을 보험 시장에서 배제할 수 있다. 파라메트릭스 보험의 베이시스 리스크[II] 문제가 이를 보여준다. 대표적인 사례로 도미니카공화국에서 가뭄 피해를 줄이고자 도입했던 농업보험이 있다. 이 보험은 현장 손해사정 대신 인공위성으로 식생의 활력도를 측정하는 식생지수(NDVI)를 지급 기준으로 사

[I] 프라이버시 바이 디자인(Privacy by Design, PbD): 제품이나 서비스를 개발할 때 기획 단계부터 개인정보보호를 핵심 요소로 고려하는 접근 방식을 말한다. 서비스가 거의 완성된 후 뒤늦게 개인정보보호 기능을 추가하는 것이 아니라, 아예 설계의 첫 단계부터 어떻게 사용자의 프라이버시를 지킬 것인지를 기술, 정책, 절차 전반에 내재화시키는 것을 목표로 한다.

[II] 베이시스 리스크(basis risk): 헤지(hedge)를 위해 사용한 금융 상품(예: 선물, 옵션)의 가격 움직임이 실제 보유한 자산이나 부채의 가격 움직임과 완전히 일치하지 않아 예상치 못한 손익이 발생할 수 있는 위험. 즉, 위험을 회피하려고 했지만 헤지 수단의 기준(basis)이 되는 지표와 실제 위험 사이에 괴리가 발생하여 헤지가 불완전하게 이루어지는 상황. 예를 들어, 항공사가 제트유 가격 변동 위험을 막기 위해 난방유 선물 계약을 매입했는데, 제트유 가격은 오르고 난방유 가격은 내린다면 손실을 그대로 떠안게 되는 경우가 베이시스 리스크에 해당한다.

용한 파라메트릭 보험이다. 즉, 특정 지역의 NDVI 값이 사전에 약속된 기준치 이하로 떨어지면, 이를 가뭄 피해의 발생으로 간주하여 농가에 보험금을 자동으로 지급하는 방식이었다.

하지만 이 지표와 농민들이 겪는 실제 손실 사이에는 불일치가 발생했다. 구체적으로, 국지적인 병충해나 냉해로 특정 농가가 막대한 피해를 입었음에도 불구하고, 위성으로 측정한 광범위한 지역의 NDVI 평균값은 기준치 이상으로 유지되어 보험금을 한 푼도 받지 못하는 경우가 발생했다. 반대로, 관개 시설이 잘 갖춰져 있어 실질적인 가뭄 피해가 거의 없었던 농가가 단지 해당 지역의 NDVI 지수가 하락했다는 이유로 보험금을 수령하는 사례도 보고되었다. 결국 기술적 지표가 현장의 실제 피해를 제대로 반영하지 못하자, 보험금 지급의 정당성에 대한 농민들의 신뢰가 하락했고, 이는 현장의 외면으로 이어졌다(Bergsvik and Kloppenburg, 2024; GFDRR, 2021).

또 다른 예시는 유전자 검사 기술의 발전에서 찾을 수 있다. 암이나 치매 등의 발병 위험을 미리 예측할 수 있게 되면서, 보험사가 이런 정보를 활용해 보험료를 책정할 경우 고위험군은 터무니없이 높은 보험료를 부담하거나 아예 보험 가입이 거부될 수 있다. 이는 유전적 차별(genetic discrimination)이라는 새로운 사회 문제를 야기할 수 있다. 이때 웨어러블 기기 데이터로 파악한 운동 부족이나 수면 장애는 개인

| 유전적 차별(Genetic Discrimination): 개인의 유전자 정보를 근거로 특정 질병에 걸릴 미래의 가능성이나 유전적 소인을 예측하여, 그 사람을 고용, 보험, 교육 등에서 불리하게 대우하는 행위. 예를 들어, 특정 암 유전자를 가졌다는 이유로 보험 가입을 거절하거나 채용에서 불이익을 주는 것이 대표적인 사례이다.

의 선택인가, 환경적 제약인가? 사회경제적 여건상 운동할 시간이 없거나 건강한 음식을 먹을 여유가 없는 사람들을 어떻게 대할 것인가? 이런 질문들은 기술적 해결책만으로는 답할 수 없다. 일부 보험사들은 개인의 위험도뿐만 아니라 사회적 형평성도 고려해 보험료를 책정하고 있다. 하지만 이는 상업적 보험사에게는 수익성 부담이 되고, 결국 다른 고객들의 보험료 인상으로 이어질 수 있어 근본적 해결책이 되지 못한다.

세 번째는 예방과 자유 사이의 줄타기에 대한 부분이다. 텔레매틱스 시스템이 운전자의 과속을 감지해 경고를 보내고, 심지어 보험사가 직접 개입하는 것은 사고 예방에는 효과적일지 몰라도, 개인에게는 끊임없는 감시와 통제로 느껴질 수 있다. 메트라이프(MetLife)의 사례에서 보듯, 고객들이 운동을 강요받는다고 느낀 것도 같은 맥락이다. 이는 단순히 도움과 간섭 사이의 문제를 넘어, 개인이 자신의 삶과 신체에 대해 갖는 주권의 문제와 직결된다.

AI가 건강 데이터를 분석해 금연, 절식, 병원 방문을 지속적으로 권고하는 상황을 생각해 보자. 이는 표면적으로 개인의 건강을 위한 조치처럼 보이지만, 그 이면에는 정상적이고 바람직한 삶의 방식을 규정하고 이를 따르도록 개입하는 강력한 힘이 존재한다. 프랑스의 철학자 사드(Sade)는 "나는 나를 파괴할 권리가 있다"는 도발적인 선언

| 사드 후작(Marquis de Sade, 1740~1814): 18세기 프랑스의 귀족, 작가, 철학자. 그는 종교, 도덕, 법률 등 사회의 모든 규범으로부터의 절대적 자유를 주장했으며, 인간의 파괴적인 욕망까지도 자연스러운 것으로 보았다. "나는 나를 파괴할 권리가 있다"는 담론은 바로 이러한 그의 사상에서 비롯되었으며, 가학성을 뜻하는 사디즘(Sadism)이라는 용어의 어원이 되었다.

을 남긴 바 있다. 이러한 관점에서 개인은 자신의 건강을 해칠 자유나 비합리적인 선택을 할 자유, 심지어 스스로를 파괴할 자유까지도 있는 것이 아닌가?

이러한 딜레마는 존 스튜어트 밀(John Stuart Mill)이 제시한 위해원칙(harm principle)과도 맞닿아 있다. 타인에게 직접적인 해를 끼치지 않는 한, 개인의 선택은 절대적으로 존중받아야 한다는 것이다. 보험사의 예방적 개입이 사고 감소라는 사회적 이익을 위한다고 해도, 그것이 개인의 자기결정권을 침해하는 수준에 이른다면 정당화될 수 있을지 의문이다.

이러한 예측 기반의 개입은 영화 「마이너리티 리포트」가 던지는 질문을 현실로 가져온다. 영화 속에서는 범죄를 저지를 사람을 미리 예측하여 그가 행동하기 전에 체포하는데, 이는 아직 일어나지 않은 위험을 근거로 개인의 자유를 제약하는 행위이다. 보험사가 데이터를 통해 고객의 미래 사고 가능성을 예측하고 이에 개입하는 것은, 비록 처벌은 아닐지라도 본질적으로 같은 맥락에 놓여 있다. 이는 예측된 위험이 과연 개인에게 책임을 묻거나 그의 자유를 제한할 충분한 근거가 되는가에 대한 근본적인 질문으로 이어진다.

더 나아가 예방 실패의 책임 문제는 이 갈등을 극단으로 몰고 간다. 보험사가 위험을 감지하고 경고했음에도 고객이 이를 무시해 사고가

| 위해원칙(harm principle): 존 스튜어트 밀이 『자유론』에서 제시한 자유주의의 핵심 원칙으로, "타인에게 해를 끼치지 않는 한, 개인의 자유는 절대적으로 보장되어야 하며, 국가는 개인의 행동에 간섭할 수 없다"는 것이다. 이는 개인의 자기결정권을 옹호하는 가장 중요한 논리적 기반이 된다.

발생했다면, 이는 단순히 계약의 문제를 넘어선다. 그 선택을 비합리적이라고 판단하고 보험금 지급을 거부하는 것은, 사실상 개인의 자유 의지를 처벌하는 것이나 다름없다. 결국 이 문제는 효율과 안전을 명분으로 개인의 삶에 개입하는 온정적 가부장주의(paternalism)와, 설령 그 결과가 비극적일지라도 개인의 선택과 그 책임을 존중해야 한다는 자유주의(liberalism) 사이의 오래되고도 첨예한 철학적 대립을 기술의 시대로 다시 소환하는 셈이다.

바이탈리티 프로그램의 성공은 이런 딜레마를 어느 정도 해결한 사례다. 즉시 보상 시스템, 게임화, 사회적 동기 부여 등을 통해 고객이 자발적으로 참여하고 실제 가치를 느낄 수 있도록 했다. 강요가 아닌 자발적 참여를 유도한 것이다. 하지만 이런 접근법이 모든 상황에 적용될 수 있는지는 의문이다.

이런 실패 사례들과 딜레마들을 종합해 보면, 성공적인 디지털 전환을 위해서는 기술적 완성도보다 통합적 고객 경험 설계가 더 중요함을 알 수 있다. 개별 기능의 최적화보다는 전체 여정의 일관성, 기술의 정교함보다는 고객 가치 창출, 효율성 추구보다는 사회적 수용성 확보가 성공의 핵심 요소다.

보험업계의 디지털 전환은 단순히 기술을 도입하는 것을 넘어서, 기술과 인간, 효율성과 형평성, 혁신과 안정성, 예방과 자유 사이의

---

1 온정적 가부장주의(paternalism): 마치 아버지가 자식을 위하듯, 국가나 특정 집단이 개인을 보호한다는 명분 아래 그들의 자유를 제한하고 의사결정에 개입하는 태도를 말한다. 이는 개인의 선택이 비합리적일 수 있다는 전제하에 더 나은 결과를 위해 간섭하는 것이 정당하다고 보는 입장이다.

복잡한 균형을 찾아가는 과정이다. 이런 도전들을 해결하기 위해서는 기술적 전문성뿐만 아니라 윤리적 판단력, 사회적 통찰력, 그리고 다양한 이해관계자들과의 소통 능력이 필요하다.

미래 전망: 다시 존 스노의 정신으로

170년 전 존 스노가 그린 지도는 단순한 점들의 집합이 아니었다. 그것은 데이터가 어떻게 생명을 구할 수 있는지 보여준 최초의 사례였다. 원인을 파악하고, 패턴을 찾고, 예방적 조치를 취하는 것. 문제가 발생한 후 대응하는 것이 아니라, 문제의 근본 원인을 찾아 사전에 해결하는 것이었다.

오늘날의 보험 혁명은 존 스노의 정신을 계승하고 있다. 파라메트릭 보험은 복잡한 손실 조사 과정을 객관적 지표로 단순화했다. IoT와 웨어러블은 실시간으로 리스크를 모니터링할 수 있게 했다. AI는 수십억 건의 데이터에서 패턴을 찾아 미래를 예측한다. 하지만 기술만으로는 충분하지 않다. 성공하는 보험사들의 공통은 명확하다. 기술을 도구로 사용하되, 인간을 중심에 둔다는 것이다. 프로그레시브는 27년간 꾸준히 고객과 소통하며 텔레매틱스를 진화시켰다. 처음엔 거대한 장비로 시작했지만, 고객 피드백을 반영해 점차 간소화했다. 지금은 스마트폰 앱 하나로 모든 것이 해결된다. 기술 발전보다도 고객 수용성을 우선시한 결과다.

핑안은 5억 명의 중국인들에게 의료 접근성을 제공하는 사회적 가치를 창출했다. 단순히 보험료를 받고 보험금을 지급하는 것이 아니라, 고객의 삶의 질을 실질적으로 개선했다. 이것이 고객들이 핑안을 신뢰하는 근본적 이유다. 디스커버리는 고객이 더 오래, 더 건강하게 살 수 있도록 돕는다. 바이탈리티 프로그램 참여자들의 평균 수명이 길어진다는 것은 단순한 통계가 아니라 수백 명의 실제 삶이 바뀌었다는 것이다.

이들은 모두 존 스노의 정신을 계승하고 있다. 문제가 발생하기를 기다리지 않고, 적극적으로 개입해 예방한다. 데이터를 수집하되, 그것을 인간의 삶을 개선하는 데 사용한다. 기술을 활용하되, 신뢰와 투명성을 우선으로 한다. 콜레라가 창궐하던 1854년의 런던과 2025년의 세계는 완전히 다른 곳이다. 그러나 한 가지는 변하지 않았다. 예방이 치료보다 낫고 데이터와 기술을 올바르게 사용하면 수많은 생명을 구할 수 있다.

보험의 미래는 이미 시작되었다. 사후 보상에서 사전 예방으로, 수동적 지급자에서 능동적 파트너로, 위험 분산자에서 위험 제거자로. 이것은 단순한 비즈니스 모델의 변화가 아니다. 보험이 사회에서 수행하는 역할 자체가 진화하고 있는 것이다. 보험업계 경영진들에게 던지는 마지막 질문은 이것이다. 당신의 회사는 고객에게 사고가 났을 때 돈을 주는 회사인가, 아니면 사고가 나지 않도록 도와주는 회사인가? 2030년에도 살아남을 보험사는 후자가 될 것이다.

존 스노가 지도 위에 점을 찍으며 콜레라의 원인을 찾았듯이, 오늘날의 보험사들은 수십억 개의 데이터 포인트를 분석하며 우리 삶의 리스크를 찾아내고 있다. 그리고 이번엔 단순히 펌프 손잡이를 제거하는 것이 아니라, 처음부터 오염되지 않은 물을 공급하는 시스템을 만들고 있다. 이것이 바로 21세기 보험의 모습이다. 더 이상 불운을 기다리는 사업이 아닌, 행운을 만들어 가는 사업. 존 스노의 지도가 공중보건의 시작이었듯이, 오늘날 보험업계의 변화는 예방 중심 사회의 시작일지도 모른다.

제6장

기업금융과 투자은행:

AI 시대의 관계

아제르바이잔(Azerbaijan)의 헤이다르 알리예프 센터(Heydar Aliyev Center)를 처음 마주한 이들은 쉽게 말을 잃곤 한다. 현대 건축의 걸작으로 손꼽히는 이 건물은 눈부신 백색 곡면이 살아 있는 유기체처럼 대지에서 솟구쳐 올라 하늘을 향해 유려하게 흐른다. 직선은 찾아볼 수 없고, 벽과 지붕 그리고 바닥의 경계마저 흐려진다. 건물 전체가 하나의 매끄러운 곡선으로 이어지면서, 빛의 방향과 시간에 따라 전혀 다른 실루엣과 표정을 드러낸다.

자하 하디드(Zaha Hadid)가 설계한 아제르바이잔(Azerbaijan)의 헤이다르 알리예프 센터(Heydar Aliyev Center)의 모습 (출처: 위키피디아, 촬영: Yasseralaamobarak)

아제르바이잔을 찾지 않더라도 서울 동대문디자인플라자(DDP)를 본 사람이라면 이 유기적 형태가 주는 압도적 아름다움과 경이로움을 짐작할 수 있을 것이다. 동대문 한복판에 우주선이 불시착한 듯한 DDP의 초현실적 풍경처럼, 헤이다르 알리예프 센터 역시 일상을 벗어나 마치 미래에서 온 듯한 생명력을 뿜어낸다. 두 건물 모두 곡선과 연속의 미학을 극한까지 밀어붙인 자하 하디드(Zaha Hadid)의 상상력과 기술이 만들어 낸 기념비적인 공간이다.

두 건물을 설계한 자하 하디드는 '건축계의 여왕'이라 불렸지만, 그녀의 초기 경력은 순탄하지만은 않았다. 1980년대까지만 해도 그녀의 급진적인 곡선 디자인들은 지을 수 없는 건축이라는 조롱을 받았다. 전통적인 제도판과 연필로는 이런 복잡한 형태를 정확하게 설계하는 것이 사실상 불가능했기 때문이다. 하디드 스스로도 "나는 종이 위에서만 건축을 하는 화가"라며 자조했을 정도였다(Schumacher, 2010).

하지만 1990년대 들어 상황이 바뀌기 시작했다. CAD 소프트웨어와 3D 모델링 기술이 발전하면서, 하디드의 상상 속 건축물들이 현실이 될 수 있게 된 것이다. 복잡한 곡면 계산, 구조적 안전성 검증, 시공 가능성 분석 등이 모두 컴퓨터를 통해 가능해졌다. 2000년대 들어 그녀는 연이어 걸작들을 완성했고, 2004년에는 건축계의 노벨상이라 불리는 프리츠커상(Pritzker Architecture Prize)을 여성 최초로 수상했다.

하디드의 성공을 가능하게 한 것은 혁신적인 컴퓨터 기술이었지만, 그 기술은 하디드를 대체하지 않았다. 오히려 기술은 그녀의 창조적 역량을 극대화시키는 도구였다. 아무리 정교한 CAD 소프트웨어라도 어떤 건물을 지을 것인가라는 근본적 질문에는 답할 수 없었다. 고객의 모호한 요구사항을 구체적인 비전으로 번역하고, 예산과 법규의 제약 속에서 창의적 해결책을 찾아내며, 수많은 이해관계자들과의 복잡한 협업을 조율하는 것은 여전히 건축가만이 할 수 있는 일이다.

실제로 1980년대 초 CAD가 처음 건축계에 도입되었을 때, 많은 사람들은 건축가들이 대량 실업에 직면할 것이라고 예측했다. 실제로 전통적인 제도사들은 대부분 사라졌지만 건축가들은 사라지지 않았다. 대신 그들은 단순한 도면 작성에서 해방되어 더욱 전략적이고 창의적인 업무에 집중할 수 있게 되었다. CAD라는 강력한 도구를 손에 넣은 건축가들은 이전에는 상상도 할 수 없었던 복잡하고 아름다운 건축물들을 설계하기 시작했다.

　오늘날 비슷한 예측들이 다시 등장하고 있다. 이번에는 인공지능과 투자은행이다. 골드만삭스의 AI 시스템은 IPO 투자설명서를 몇 분 만에 작성하고, JP모건의 알고리즘은 수백만 건의 거래를 실시간으로 모니터링한다. 그러자 '투자은행가의 종말'을 예고하는 기사들이 쏟아져 나오고 있다.

　하지만 건축계의 경험을 투자은행업에 그대로 적용할 수 있을까? 여기서 우리는 신중해야 한다. CAD는 본질적으로 계산과 도면 작성을 돕는 기술적 도구였다. 반면 오늘날의 AI는 단순한 계산을 넘어 분석, 예측, 심지어 창작까지 가능한 훨씬 포괄적인 능력을 보여주고 있다. 더욱이 투자은행의 업무 특성은 건축과는 근본적으로 다른 측면들이 있다. 그렇다면 실제 복잡하고 예측 불가능한 거래 상황에서 투자은행가들은 어떤 역할을 하고, 투자은행의 미래는 어떻게 흘러갈까?

투자은행의
고유 생태계

관계 자본과 신뢰의 경제학

2023년 3월, 2개의 위기가 금융계를 뒤흔들었다. 하나는 미국의 실리콘밸리은행(SVB)에서, 다른 하나는 유럽의 크레디트스위스(Credit Suisse)에서 벌어진 일이었다. 실리콘밸리은행에서는 전례 없는 일이 벌어졌다. 실리콘밸리에 위치한 대다수 스타트업들의 주거래 은행이었던 실리콘밸리은행에서 고객들이 일제히 예금을 인출하기 시작했고 단 이틀 만에 1,420억 달러가 빠져나갔다. 금요일까지만 해도 정상 영업하던 실리콘밸리은행은 월요일 아침 파산 직전에 내몰렸다. 소셜미디어를 통해 순식간에 퍼진 공포가 인류 역사상 가장 빠른 뱅크런을 만들어 낸 것이다.

이 극한의 상황에서 금융 시스템의 붕괴를 막아낸 것은 AI가 아니었다. JP모건의 제이미 다이먼(Jamie Dimon)을 비롯한 주요 은행 CEO들은 실시간 위기관리를 주도했고, 골드만삭스와 모건스탠리의 최고경영진들도 경험에 기반해 연쇄 파산 방지와 긴급 유동성 공급 방안을 설계했다. 실리콘밸리은행의 자산을 평가하고 인수 조건을 협상하는 과정에서 골드만삭스의 M&A팀이 해야 했던 일들을 살펴보면 이런 특성이 더욱 명확해진다.

장부상의 숫자만으로는 알 수 없는 실리콘밸리은행 고객사들의 실제 신용도를 파악하기 위해, 그들은 실리콘밸리 스타트업 생태계 내부의 미묘한 인맥과 평판 정보를 종합해야 했다. 어떤 스타트업 CEO가 다른 투자자들과 어떤 관계에 있는지, 특정 벤처캐피털 파트너가 어떤 성향을 가지고 있는지 같은 정보들이 거래의 성패를 좌우했다. 이런 맥락적 지식은 데이터베이스에 저장되어 있지 않다. 수년간의 경험과 인적 네트워크를 통해서만 얻을 수 있는 것이다.

거의 같은 시점에 스위스에서도 유사한 드라마가 펼쳐졌다. 2023년 3월 18일 토요일 오후, 스위스 루가노 근처의 작은 축구장에서 UBS의 CEO 세르지오 에르모티(Sergio Pietro Ermotti)는 자신이 응원하는 콜리나 도로 팀의 경기를 관람하고 있었다. 하프타임이 끝날 무렵, 그의 휴대폰이 울리기 시작했다. 크레디트스위스가 위험하기 때문에 주말 동안 해결책을 찾아야 한다는 스위스 금융당국으로부터의 긴급한 연락이었다. 크레디트스위스의 유동성 위기는 극단으로 치닫고 있었고, 스위스 재무장관 카린 켈러-수터(Karin Keller-Sutter), 중앙은행 총재 토마스 요르단(Thomas Jordan), 금융감독청장 마를레네 암스타트

(Marlene Amstad)로 구성된 이른바 '스위스 트리니티'는 서로에 대한 개인적 신뢰와 수십 년간의 정치적 경험을 바탕으로 크레디트스위스 인수를 위한 협상을 단 96시간 만에 성사시켰다.

가장 흥미로운 것은 UBS 회장 콤 켈러허(Colm Kellehe)가 크레디트스위스의 기존 CEO인 에르모티를 복귀시키기로 한 결정이었다. 아일랜드 출신인 켈러허는 스위스 정치 역학을 완벽히 이해하고 있었고, 그는 부르주아 스위스인인 에르모티의 복귀가 취리히 금융계의 불안을 달래고, 동시에 베른 정치권의 신뢰를 얻을 수 있는 방법임을 직감적으로 알았다. 이러한 결정은 스위스의 국가적 자존심, 국제 정치적 압력, 시장 안정성에 대한 우려 등을 종합적으로 고려한 인간적 판단의 결과였다.

이 두 사건이 우리에게 보여준 것은 투자은행 비즈니스의 독특한 특성이다. 일반적인 금융 서비스업과 달리, 투자은행은 무엇을 파느냐보다 누구와 거래하느냐가 중요한 업계다. 상업은행은 대출 상품을 표준화할 수 있고, 보험회사는 보험 상품을 패키지화할 수 있다. 하지만 투자은행이 다루는 것은 각각이 고유한 기업의 IPO, M&A, 구조조정 등이다. 이런 거래들은 기업 CEO의 가장 중요한 전략적 의사결정이며, 몇 년에 한 번 있을까 말까 한 사건들이다.

기업의 CEO가 회사 매각을 결정할 때, 그는 단순히 가장 높은 가격을 제시하는 곳을 선택하지 않는다. 그는 가장 신뢰할 만한 파트너, 가장 깊이 있는 조언을 줄 수 있는 사람, 복잡한 협상 과정에서 자신의 이익을 가장 잘 대변해 줄 수 있는 사람을 찾는다. 이런 신뢰는 하루아침에 만들어지지 않는다. 수년, 때로는 수십 년에 걸친 관계 구축의 결과다.

골드만삭스의 경우 기존 고객으로부터의 반복 거래가 전체 수수료 수익의 상당 부분을 차지한다고 추정된다. 이는 신규 고객 개발에 비해 마케팅 비용이 현저히 적게 들며, 거래 성공률도 높다는 의미다. 더욱 중요한 것은 기존 고객과의 거래에서는 복잡한 설명과 설득 과정 없이도 빠른 의사결정이 가능하다는 점이다. 서로를 잘 아는 관계에서는 암묵적 이해와 신뢰를 바탕으로 효율적인 소통이 가능하다.

애플과 골드만삭스의 관계가 이를 잘 보여준다. 2012년 애플의 첫 번째 회사채 발행에서 골드만삭스가 주간사를 맡은 것을 시작으로, 이후 애플은 총 1천억 달러 이상의 채권을 발행했는데, 대부분 골드만삭스가 주간사를 맡았다. 이는 단순히 골드만삭스가 가장 좋은 조건을 제시했기 때문이 아니다. 수년간의 협업을 통해 골드만삭스가 애플의 비즈니스 모델, 재무 전략, 시장에서의 포지션을 깊이 이해하게 되었고, 애플의 경영진은 골드만삭스의 시장 분석 능력과 투자자 네트워크를 신뢰하게 되었기 때문이다.

맥락적 지식과 비정형 데이터

투자은행가들의 또 다른 핵심 역량은 복잡한 맥락을 읽고 해석하는 능력이다. 이는 단순히 숫자와 데이터를 분석하는 것을 넘어서, 문화적 뉘앙스, 정치적 역학, 그리고 인간의 감정까지 종합적으로 고려하는 고도의 인간적 기술이다. 2024년 일본 일본제철(Nippon Steel)의 유에스스틸(US Steel) 인수 시도는 이런 맥락적 지식이 얼마나 중요한지를 보여주는 대표적 사례였다.

150억 달러 규모의 이 거래는 재무적으로는 완벽했다. 시너지도 명확했고, 가격도 합리적이었다. 하지만 바이든 행정부는 최종적으로 인수를 승인하지 않았다. 표면적으로는 국가 안보 우려와 중요 산업 보호라는 명분이 제시되었지만, 실제 핵심에는 일본의 멘츠(面子) 문화와 미국의 정치적 역학 사이의 근본적인 문화적 오해가 자리 잡고 있었다.

일본제철의 접근법은 전형적인 일본식이었다. 그들은 유에스스틸을 단순히 인수하는 것이 아니라, 미국 철강 산업의 명예로운 파트너가 되고자 했다. 일본 기업들의 M&A 접근법은 서구와 근본적으로 다르다. 재무적 수익 극대화보다는 장기적 관계 구축과 체면 유지를 우선시하는 경우가 많기 때문이다. 일본제철은 유에스스틸의 기존 경영진을 존중하고, 고용을 유지하며, 미국 내 투자를 확대하겠다고 약속했다. 그들에게 이는 단순한 전략이 아니라 올바른 방식이었다.

하지만 미국 노조와 정치권은 이를 전혀 다르게 해석했다. 그들에게는 외국 기업의 미국 핵심 산업 인수 자체가 위협으로 보였다. 아무리 좋은 조건을 제시해도, 아무리 미국에 대한 존중을 표현해도, 근본적인 문화적 인식의 차이를 극복하기는 어려웠다. 미국 정치인들에게는 선거를 앞두고 미국 일자리를 지킨다는 메시지가 중요했고, 노조에게는 외국 소유에 대한 근본적인 불안감이 있었다.

투자은행가들은 이런 문화적 뉘앙스를 번역하고 중재하는 역할을 해야 했다. 일본 기업의 체면을 보존하면서 동시에 미국 이해관계자들의 우려를 해소하는 복잡한 구조를 만들어야 했다. 이는 단순히 재무적 조건을 조정하는 문제가 아니라, 서로 다른 문화적 언어를 번역하는 문제였다. 수치와 데이터로는 설명할 수 없는, 감정과 인식, 그리고 정치적 계산이 복합적으로 작용하는 영역이었다.

이런 맥락적 지식의 중요성은 중동 국부펀드들의 투자에서도 드러난다. 사우디아라비아 국부펀드의 뉴캐슬유나이티드(Newcastle United) 인수는 3억 파운드라는 상대적으로 작은 규모였지만, 실제 복잡성은 가격이 아니라 인권 우려와 지정학적 고려사항의 균형에 있었다. 투자은행가들은 사우디아라비아 왕국이 뉴캐슬유나이티드를 통제하지 않을 것이라는 법적 구속력 있는 보증을 만들어 내야 했다. 이는 법적으로는 가능하지만 현실적으로는 모순적인 구조였다.

더욱 복잡한 것은 이런 거래가 단순한 상업적 투자가 아니라는 점이었다. 사우디아라비아의 Vision 2030 국가 전략, 서구와의 관계 개선 노력, 젊은 왕세자의 개혁 이미지 구축 등 다층적인 목적이 얽혀 있었다. 반면 영국 정치권과 시민사회는 사우디의 인권 문제, 예멘 전쟁, 카쇼기 사건 등에 대한 우려를 표명했다. 이런 상황에서 투자은행가들은 순수한 재무적 관점을 넘어서 지정학적 고려사항까지 다뤄야 했다.

중동 국부펀드들의 투자 결정에는 경제적 수익과 지정학적 영향력의 미묘한 균형이 작용한다. 이들은 단순히 수익성만을 고려해서 투자하지 않는다. 투자 대상 국가와의 관계, 해당 산업의 전략적 중요성, 투자를 통한 기술 이전 가능성, 정치적 영향력 확대 등을 종합적으로 고려한다. 이런 복잡한 동기 구조는 AI가 처리하기 어려운 비정형 데이터의 전형이다.

표준화의 한계와 개별성의 가치

투자은행 업무의 또 다른 특징은 각각 거래가 고유하다는 점이다. M&A 딜, IPO, 채권 발행 등 모든 거래는 독특한 조건과 환경을 가진다. 이는 단순히 복잡함을 위한 복잡함이 아니라, 각 기업과 거래 상황의 근본적 차이에서 비롯된다. 그리고 이런 차이야말로 투자은행이 높은 수수료를 받을 수 있는 근본적 이유이기도 하다.

이를 가장 명확하게 보여주는 것이 마이크로소프트의 690억 달러 액티비전 블리자드(Activision Blizzard) 인수와 어도비(Adobe)의 200억 달러 피그마(Figma) 인수 시도 사이의 대조다. 두 거래 모두 대형 기술 기업의 게임 체인저급 인수였지만, 그 결과는 정반대였다. 마이크로소프트는 21개월의 길고 험난한 규제 여정 끝에 성공했고, 어도비는 15개월간의 노력에도 불구하고 결국 포기해야 했다.

마이크로소프트가 세계적인 인기 비디오 게임 콜 오브 듀티(Call of Duty)의 제작사인 액티비전 블리자드를 인수하는 과정에서, 성공의 비결은 각국 규제 당국의 까다로운 우려사항에 대해 창의적인 맞춤형 해결책을 제시한 데 있었다. 가장 큰 난관은 바로 콜 오브 듀티의 소유권 문제였다. 규제 당국은 마이크로소프트가 액티비전을 인수하여 이 게임의 주인이 되면, 자사의 게임기인 엑스박스(Xbox)에서만 독점적으로 출시할 것을 우려했다. 그렇게 될 경우, 최대 경쟁사인 소니(Sony)의 가정용 게임기 플레이스테이션(PlayStation)은 시장에서 가장 중요한 게임을 잃게 되어 막대한 타격을 입기 때문이었다.

가장 중요한 돌파구는 마이크로소프트의 사티아 나델라(Satya Nadella) CEO가 소니(Sony)의 요시다 켄이치로(吉田憲一郎) CEO에게 직접 전화를 걸어 회사를 인수한 후에도 콜 오브 듀티를 플레이스테이션에서 계속 즐길 수 있도록 하겠다고 약속한 순간에서 나왔다. 이는 단순한 사업적 협상을 넘어, 두 CEO의 오랜 관계에 기반한 개인적인 보증을 제공함으로써 규제 당국의 가장 큰 우려를 잠재운 순간이었다.

인상적인 것은 마이크로소프트가 17개 규제 관할권별로 완전히 다른 전략을 구사한 점이었다. 예를 들어, 유럽연합에서는 콜 오브 듀티와 같은 블록버스터 게임을 독점하여 시장 경쟁 자체를 해칠 것이라는 우려가 가장 컸다. 이에 마이크로소프트는 경쟁사인 닌텐도와 엔비디아의 게임 서비스에도 향후 10년간 자사의 게임을 똑같이 제공하겠다는 계약을 먼저 체결하며, 우리는 독점할 의사가 없다는 메시지를 행동으로 보여주었다.

반면, 미국 법정에서는 감정적인 호소 대신 철저한 경제 논리를 내세웠다. 그들은 방대한 데이터를 통해 콜 오브 듀티를 경쟁사인 소니의 플레이스테이션에 계속 판매하는 것이 마이크로소프트에게도 훨씬 더 큰 금전적 이득을 가져다준다는 사실을 증명했다. 이는 애초에 독점할 경제적 이유가 없다는 강력하고 설득력 있는 주장이었다.

하지만 가장 완강했던 영국 경쟁시장청을 상대로는 이전의 방식들이 통하지 않았다. 미래 시장인 클라우드 게이밍 분야에서의 독점 가능성을 끝까지 우려하자, 마이크로소프트는 아예 해당 사업 부문의 권리 전체를 경쟁사인 유비소프트(Ubisoft)에 영구적으로 매각하는 결정을 내렸다. 이는 문제가 될 만한 부분을 스스로 도려내어 규제의 명분 자체를 없애버린 창의적인 해결책이었다.

반면, 어도비가 디자인 툴 시장의 신흥 강자였던 피그마 인수에 실패한 사례는 마이크로소프트와 정반대의 접근법이 낳은 결과였다. 어도비는 각국 규제 당국이 처한 정치적 상황이나 미묘한 감정선을 읽지 못하고, 모든 상대를 동일하게 대하는 경직된 전략을 고수했다.

특히 가장 강하게 반대했던 영국 경쟁시장청은 혁신 경쟁이라는 새로운 렌즈로 이 인수를 바라봤다. 영국 경쟁시장청의 논리는 현재의 시장 점유율이 아니라, 어도비가 미래의 잠재적 경쟁을 없애버릴 것이라는 데 초점을 맞췄다. 그들은 그 근거로 어도비가 자체적으로 피그마에 대항하기 위해 개발했지만 실패로 끝난 XD 제품과 비밀리에 추진하다 취소된 프로젝트 스파이스(Project Spice)를 지목했다.

| 혁신 경쟁(innovation competition): 기업들이 현재의 시장 점유율이나 가격이 아닌, 미래의 기술, 차세대 제품, 새로운 시장을 선점하기 위해 벌이는 R&D 및 기술 개발 경쟁을 의미한다. 이는 당장의 경쟁 구도보다는 장기적인 시장의 역동성을 평가하는 개념이다. 규제 당국은 인수합병을 심사할 때, 해당 거래가 이러한 미래의 혁신을 위한 경쟁을 저해하거나 소멸시킬 가능성이 있는지를 중요한 척도로 평가한다.

경쟁시장청은 이를 자체 혁신으로 경쟁하는 대신, 성공한 경쟁자를 돈으로 사들여 위협을 제거하려는 킬러 인수(killer acquisition)의 전형이라고 규정했다. 하지만, 어도비는 이러한 부정적인 인식을 바꾸지 못하고 우리의 제품과 피그마는 시장이 다르다는 표준적인 법적 논리만 반복했다. 규제 당국자들의 개인적 성향, 거대 기술 기업에 대한 정치적 압력, 그리고 시장에서의 부정적 평판까지 종합적으로 고려한 입체적인 전략이 필요했지만, 어도비는 일차원적인 대응으로 일관하다가 스스로 무너지고 말았다.

이 두 사례의 대조가 보여주는 것은 투자은행가들의 진정한 가치다. 그들은 각 거래의 고유한 특성을 이해하고, 복잡한 이해관계를 조율하며, 예상치 못한 장애물에 대한 창의적 해결책을 제시하고, 거래 구조를 설계하며, M&A딜을 건축하는 역할을 한다. 이는 AI가 학습할 수 있는 패턴을 넘어선, 진정한 의미의 인간적 창조성과 판단력이 요구되는 영역이다.

마이크로소프트-액티비전 거래에서 마이크로소프트가 지불한 투자은행 수수료는 수억 달러에 달했지만, 이는 690억 달러 거래 가치에 비하면 상대적으로 작은 비용이었다. 만약 표준화된 접근법으로 인해 거래가 실패했다면, 마이크로소프트는 수백억 달러의 기회비용을 감수해야 했을 것이다. 따라서 맞춤형 서비스에 대한 프리미엄은

| 킬러 인수(killer acquisition): 거대 기업이 잠재적인 미래 경쟁자로 성장할 가능성이 있는 혁신적인 스타트업에 대해 경쟁 위협을 사전에 제거할 목적으로 인수하는 행위를 말한다. 이러한 인수는 종종 인수된 스타트업의 유망한 프로젝트나 기술 개발을 중단시키는 결과로 이어져, 결과적으로 시장 전체의 혁신을 저해하게 된다. 주로 기술 및 제약 산업에서 규제 당국이 가장 경계하는 인수합병 유형 중 하나이다.

충분히 합리적이었다.

    100억 달러 규모의 M&A는 그 각각이 전부 고유하다. 같은 산업이라도 기업문화가 다르고, 같은 규모라도 이해관계자 구조가 다르며, 같은 지역이라도 정치적 환경이 다르다. 따라서 비표준화된 투자은행의 업무 프로세스는 비효율성이 아니라 경제적 합리성을 반영한다. 고액 거래에서는 맞춤형 솔루션이 제공하는 가치가 표준화로 인한 비용 절감을 압도하기 때문이다.

예측 가능한 것과
불가능한 것

앞서 살펴본 투자은행의 고유한 특성들을 이해했다면, 이제 AI가 이 영역에 어떤 영향을 미치고 있는지 구체적으로 살펴볼 차례다. 기술의 진보는 분명 놀라운 수준에 이르렀지만, 그 영향은 예상보다 선택적이고 제한적이다. AI는 투자은행의 일부 영역에서는 혁신적 변화를 가져왔지만, 핵심 가치 창출 영역에서는 여전히 보조적 역할에 머물고 있다.

AI가 성공을 거둔 영역

현재 주요 투자은행들의 AI 도입 성과는 주목할 만하다. 가장 두드러진 성과는 문서 작성과 분석 업무에서 나타나고 있다. 골드만삭스의 데이비드 솔로몬(David M. Solomon) CEO는 2025년 1월 충격적인 발언을 했다. S1 서류(IPO 신고서)의 95%를 AI가 단 몇 분 만에 작성할 수 있다는 것이었다(Confino, 2025). 과거 6명의 애널리스트와 어소시에이트가 평균 14일간 작업하던 것이 이제는 30분 만에 완성되는 것이다.

솔로몬은 동시에 이제 많은 작업들이 상품화되었기 때문에 나머지 5%가 더 중요해졌다고 발언했다. 이 발언은 투자은행업에서 일어나고 있는 근본적 변화를 압축적으로 보여준다. AI가 대부분의 표준화된 작업을 처리할 수 있게 되면서, 인간의 가치는 표준화할 수 없는 5%에 집중되고 있다는 것이다.

이러한 변화는 고용 시장에도 직접적인 영향을 미치고 있다. 모건스탠리는 AI 도입과 함께 2천 명의 일자리를 줄이는 것을 검토 중이다(InvestmentNews, 2025). 이는 AI가 특히 주니어 레벨의 반복적 업무를 대체하고 있음을 보여준다. 그러나 이것이 단순한 일자리 감소만을 의미하는 것은 아니다. 투자은행들은 동시에 AI 전문가와 데이터 과학자를 대거 채용하고 있으며, 기존 직원들에게는 AI와 협업하는 새로운 스킬을 교육하고 있다.

JP모건의 COiN 시스템은 M&A 관련 법률 문서 검토 시간을 40시간에서 2시간으로 단축시켰다. 이는 단순한 시간 절약을 넘어선다. 과거에는 시간 제약으로 인해 제한적으로만 검토할 수 있었던 조항들을 이제는 모두 세밀하게 분석할 수 있게 되었다. 결과적으로 위험 요소를 놓칠 가능성이 크게 줄어들었고, 거래의 질이 향상되었다.

재무 모델링 영역에서도 AI의 영향은 상당하다. AI 시스템은 현금

흐름할인(DCF) 모델¹ 작성, 민감도 분석, 비교 기업 분석 등에서 인간 애널리스트의 작업을 크게 단축시켰다. 전통적으로 한 기업의 기본적인 DCF 모델 작성에 3~4일이 걸렸다면, 이제는 몇 시간 만에 여러 시나리오의 모델을 생성할 수 있다. 더욱 중요한 것은 AI가 수백 개의 변수를 동시에 고려하여 더욱 정교한 모델을 만들 수 있다는 점이다.

과거에는 재무 애널리스트가 몇 개의 주요 변수만을 고려하여 단순화된 모델을 만들었다면, 이제 AI는 거시경제 지표, 산업 주기, 경쟁사 동향, 규제 변화 등 수백 개의 요소를 동시에 반영한 복합적인 모델을 생성할 수 있다. 이는 더욱 정확한 기업 가치 평가를 가능하게 한다.

규정 준수 영역에서도 개선이 이루어졌다. JP모건은 KYC² 프로세스에 AI를 도입한 결과, 파일 처리 생산성을 80~90% 이상 높였고, 23만 건을 더 적은 인력으로 신속하게 처리할 수 있게 되었다(Trivedi, 2024). 이는 단순한 시간 절약을 넘어 비즈니스에 큰 영향을 미친다. 과거에는 긴 심사 기간 때문에 시급한 자금 조달이 필요한 기업들이 다른 은행으로 발길을 돌리는 경우가 많았다. 이제는 신속한 심사를

I 현금흐름할인(DCF) 모델: 특정 기업이나 자산이 미래에 창출할 것으로 예상되는 모든 현금흐름을 현재 가치로 환산하여 그 내재가치를 평가하는 대표적인 기업가치 평가 방법. 미래의 예상 수익에 위험도를 반영한 할인율(discount rate)을 적용하여 현재 시점의 가치를 산출한다. 즉, 기업의 가치는 그 기업이 존속하는 동안 벌어들일 모든 현금의 현재 가치라는 개념이 DCF의 개념을 설명한다.

II KYC(Know Your Customer): 은행이나 증권사 같은 금융회사가 서비스를 제공하기에 앞서 고객의 신원을 확인하고 검증하는 필수적인 절차를 의미한다. 이는 자금 세탁, 테러 자금 조달, 금융 사기 등과 같은 불법 행위를 방지하는 목적을 가지며, 고객의 신원을 정확히 파악함으로써 금융 시스템이 범죄에 악용되는 것을 막고 거래의 투명성을 확보하는 중요한 역할을 한다.

통해 더 많은 거래 기회를 잡을 수 있게 되었다.

자금 세탁 방지 시스템도 AI를 통해 개선되어 의심 거래 탐지 능력이 향상되고 오탐지율이 감소했다. 더욱 중요한 것은 AI가 인간이 놓칠 수 있는 복잡한 자금 이동 패턴을 식별해 낸다는 점이다. 여러 계좌와 여러 국가를 거쳐 이루어지는 복잡한 거래에서 숨겨진 위험 신호를 찾아내는 것은 AI가 인간보다 훨씬 뛰어난 영역이다.

하지만 여기서 중요한 점은 이러한 성공이 모두 프로세스 실행의 기술적 측면에서 나타났다는 것이다. 문서 작성, 데이터 분석, 규정 준수 등은 모두 명확한 규칙과 패턴이 존재하는 영역들이다. AI는 이런 영역에서는 인간을 능가하는 성과를 보여주지만, 투자은행의 진정한 핵심 가치인 관계 기반 서비스나 창의적 문제 해결에서는 여전히 한계를 보이고 있다.

인간의 고유 영역

그렇다면 AI가 대체할 수 없는 투자은행가의 고유 영역은 무엇일까? 앞서 살펴본 신뢰, 맥락적 지식, 비표준화와 같은 특성들 때문에, 투자은행 업무의 핵심 가치 창출 영역들은 여전히 인간 중심을 유지하고 있다. 이는 기술적 한계라기보다는 업무의 본질적 특성에서 비롯된다.

고객 관계 관리가 대표적인 예다. 신뢰 구축과 장기적 파트너십이 핵심이며, 이는 수십 년간의 관계 구축을 통해서만 달성할 수 있다. MIT의 연구에 따르면, 더 중심적인 네트워크를 가진 투자은행을 활용한 기업이 M&A 공시일 수익률에서 유의미하게 높은 성과를 보인다(Yawson and Zhang, 2021). 이러한 네트워크 효과는 AI로는 복제하기 어렵다.

관계의 깊이는 위기 상황에서 더욱 중요해진다. 2020년 팬데믹 초기, 많은 기업들이 긴급 자금 조달이 필요했을 때, 기존 관계를 바탕으로 한 신속한 대응이 가능했다. 골드만삭스는 주요 고객 기업들을 위해 수십억 달러 규모의 신용한도를 제공했는데, 이는 기존 관계와 신뢰가 없었다면 불가능한 일이었다.

CEO와 이사회 레벨의 상호작용은 더욱 복잡하다. 이 영역에서는 단순한 재무 자문을 넘어선 복합적인 인간적 요소들이 개입한다. 전략적 의사결정에 대한 비공식적 자문, 경영진 개인적 관계와 신뢰 구축, 민감한 정보 공유와 기밀 유지, 위기 상황에서의 즉각적 지원과 조언 등이 포함된다. 마이크로소프트의 나델라 CEO는 복잡한 전략적 결정을 내릴 때 골드만삭스의 자문이 중요한 것은 그들이 우리 비즈니스를 깊게 이해하고 있기 때문이라고 말한 바 있다. 이러한 깊은 이해는 수년간의 관계를 통해서만 가능하다.

복잡한 M&A 거래의 구조화와 협상도 변화하지 않을 영역이다. 각 거래는 고유한 법적, 세무적, 전략적 고려사항을 가지며, 이를 해결하기 위해서는 창의적 사고와 경험에 기반한 판단이 필요하다. 마이크로소프트가 액티비전을 인수한 거래에서 각 규제 관할권별로 다른 해결책을 만들어 낸 것이나, 어도비가 피그마 인수에 실패한 것은 모두 이런 복잡성을 잘 보여준다.

위기관리와 특수 상황 대응도 인간의 영역으로 남을 것이다. 2008년 금융위기나 2020년 팬데믹과 같은 예외적 상황에서는 기존의 모델과 패턴이 무력화된다. 이때는 경험, 직관, 그리고 창의적 문제 해결 능력이 결정적 역할을 한다. 2023년 실리콘밸리은행과 크레디트스위스 사태에서의 대응은 전례 없는 속도로 이루어져야 했으며, 이는 AI로는 불가능한 일이었다.

국제적 거래에서 문화적, 지역적 특수성을 고려하는 것도 인간의 고유 영역이다. 일본제철-유에스스틸 인수에서 보았듯이, 같은 산업, 같은 규모의 거래라도 지역에 따라 접근법이 완전히 달라야 한다. 일본 기업의 체면 문화, 미국의 정치적 역학, 중동 국부펀드들의 지정학적 고려 등은 재무적 계산만으로는 평가할 수 없는 복잡한 요소들이다.

업무별 AI 대체 가능성

투자은행의 다양한 업무들을 체계적으로 분석하면, AI의 영향도에 따라 네 가지 범주로 나눌 수 있다. 이런 분류를 통해 각 업무 영역에서 AI와 인간의 역할 분담이 어떻게 이루어질지 예측할 수 있다.

첫 번째 범주는 완전히 자동화가 가능한 영역이다. 여기에는 기초 데이터 수집, 표준화된 문서의 생성, 기본적인 재무 계산 등이 포함된다. 이런 업무들은 명확한 규칙이 있고 반복적이며, 창의성이나 판단력을 거의 요구하지 않는다. AI가 인간을 완전히 대체할 수 있는 영역이며, 실제로 많은 투자은행에서 이미 자동화가 진행되고 있다. 예를 들어, 시장 데이터 수집과 기본적인 산업 분석, 표준화된 계약서 초안 작성, 규제 보고서 생성 등이 여기에 해당한다.

두 번째 범주는 AI가 보조하고 인간이 감독하는 영역이다. 여기에는 복잡한 재무 모델링, 위험 분석, 시장 조사 등이 포함된다. AI가 대부분의 분석 작업을 수행하지만, 결과의 해석과 검증, 그리고 비즈니스 맥락에 맞는 조정은 인간이 담당한다. 이 영역에서는 AI와 인간의 협업이 가장 효과적이며, 생산성 향상이 가장 클 것으로 예상된다. DCF 모델의 자동 생성과 시나리오 분석, 경쟁사 분석과 벤치마킹, 초기 실사 자료 분석 등이 이에 해당한다.

세 번째 범주는 인간이 중심이 되고 AI가 지원하는 영역이다. 여기에는 고객 관계 관리, 협상 전략 수립, 거래 구조화 등이 포함된다. 인간의 판단력과 창의성이 핵심이지만, AI가 정보 수집과 기초 분석을 통해 지원 역할을 한다. 이 영역에서는 AI가 인간을 대체하기보다는 인간의 능력을 확장시키는 역할을 한다. 클라이언트 미팅 준비와 자료 작성, M&A 거래 구조 설계의 옵션 분석, 협상 전략 수립을 위한 시나리오 분석 등이 여기에 속한다.

네 번째 범주는 인간 고유의 영역이다. 여기에는 CEO 레벨 관계 관리, 위기 상황 대응, 문화적 맥락이 중요한 국제 거래 등이 포함된다. 이런 업무들은 높은 수준의 직관, 감정적 지능, 그리고 복잡한 인간관계에 대한 이해를 요구한다. AI로는 대체하기 어려우며, 앞으로도 인간만이 할 수 있는 영역으로 남을 가능성이 높다. 이사회와 CEO를 대상으로 한 전략적 자문, 적대적 인수 상황에서의 방어 전략 수립, 정치적으로 민감한 국제 거래의 협상 등이 이에 해당한다.

이런 분류를 통해 보면, 투자은행 업무의 약 30%는 AI로 완전히 또는 거의 대체될 것으로 예상된다. 하지만 나머지 70%, 특히 높은 부가가치를 창출하는 핵심 업무들은 여전히 인간의 영역으로 남을 것이다. 이는 투자은행가들이 사라지는 것이 아니라, 그들의 역할이 변화한다는 의미다.

미래의 균형점: 변화하는 역할과 새로운 과제

투자은행가의 재정의: 분석가에서 관계 설계자로

과거 정보를 수집하고 분석해 가공하는 것이 투자은행가의 핵심 업무였다면, 이제는 AI가 생산한 정보를 어떻게 해석하고 활용할 것인지가 더 중요해졌다. 골드만삭스의 솔로몬 CEO가 S1 서류의 95%를 AI가 작성할 수 있다고 말한 것은 단순한 효율성 개선이 아니라 업무 본질의 변화를 의미한다.

전통적으로 투자은행의 주니어 직원들은 정보 처리자였다. 그들은 재무제표를 분석하고, 산업 보고서를 작성하며, 비교 기업 분석을 수행했다. 이런 업무들은 정확성과 신속성이 핵심이었다. 하지만 이제 이런 작업들은 대부분 AI가 더 빠르고 정확하게 수행할 수 있게 되었다. 그렇다면 인간 투자은행가들은 어떤 역할을 해야 할까?

새로운 역할의 첫 번째는 전략적 자문이다. AI가 제공하는 방대한 데이터와 분석 결과를 바탕으로, 기업의 장기 전략 방향성을 설정하고 시장에서의 포지셔닝을 조언하는 것이다. 이는 단순히 숫자를 분석하는 것을 넘어서, 기업의 비전과 시장의 변화, 그리고 경쟁 환경을 종합적으로 고려한 전략적 사고를 요구한다. 예를 들어, AI가 A 기업의 적정 기업가치는 100억 달러라고 계산했다면, 인간 투자은행가는 현재 시장 상황에서 이 가격에 매각하는 것이 최선인지, 아니면 2년 후 신사업이 성과를 보일 때까지 기다리는 것이 나은지를 판단해야 한다.

두 번째는 관계를 조율하는 역할이다. 복잡한 거래에서는 수많은 이해관계자들이 등장한다. 규제 당국, 기관 투자자, 언론, 노조, 정치권, 시민사회 등 각각이 서로 다른 관심사와 우려를 갖고 있다. 이들 간의 이해관계를 조율하고 모든 당사자가 받아들일 수 있는 합의점을 찾아내는 것은 고도의 인간적 기술이 요구되는 영역이다. 마이크로소프트와 액티비전의 거래에서 보았듯이, 각기 다른 규제 관할권별로 다른 전략을 수립하고 각각의 우려사항을 해결하는 것은 AI로는 불가능한 창의적 문제 해결 과정이었다.

세 번째는 위기를 관리하고 특수 상황에 대응하는 역량이다. 예측 불가능한 시장 상황이나 기업 위기에서는 기존의 매뉴얼이나 모델이 무용지물이 된다. 2023년 크레디트스위스 사태에서 보았듯이, 이런 상황에서는 신속한 의사결정과 창의적 해결책이 필요하다. AI는 과거 데이터를 바탕으로 한 분석은 뛰어나지만, 전례 없는 상황에서의 직관적 판단은 여전히 인간의 고유 영역이다.

투자은행가의 역할 변화에서 가장 중요한 부분은 CEO 레벨의 상호작용이다. 이 영역에서는 단순한 재무 자문을 넘어선 복합적인 인간적 요소들이 개입한다. 기업의 최고경영자들은 단순히 숫자와 분석만을 원하지 않는다. 그들은 자신의 전략적 비전을 이해하고 공감하는 조언자, 복잡한 정치적 상황을 헤쳐 나갈 수 있는 경험 있는 파트너, 그리고 위기 상황에서 신뢰할 수 있는 동반자를 찾는다.

CEO들과의 관계에서는 공식적인 미팅보다도 비공식적인 소통이 더 중요한 경우가 많다. 골프장에서의 대화, 저녁 식사에서의 허심탄회한 이야기, 가족 행사에서의 만남 등이 오히려 중요한 비즈니스 결정에 영향을 미친다. 이런 관계는 하루아침에 만들어지지 않으며, AI로 대체할 수도 없다.

새로운 진입 장벽: 능력주의에서 관계주의로

2025년 현재, 투자은행 채용 시장은 근본적인 변화를 겪고 있다. 채용 공고를 분석한 결과, 69%가 커뮤니케이션 스킬을 요구하고 68%가 고객 관리 능력을 강조한다. 반면 재무 모델링은 20%로 상대적으로 낮은 비중을 보인다(LinkedIn, 2025). 이는 과거와는 정반대의 변화다. 10년 전만 해도 투자은행 채용에서 가장 중요한 것은 복잡한 재무 모델을 빠르고 정확하게 만들 수 있는 기술적 능력이었다.

골드만삭스는 신입 애널리스트 규모를 3분의 2로 줄이는 것을 검토

중이다(TheDigitalBanker, 2024). AI가 기존에 신입 직원들이 담당하던 업무의 대부분을 대체할 수 있기 때문이다. 대신 골드만삭스는 소수의 AI 협업 능력을 갖춘 인재를 선별적으로 채용하고 있다. 이들에게 요구되는 것은 엑셀을 능숙하게 다루는 스킬이나 재무 분석 능력이 아니라, AI가 생성한 결과를 해석하고 고객에게 설득력 있게 전달할 수 있는 소통 능력이다.

주요 투자은행들의 인턴십 프로그램도 급격히 변하고 있다. JP모건의 여름 애널리스트 프로그램은 이제 고객을 위한 의미 있는 솔루션 개발과 고객 서비스의 본질 학습을 핵심 교육 과정으로 설정했다. 과거에는 주니어 직원들이 몇 주에 걸쳐 피치북을 만들고 재무 모델을 완성하는 것이 주요 교육 내용이었다면, 이제는 클라이언트와의 미팅에서 어떻게 라포를 형성하고, 복잡한 금융 개념을 비전문가도 이해할 수 있게 설명하며, 다양한 문화적 배경을 가진 고객들과 효과적으로 소통하는 방법을 배우는 것이 더 중요해졌다.

대학 채용에서도 변화가 나타나고 있다. 윌리엄스 칼리지(Williams College)나 앰허스트 칼리지(Amherst College) 같은 리버럴 아츠(Liberal Arts) 대학들이 이제 투자은행의 타깃 스쿨로 부상하고 있다. 물론 상위 15개 타깃 스쿨이 여전히 투자은행 일자리의 50%를 차지하지만, 전공 다양성은 크게 증가했다. 과거에는 경제학, 금융학, 회계학 전공

| 리버럴 아츠 대학(Liberal Arts College): 특정 직업 기술 교육보다는 다양한 학문 분야에 걸친 폭넓은 지식과 비판적 사고 능력을 함양하는 데 중점을 둔 학부 중심의 소규모 대학을 말한다. 이들 대학은 교수와 학생 간의 긴밀한 상호작용과 토론식 수업을 통해 인문학, 사회과학, 자연과학 등 여러 분야를 아우르는 전인교육을 추구하는 것이 특징이다.

자들이 압도적이었다면, 이제는 심리학, 인류학, 정치학, 심지어 문학 전공자들도 투자은행에 채용되고 있다(Adventis, 2025).

하지만 이런 변화는 예상치 못한 사회적 부작용을 낳고 있다. 버클리 대학의 스튜어트(Toby Stuart) 교수는 저서 『Anointed』에서 사회적 지위의 증폭 효과라는 개념을 제시했다. 기술 발전이 객관적 평가를 어렵게 만들수록, 평가자들이 창작자의 출신이나 사회적 배경에 더욱 의존하게 된다는 것이다. 투자은행에서 이런 현상은 더욱 뚜렷하게 나타날 가능성이 있다. 모든 주니어 직원이 AI를 활용해 비슷한 수준의 분석 자료를 만들어 낼 수 있게 되면, 차별화 요소는 점점 더 주관적이고 사회적인 영역으로 이동할 수밖에 없다. 클라이언트와 자연스럽게 라포를 형성하는 능력, 상류층 문화에 대한 이해, 적절한 톤과 매너로 소통하는 스킬 등이 새로운 경쟁 요소가 되고 있다.

문제는 이런 능력들이 개인의 노력만으로는 쉽게 습득되지 않는다는 점이다. 명문 사립학교에서 자연스럽게 체득한 소통 방식, 어릴 때부터 노출된 상류층 문화, 가족의 비즈니스 네트워크 등은 AI 시대에 오히려 더 가치 있는 자산이 될 수 있다. 과거에는 뛰어난 분석 능력으로 이런 배경의 차이를 극복할 수 있었지만, 이제는 그마저도 AI가 대체하면서 사회적 자본의 중요성이 더욱 커지고 있다. 이런 변화는 투자은행이 더욱 엘리트적이고 배타적인 업계가 될 가능성을 높인다.

이런 우려에 대응하기 위해 일부 투자은행들은 AI를 활용한 블라인드 리크루팅을 실험하고 있다. 모건스탠리는 2025년 대규모 구조조정을 통해 2천 명의 일자리를 줄이면서도, 동시에 AI 시대에 적합한 인재 확보에 집중하고 있다. 이들은 지원자의 이름, 출신 학교, 사진 등을 가리고 오직 역량과 성과만으로 평가하는 시스템을 일부 도입했다.

하지만 이런 시도들도 한계가 있다. 블라인드 리크루팅은 서류 전형에서는 효과적일 수 있지만, 면접이나 실제 업무에서는 개인의 배경과 사회적 자본이 여전히 중요한 역할을 한다. 더욱이 투자은행의 핵심 업무가 관계 구축과 신뢰 형성이라면, 이런 능력을 평가하지 않을 수도 없다.

일부 투자은행들은 다양성 확보를 위한 적극적인 노력을 기울이고 있다. JP모건은 지역 주립대학과의 파트너십을 확대하고, 다양한 배경의 학생들에게 인턴십 기회를 제공하고 있다. 골드만삭스는 소수민족과 저소득층 출신 학생들을 위한 별도의 트레이닝 프로그램을 운영한다. 하지만 이런 노력들이 근본적인 구조 변화를 가져올 수 있을지는 아직 불분명하다.

생겨나는 핀테크의 약속과 한계

투자은행업의 변화와 함께 이 영역에 도전하는 핀테크 플랫폼들도 등장하고 있다. 이들은 기술을 통해 투자은행 서비스를 민주화하고, 더 많은 기업들이 전문적인 금융 자문을 받을 수 있게 하겠다고 주장한다.

피치북(PitchBook)은 이 분야의 선두주자 중 하나다. 전 세계 200만 개 이상의 기업을 다루는 포괄적인 사모 시장 데이터베이스를 구축했으며, 과거에는 골드만삭스나 모건스탠리와 같은 대형 투자은행만이 접근할 수 있었던 시장 정보를 이제는 중소기업들도 구독료를 내고 이용할 수 있게 되었다. CB인사이트는 1,400개 이상의 기술 시장을 추적하며, 특히 스타트업과 신기술 분야에서는 전통적인 투자은행보다도 더 깊이 있는 인사이트를 제공한다고 평가받고 있다.

사모 시장에서도 혁신이 일어나고 있다. 포지글로벌(Forge Global)은 63만 6천 명 이상의 개인 투자자와 1만 8천 개 이상의 기관이 플랫폼을 이용하고 있으며, 과거에는 소수의 기관 투자자만 접근할 수 있었던 사모 투자 기회를 개인 투자자들에게도 개방하고 있다. 에쿼티젠(EquityZen)도 2013년 설립 이후 450개 이상의 기업에서 4만 6천 건 이상의 사모 거래를 중개했다. 이들 플랫폼의 등장으로 Pre-IPO 투자는 더 이상 벤처캐피털과 대형 투자은행의 전유물이 아니게 되었다.

이런 성과에도 불구하고, 핀테크의 영향은 생각보다 제한적이다. 복잡한 거래 구조화는 여전히 깊은 전문성과 경험을 요구한다. 피치북이나 CB인사이트가 아무리 풍부한 데이터를 제공한다고 해도, 마이크로소프트의 액티비전 인수와 같은 거래에서 각각의 규제 관할권의 서로 다른 우려를 해결하는 창의적 구조를 설계하는 것은 불가능하다. 더욱이 대규모 거래에서는 여전히 전통적인 투자은행의 신뢰성과 네트워크가 결정적이다. 기업의 CEO가 회사를 매각하기로 결정했을 때, 그는 단순히 가장 저렴한 서비스를 원하지 않는다. 그는 가장 신뢰할 수 있고, 가장 좋은 결과를 보장할 수 있는 파트너를 찾는다.

이런 상황에서는 골드만삭스의 브랜드와 네트워크가 핀테크 플랫폼보다 훨씬 강력한 경쟁력을 갖는다. 국경 간 거래의 규제 전문성 또한 핀테크가 쉽게 대체할 수 없는 영역이다. 일본제철의 유에스스틸 인수에서 보았듯이, 일본 기업이 미국 기업을 인수하거나, 사우디 국부펀드가 유럽 기업에 투자할 때 필요한 것은 단순한 재무 분석이 아니라 복잡한 규제 환경에 대한 이해와 각국 규제 당국과의 관계다.

그렇다고 해서 핀테크의 영향을 과소평가해서는 안 된다. 이들은 투자은행업의 특정 영역에서는 분명한 가치를 제공하고 있다. 특히 중소기업을 대상으로 한 기초적인 재무 자문, 시장 정보 제공, 그리고 소규모 자금 조달에서는 전통적인 투자은행보다 효율적이고 저렴한 서비스를 제공할 수 있다.

더욱 중요한 것은 이러한 핀테크들의 존재 자체가 전통적인 투자은행들에게 혁신의 압력을 가하고 있다는 점이다. 골드만삭스나 JP모건 같은 대형 투자은행들도 이제는 디지털 플랫폼을 구축하고, AI 기술을 적극 도입하며, 더 효율적인 서비스를 제공하기 위해 노력하고 있다. 이는 업계 전체의 발전에 긍정적인 영향을 미치고 있다.

결국 미래의 모습은 핀테크가 전통적인 투자은행을 대체하는 것이 아니라, 각각이 자신의 강점을 발휘할 수 있는 영역에서 경쟁하고 협력하는 생태계가 될 가능성이 높다. 핀테크는 중소기업과 개인 투자자들에게 더 접근 가능한 금융 서비스를 제공하고, 전통적인 투자은행은 대기업과 복잡한 거래에 집중하는 분업 구조가 형성될 것으로 보인다.

하디드의 교훈과
열린 미래

　이번 장에서 우리는 투자은행업 고유의 특성을 통해 AI의 영향력은 단순 자동화가 가능한 제한적인 영역에 머무를 것이며, 인간의 판단을 대체할 만한 예측 역량을 발휘하는 데에는 아직 그 한계가 명확하다는 결론을 내렸다. 하지만, 이러한 결론에 안주하기 전에, 도입부에서 제시했던 자하 하디드의 이야기를 다시 살펴보면서 우리 분석의 한계를 성찰해 볼 필요가 있다.

　이번 장의 서문에서 우리는 CAD가 건축가들의 업무를 변화시켰지만 대체하지는 않았던 점을 분명히 했다. 하지만 2016년 하디드가 세상을 떠난 후, 건축계는 또 다른 기술적 전환점을 맞고 있다. 이번에는 AI가 건축 설계의 가장 창조적인 영역에까지 도전장을 내밀고 있는 것이다. 자하 하디드 건축사무소(Zaha Hadid Architects)는 2023년 놀라운 발표를 했다. 상당수의 프로젝트를 AI 이미지를 사용해 개발하고 있다는 것이었다.

하디드가 세상을 떠난 지 불과 7년 만에, 그녀의 건축사무소가 AI를 핵심 설계 도구로 활용하고 있다는 것은 상징적인 의미가 크다. 자하 하디드 건축사무소 내의 기술 연구 그룹인 ZH코드는 달리 2(DALL-E 2), 미드저니(Midjourney)와 같이 텍스트를 입력하면 이미지를 만들어 주는 생성형 AI를 디자인 초기 단계에서 광범위하게 활용하기 시작했다. 나아가 이들은 하디드가 평생에 걸쳐 남긴 수만 장의 스케치, 설계도, 회화 등 방대한 시각적 유산을 스테이블 디퓨전(Stable Diffusion) 모델에 학습시켰다. 그 결과, AI는 단순히 이미지를 생성하는 도구를 넘어, 마치 자하 하디드의 정신이 깃든 디지털 후계자처럼 그녀의 독창적인 스타일을 재해석하고 새로운 디자인을 무한히 제안하는 창의적인 파트너가 되었다.

| 스테이블 디퓨전(Stable Diffusion): 텍스트 설명(프롬프트)을 입력하면 그에 맞는 독창적인 이미지를 생성해 주는 오픈소스(open-source) 인공지능 모델이다. 이 모델은 무작위 노이즈(noise) 상태에서 점차 노이즈를 제거하며 이미지를 만들어 내는 확산(diffusion) 기술을 사용하며, 소스코드가 완전히 공개되어 있어 누구나 자유롭게 활용하고 수정할 수 있다는 점에서 AI 이미지 생성 기술의 대중화를 이끌었다.

AI를 활용해 설계된 자하 하디드(Zaha Hadid) 양식의 조감도(출처: Parametric Architecture)

나아가 자하 하디드의 오랜 파트너이자 회사를 이끌고 있는 패트릭 슈마허(Patrik Schumacher)는 여기서 멈추지 않고 더 높은 목표를 추구하고 있음을 밝힌다. 그는 미드저니와 같은 AI가 초기 디자인 영감을 주는 것을 넘어, 실제 건물을 세우는 데 필요한 건설(구조)과 프로그램(기능)의 복잡한 문제까지 해결해야 한다고 강조한다. 즉, 하디드의 유산을 학습한 AI로 창의적인 디자인의 지평을 여는 것에 만족하지 않고, 엔비디아와 협력하여 AI의 역할을 더욱 적극적으로 확장하고 있는 것이다.

AI는 이제 건축가가 그동안 경험과 직관에 의존해 왔던 프로젝트의 경제성 예측과 위험 평가, 그리고 규제 준수까지 데이터를 기반으로 수행하고 있다. 이는 설계 과정 전반에 개입하는 수준으로, 과거 CAD가 단순히 도면 작성을 도와주던 수준을 아득히 넘어선다. CAD가 건축가의 손을 해방시켜 더 복잡한 형태를 그릴 수 있게 했다면, AI는 이제 건축가의 상상력과 판단력 자체에 도전하고 있는 셈이다.

건축계에서 벌어지고 있는 이러한 변화는 우리가 투자은행에 대해 내린 결론의 견고함을 다시 한번 점검하게 만든다. 투자은행가가 내리는 직감적 판단의 내면을 들여다보면, 사실 수많은 과거 경험, 시장 데이터, 인간 행동 패턴의 복합적 조합일 가능성이 높다. 이런 복합적 패턴이 현재의 AI로는 처리하기 어렵지만 이는 기술적 한계일 뿐, 원리적 불가능성을 의미하지는 않는다.

건축계에서 일어나고 있는 일들을 보면, 우리가 인간 고유의 영역이라고 믿어왔던 창조성과 판단력의 경계가 생각보다 유동적일 수 있다는 가능성을 배제할 수 없다. 40년 전 CAD를 도입할 때 건축가들은 기술을 단순한 도구로 여겼고, 창조는 여전히 인간만의 영역이라고 믿었다. 지금 우리도 투자은행가의 관계 구축 능력과 판단력에 대해 비슷한 확신을 갖고 있는 것은 아닐까?

투자은행의 핵심 가치인 복잡한 판단력과 관계 구축 능력은 현재까지는 AI에 대해 상당한 저항성을 보여주고 있다. 현재의 기술 발전 속도와 시장 구조를 고려할 때, 이러한 분석이 상당한 설득력을 갖는다. 하지만 기술 발전은 때로 예측 불가능한 도약을 보여주기도 한다는 점 역시 인정해야 한다. 자하 하디드가 CAD라는 새로운 도구와 함께 이전에는 불가능했던 건축물들을 창조해 냈듯이, 투자은행가들도 AI라는 새로운 도구와 함께 진화할 가능성이 크다. 미래의 투자은행은 AI와 인간이 공존하는 하이브리드 모델이 될 것이다.

결국 이 글을 통해 제시하고자 하는 가장 중요한 메시지는 투자은행의 안전적이라는 것이 아니라, 변화에 대한 체계적 사고의 중요성이다. 투자은행이 보여주는 AI에 대한 저항성은 인간의 고유한 가치를 옹호하는 중요한 사례이지만, 동시에 계속 검증되어야 할 가설이기도 하다. 그 진화의 방향과 속도는 기술의 발전뿐만 아니라 투자은행가들 자신이 어떻게 적응하고 혁신하느냐에 달려 있을 것이다. 그리고 이것은 AI 시대를 살아가는 모든 전문직이 직면한 도전이자 기회일 것이다. 하디드가 CAD와 함께 새로운 건축의 지평을 열었듯이, 투자은행가들도 AI와 함께 금융의 새로운 미래를 창조해 나갈 것이다.

제3부

새로운 질서의 설계

제7장

성공과 실패를 가르는 법칙

자산운용에서는 개별 펀드매니저의 역량보다 실행 시스템의 정교함이 승부를 가르고 있다. 소매금융에서는 고객의 미세한 행동 패턴까지 포착하는 데이터 지배력이 새로운 경쟁 우위의 원천이 되고 있다. 보험에서는 단순한 기술 우위보다 복잡한 이해관계자들을 조율하는 생태계 실행 능력이 결정적이다. 투자은행에서는 AI 시대에도 여전히 인간의 직관과 판단력이 핵심 역할을 담당하고 있다. 우리가 2부에서 목격한 이러한 현실은 하나의 근본적인 의문을 제기한다. 분야별로 이처럼 다른 성공 공식들 뒤에 숨어 있는 공통된 원리는 과연 무엇일까?

사실 우리는 이 의문에 대한 답변의 힌트를 이미 살펴보았다. 제2장에서 우리는 대표적인 실패 사례로 온라인 부동산 플랫폼의 선두주자 질로우(Zillow)가 인공지능 기반 주택 매매 사업인 아이바잉(iBuying)을 전격 중단한 점을 살펴보았다. 3억 400만 달러의 손실과 함께 직원의 25%를 해고하며 사업을 접은 질로우의 실패는 금융업계에 큰 파장을 일으켰다. 왜냐하면 질로우는 이미 7천만 개 이상의 주택 데이터를 보유하고 있었고, 업계에서 가장 정교한 AI 가격 예측 모델인 제스티메이트(Zestimate)를 운영하고 있었기 때문이다. 반면 우리가 성공적인 사례로 분석했던 JP모건은 정반대의 성과를 보여주었다. 2017년 출시한 AI 기반 계약 분석 시스템 COiN(Contract Intelligence)은 연간 36만 시간이 소요되던 상업대출 계약 검토 작업을 단 몇 초 만에 처리하며 매년 1억 5천만 달러 이상의 비용을 절감하고 있었다. 두 회사 모두 최첨단 AI 기술을 보유하고 있었고, 충분한 자금과 데이터를 가지고 있었다. 그렇다면 왜 한 회사는 성공하고 다른 회사는 실패했을까?

기존 성공 이론의 한계:
불완전한 설명력

우리는 흔히 '좋은 기술이 성공을 이끈다'는 기술 결정론, '고객 수요가 성공을 견인한다'는 시장주의, 또는 '우수한 인재가 성공을 만든다'는 조직 역량론 중 하나로 이러한 성공과 실패를 진단하곤 한다. 그러나 실제 사례들을 면밀히 분석해 보면, 이러한 단일 요인 설명들은 현실의 복잡성을 제대로 포착하지 못한다는 것을 알 수 있다.

기술 결정론의 오류

AI 분야에서 가장 널리 퍼진 믿음은 더 나은 기술이 더 나은 결과를 낳는다는 기술 결정론이다. 이 관점에 따르면, 더 정교한 알고리즘, 더 많은 데이터, 더 강력한 컴퓨팅 파워를 가진 기업이 성공해야 한다. 실리콘밸리의 '기술이 모든 것을 해결한다'는 철학이 금융업계에도 이식되면서, 많은 기업들이 최신 AI 기술 도입에만 집중하는 함정에 빠졌다. 그러나 현실은 이보다 훨씬 복잡하다.

앞서 살펴본 질로우의 사례와 마찬가지로 나이트캐피털그룹(Knight Capital Group)의 붕괴는 기술이 어떻게 조직의 문화적 실패를 파국으로 이끌 수 있는지를 보여준다. 뉴욕증권거래소의 새로운 프로그램에 대응하기 위해 핵심 거래 소프트웨어를 성급하게 수정하는 과정에서 치명적인 오류가 발생했다. 한 기술자가 8개의 서버 중 하나에 새로운 코드를 배포하는 것을 누락했고, 이로 인해 2003년부터 사용되지 않던 낡고 위험한 테스트 코드가 의도치 않게 활성화되었다. 이 코드는 고가 매수와 저가 매도를 반복하도록 설계되어 있었는데, 과거 코드 수정 과정에서 과도한 주문을 막는 안전장치마저 제거된 상태였다.

시장이 열리자마자 결함이 있는 서버는 통제 불능 상태에 빠져 45분 만에 4억 6천만 달러가 넘는 손실을 입혔고, 회사는 결국 파산했다. 이 사건은 단순한 소프트웨어 버그가 아니었다. 근본 원인은 수동 배포를 이중으로 확인하는 절차의 부재, 시장 개장 전 시스템이 보낸 97건의 경고 이메일 무시, 위험한 레거시 코드를 수년간 방치한 안일함, 그리고 비상 상황에 대한 대응 계획 부재 등 총체적인 조직 문화와 프로세스의 실패였다. 기술은 이렇게 회사 내부에 내재되어 있던 결함들을 증폭시켜 단 45분 만에 회사를 무너뜨린 도화선이 되었을 뿐이다.

이와 대조적으로 블랙록의 알라딘 플랫폼은 기술 자체보다 기술을 활용하는 조직 역량이 얼마나 중요한지를 보여주는 반대 사례다. 블랙록은 창립자 래리 핑크(Larry Fink)가 과거 겪었던 투자 손실 경험을 바탕으로 리스크 관리를 우선적인 철학으로 삼아 설립된 기업이다. 이에 따라 초창기 알라딘은 판매용 상품이 아닌 블랙록 내부의 리스크 관리 문제를 해결하기 위한 도구로 개발되었다. 기술적으로 초기 알라딘은 오늘날의 기준으로 보면 매우 원시적이었다. 하지만 블랙록은 10년 이상 알라딘을 내부에서만 사용하며 회사의 운영과 문화에 이를 깊숙이 통합시켰다. 이 과정에서 기술은 조직의 리스크 관리 철학을 시스템적으로 구현하고 강화하는 역할을 했다.

알라딘의 성공은 특정 알고리즘의 우수성 때문이 아니라, 포트폴리오 관리, 거래, 규정 준수를 하나의 플랫폼에서 통합하여 모든 의사결정 과정에 리스크 분석이 내재되도록 만든 포괄적인 사회-기술 시스템의 힘 덕분이다. 현재 알라딘은 전 세계 200개 이상의 기관에서 13만 명 이상이 사용하는 금융기관의 표준 플랫폼으로 자리 잡았으며, 연간 16억 달러의 기술 서비스 수익을 창출하고 있다. 이는 기술이 명확한 조직 철학과 결합될 때 얼마나 큰 가치를 창출할 수 있는지를 보여준다.

이 두 사례는 금융 분야의 AI에 있어서 기술 결정론에 매몰되는 것이 얼마나 위험한 착각인지를 보여준다. 최고의 기술도 조직 역량과 문화 없이는 무용지물이 되고, 상대적으로 단순한 기술도 올바른 조직적 맥락에서는 거대한 가치를 창출할 수 있다.

시장 우선주의의 맹점

두 번째로 널리 받아들여지는 관점은 고객의 수요가 있으면 성공한다는 시장 우선주의다. 이 관점은 시장 조사를 철저히 하고, 고객의 니즈를 정확히 파악하며, 이를 충족시키는 솔루션을 제공하면 성공한다고 보는 스타트업 업계의 주된 관점이다. 많은 컨설팅 회사들이 고객 중심 AI 전략을 강조하는 것도 이러한 믿음에 기반한다. 그러나 실제 사례들을 살펴보면 이러한 관점 역시 불완전한 것을 알 수 있다.

골드만삭스의 마커스(Marcus) 사례는 시장 수요가 명확해도 성공을 보장하지 못한다는 것을 극명하게 보여준다. 전통적으로 골드만삭스는 거대 기업이나 최상위 자산가들만을 상대로 사업을 영위해 왔다. 기업의 인수합병 자문이나 대규모 자금 조달, 금융 상품 트레이딩 등이 주된 수익원이었다. 하지만 이러한 사업은 경기 흐름에 직접적인 영향을 받기에, 호황기에는 막대한 이익을 거두지만 불황기에는 실적이 악화되는 등 실적의 부침이 심했다.

2008년 글로벌 금융위기를 기점으로 골드만삭스는 안정적인 수익원에 대한 필요성을 느끼기 시작했고, 매달 꾸준한 현금 흐름을 창출할 수 있는 소매금융은 무척이나 매력적인 대안이었다. 그렇게 2016년, 골드만삭스는 창업자의 이름을 딴 디지털 은행 마커스를 세상에 내놓으며 새로운 도전을 시작했다.

마커스는 출범 초기부터 시장의 기대를 받았다. 무려 10만 명을 대상으로 진행한 설문조사를 통해 기존 은행에 대한 소비자들의 불편과 불만을 세밀하게 파악했다. 조사 결과, 소비자들은 복잡하고 불투명한 수수료 체계, 기대에 미치지 못하는 예금 금리, 경직된 상품 구조에 큰 피로감을 느끼고 있었다. 이러한 분석을 바탕으로 마커스는 기존 은행과 정반대의 전략을 펼쳤다. 우선, 고객들이 가장 불만스러워했던 각종 숨은 수수료를 과감히 없애 투명성을 높였다. 이어서 업계 최고 수준의 예금 이자를 약속하며 공격적으로 고객을 유치했고, 복잡한 상품 대신 누구나 쉽게 이해할 수 있는 개인 대출과 예금이라는 두 가지 핵심 상품에만 집중했다. 월스트리트의 금융 엘리트 집단이 만든 소비자 친화적 은행의 등장은 성공을 의심하기 어려워 보였다.

하지만 장밋빛 전망은 오래가지 않았다. 마커스는 출범 후 3년이 채 되기도 전에 30억 달러가 넘는 막대한 누적 손실을 기록하며 실패의 길로 접어들었다. 실패의 이면에는 몇 가지 구조적인 원인이 자리하고 있었다. 가장 큰 문제는 전략의 깊이가 얕았다는 점이다. 낮은 수수료와 높은 금리는 모든 소비자가 원하는 보편적 욕구일 뿐, 고객이 계속 머물러야 할 특별한 이유가 되지는 못했다. 이는 시장의 표면적인 수요를 확인했을 뿐, 고객과의 장기적인 관계를 구축할 차별화된 경쟁력을 확보하는 데는 이르지 못했음을 의미한다. 경쟁 은행들이 금리를 조금만 올려도 고객들은 얼마든지 쉽게 떠나갈 수 있다.

또한, 골드만삭스는 소매금융의 운영 비용을 과소평가했다. 개인 고객을 상대해 본 경험이 전무했기에, 고객 한 명 한 명을 유치하기 위한 마케팅 비용과 디지털 플랫폼을 구축하고 유지하는 데 천문학적인 자금을 쏟아부어야 했다. 결국 수익이 비용을 감당하지 못하는 구조가 고착화되었고, 이는 고스란히 손실로 이어졌다.

결국 골드만삭스는 사실상의 실패를 인정하고 후퇴를 선택했다. 핵심 사업이었던 개인 대출을 중단하고, 야심차게 준비하던 당좌예금 계좌 출시 계획도 무기한 연기했다. 이러한 마커스의 사례는 시장의 분명한 수요가 성공을 보장하지는 않는다는 것이다. 해당 사업의 본질에 대한 이해와 지속 가능한 수익 모델, 그리고 경쟁자가 쉽게 모방할 수 없는 차별화된 가치가 없다면, 월스트리트의 제왕이라 할지라도 새로운 시장에서 살아남기 어렵다는 사실을 증명한 셈이었다.

반면 JP모건 체이스는 새로운 시장에 진입하는 것이 아니라, 이미 보유한 거대한 기존 사업을 디지털 기술로 강화하는 것을 목표로 삼았다. JP모건은 기술 혁신을 위해 연간 180억 달러라는 상상하기 어려운 규모의 자금을 투자한다. 하지만 이 투자는 새로운 고객을 찾아 헤매는 데 사용되지 않았다. 그들의 목표는 이미 JP모건을 이용하고 있는 미국 내 6,600만 가구와의 관계를 더욱 깊고 끈끈하게 만드는 것이었다. 즉, 새로운 영토를 개척하는 것이 아니라, 기존 고객이라는 핵심 자산을 지키고 그 가치를 극대화하는 데 집중했다.

이를 위해 JP모건은 자사의 체이스 모바일(Chase Mobile) 앱을 단순한 계좌 조회 및 이체 수단을 넘어, 고객의 모든 금융 생활을 관리하는 종합 금융 플랫폼으로 진화시켰다. 예를 들어, 앱 안에서 친구에게 간편하게 송금하고(Zelle), 자신의 신용 점수를 무료로 확인하며(Credit Journey), 지출 내역을 분석해 예산을 관리하는 도구까지 완벽하게 통합했다. 고객이 다른 금융 앱을 열 필요가 없도록, 하나의 익숙한 공간 안에서 모든 것을 해결할 수 있게 만든 것이다.

이러한 전략의 결과는 빛을 발했다. 6천만 명이 넘는 고객이 이 디지털 플랫폼을 활발하게 이용하기 시작했고, 이는 단순히 앱 사용자가 늘었다는 숫자를 넘어선 의미를 가졌다. 고객들은 자신에게 필요한 금융 서비스를 하나의 앱에서 편리하게 이용할 수 있게 되자 만족도가 눈에 띄게 증가했으며, 이는 곧 고객 유지율 상승으로 이어졌다. 또한, 수많은 업무가 자동화되고 디지털 채널로 이전되면서 은행의 운영 효율성도 개선되었다. 실제로 체이스 모바일 앱은 외부 기관의 고객 만족도 조사에서 수년간 최상위권을 차지하며 그 성공을 증명했다.

이 두 사례는 시장 수요가 성공을 위한 필요조건일 뿐, 결코 충분조건은 아님을 보여준다. 시장을 우선하는 관점은 분명 필요하지만, 기업이 가진 고유의 역량, 조직 문화, 그리고 브랜드의 진정성이라는 비즈니스의 근본적인 기둥을 고려하지 않는다면 그 어떤 전략도 실행 불가능한 구상에 그치고 만다.

조직 역량론의 불충분성

세 번째 주요 관점은 우수한 인재와 조직 역량이 성공을 만든다는 조직 역량론이다. 이는 최고의 AI 전문가를 확보하고, 적절한 조직 구조를 갖추며, 체계적인 교육과 프로세스를 구축하면 성공한다는 관점이다. 맥킨지 같은 컨설팅 회사들이 선호하는 이 접근법은 직관적이고 실행 가능해 보인다.

그러나 조직 역량론은 두 가지 근본적 한계를 갖는다. 첫째, 조직 내부 요인에만 집중하여 외부 환경과의 상호작용을 간과한다. 둘째, 역량의 존재와 활용을 동일시하여, 조직이 보유한 역량이 실제 성과로 이어지지 않는 현상을 설명하지 못한다. 이러한 한계는 AI 시대의 복잡하고 역동적인 환경에서 더욱 두드러진다.

2016년, 미국 역사상 최악의 금융 스캔들 중 하나가 터지기 전까지 웰스파고는 조직 역량론의 관점에서 가장 완벽에 가까운 은행이었다. 업계 최고 수준의 인재들이 포진해 있었고, 수십 년간 축적된 체계적인 리스크 관리 시스템과 운영 노하우를 자랑했다. 그 어떤 기준으로 보아도 실패할 이유가 없어 보였다. 그러나 이 모든 것은 왜곡된 인센티브 구조 앞에서 허무하게 무너져 내렸다.

당시 웰스파고는 직원들에게 고객 한 명당 최대한 많은 상품(계좌, 신용카드 등)을 파는 교차 판매(cross-selling)[1] 실적을 집요하게 압박했다. 단기 성과에 대한 과도한 압박은 조직 전체를 병들게 했다. 직원들은 실적을 채우기 위해 고객 몰래 수백만 개의 유령 계좌를 만들었고, 리스크 관리 시스템은 이러한 비윤리적 행태 앞에서 외면당하거나 마비되었다. 분산된 조직 구조는 내부 감시 기능을 무력화시키는 배경이 되었다. 이는 조직이 보유한 역량 자체에는 문제가 없더라도, 그것을

---

[1] 교차 판매(cross-selling): 기존 고객에게 현재 사용 중인 상품이나 서비스에 더하여 다른 종류의 것을 추가로 판매하는 마케팅 전략. 예를 들어, 은행이 예금 계좌를 보유한 고객에게 신용카드 발급이나 대출 상품 가입을 권유하는 것이 대표적이다. 이는 고객 한 명으로부터 발생하는 수익을 극대화하고 고객 관계를 강화하여 이탈을 방지하는 것을 목표로 한다.

올바른 방향으로 이끄는 문화와 철학이 부재할 때 얼마나 끔찍한 결과를 낳을 수 있는지를 보여준다. 뛰어난 능력은 잘못된 목표를 향해 더 빨리 달려가는 비극을 만들 뿐이었다.

더욱 중요한 것은 외부 환경의 제약이었다. 스캔들 이후 웰스파고는 실추된 명예를 회복하고 조직을 쇄신하기 위해 AI 기술에 대한 대규모 투자를 진행했지만, 규제 당국의 불신과 시장에서의 평판 손상이라는 외부적 제약으로 인해 이러한 투자는 상당 기간 성과로 이어지지 못했다. 아무리 뛰어난 AI 시스템을 구축해도 출시할 때마다 까다로운 규제 심사를 받아야 했고, 고객들은 새로운 서비스를 또 다른 속임수로 의심했다. 조직 내부의 역량 개선만으로는 외부 환경의 제약을 극복할 수 없었던 것이다.

반면 로빈후드는 전통적인 조직 역량론으로 설명하기 어려운 성공 사례를 제시한다. 2013년 설립된 이 회사의 창업자들은 금융업계 경험이 거의 없었고, 초기 팀은 대부분 20~30대 엔지니어들로 구성되었다. 복잡한 리스크 관리 시스템이나 체계적인 거버넌스 프레임워크도 부족했다. 조직 역량론의 관점에서는 실패할 수밖에 없는 조건이었다. 그럼에도 로빈후드는 2024년 4분기 10억 달러가 넘는 매출을 기록하며 폭발적으로 성장했다.

로빈후드의 성공 비결은 전통적 금융 역량이 아닌 다른 형태의 역량에 있었다. 젊은 세대의 행동 패턴을 이해하는 능력, 직관적인 사용자 경험을 설계하는 역량, 그리고 무엇보다 시대적 변화를 포착하고 이에 맞는 서비스를 신속하게 구현하는 민첩성이 핵심이었다. 복잡한 차트나 분석 도구 대신 게임처럼 직관적인 인터페이스를 제공했고, 높은 수수료 대신 제로 커미션 모델을 도입하여 투자의 진입 장벽을 대폭 낮췄다. AI 기술 활용도 독특했다. 복잡한 예측 모델이나 정교한 리스크 관리 시스템보다는 사용자 행동 분석과 개인화된 알림에 집중했다.

결정적으로는 외부 환경과의 완벽히 정렬된 사업 모델이 성공의 열쇠였다. 디지털 네이티브 세대의 투자 시장 진입, 제로 커미션에 대한 니즈, 그리고 코로나19 팬데믹이라는 예상치 못한 기회가 로빈후드의 역량과 결합하여 폭발적 성장을 만들어 냈다. 재택근무로 인해 집에 있는 시간이 늘어났고, 정부의 경기부양책으로 여유 자금이 생긴 젊은 세대들이 투자에 관심을 갖기 시작했다. 기존 증권사들이 전화나 대면 상담에 의존하던 시절, 로빈후드의 완전 디지털 플랫폼은 사회적 거리 두기 시대에 최적화된 솔루션이었다.

이 두 대조적인 사례는 조직 역량론의 근본적 한계를 명확히 보여준다. 웰스파고는 충분한 역량을 보유했음에도 실패했고, 로빈후드는 전통적 역량이 부족했음에도 성공했다. 이는 역량의 보유 여부가 아니라, 역량과 환경의 적합성, 그리고 역량을 올바른 방향으로 활용할 수 있는 조직 문화와 외부 맥락이 더 중요함을 시사한다. 조직의 역량은 여전히 중요하지만, 이것만으로는 충분하지 않다. 시장 타이밍, 규제 환경, 고객의 인식 변화, 그리고 예상치 못한 외부 충격 등 조직이 통제할 수 없는 요인들이 성패에 결정적 영향을 미친다. 따라서 AI 전략을 수립할 때는 조직 내부의 역량 강화와 함께 외부 환경과의 적합성, 그리고 변화하는 맥락에 대한 적응력을 동시에 고려해야 한다. 조직 역량론이 제시하는 해답은 전체 그림의 일부만을 보여줄 뿐이다.

새로운 분석 프레임워크:
내부-외부 4분면 매트릭스

　위와 같은 사례들을 통해 우리는 단일 요인으로는 AI 시대의 성공과 실패를 설명하기 어렵다는 점을 알 수 있다. 그렇다면 질로우는 왜 실패했고 JP모건은 왜 성공했을까? 블랙록의 초기 기술이 어떻게 21조 달러 플랫폼이 되었고, 로빈후드의 부족한 금융 전문성이 어떻게 수십억 달러 기업을 만들어 냈을까? 답은 단순하면서도 복잡하다. 성공하는 기업들은 서로 다른 여러 차원에서 동시에 우수함을 보여주고 있었지만, 실패하는 기업들은 보통 기술력과 같은 한 가지 측면에서만 AI 도입을 이해하려고 했다.

　여러 차원이 무엇인지 이해하려면 먼저 경영학이 오랫동안 고민해 온 질문으로 돌아가야 한다. 기업의 성공은 어디서 나오는가? 하나의 방법은 답을 내부에서 찾는 것이다. 뛰어난 기술, 독특한 데이터, 훌륭한 인재, 효율적인 프로세스 등 기업이 스스로 통제할 수 있는 자원과 역량이 성공을 만든다는 관점이다. 다른 한 가지 방법은 답을 외부에서 찾는 것이다. 아무리 뛰어난 역량을 가져도 시장이 원하지 않거나, 규제가 막거나, 경쟁이 너무 치열하면 소용없다는 관점이다.

성공하는 기업들을 보면 내부 역량과 외부 적합성 중 하나만 뛰어난 것이 아니라 두 가지가 모두 뛰어나면서 서로 시너지를 만들어 내고 있다. 더 중요한 것은 환경이 빠르게 변하는 AI 시대에는 이 두 요소의 균형을 지속적으로 재조정할 수 있는 능력이 필요하다는 것이다.

4분면 매트릭스

이러한 배경을 바탕으로 본서는 AI 구현의 성공과 실패를 설명하는 2×2 매트릭스를 제안한다. 이 분석틀은 전략경영 분야의 이론을 차용한 것으로, 기업의 내부 역량(internal capabilities)과 외부 적합성(external fit)의 상호작용을 통해 AI 구현 성과를 체계적으로 분석하고자 한다.

2×2 매트릭스의 수평축은 기업 내부 역량을 나타내며, 이는 자원기반관점(RBV)에 근거한다. RBV에서 강조하는 VRIN(Valuable, Rare, Inimitable, Non-substitutable)의 특성을 AI 맥락에 적용하여, 기업이 통제

| 자원기반관점(Resource-Based View, RBV): Barney(1991)가 제시한 자원기반관점(Resource-Based View)은 기업의 지속 가능한 경쟁 우위가 기업 내부의 독특한 자원과 역량에서 창출된다고 보는 전략 이론이다. 경쟁 우위를 창출하는 자원은 가치성(Valuable), 희소성(Rare), 모방불가능성(Inimitable), 대체불가능성(Non-substitutable)의 VRIN 특성을 모두 갖추어야 한다는 것이 핵심이다.

가능한 기술 역량, 데이터 자산의 질과 양, AI 친화적 조직문화, 디지털 리더십, 데이터 기반 의사결정 프로세스, 그리고 AI 전문 인력 등을 포함한다. 이러한 내부 역량은 기업이 직접적으로 개발하고 축적할 수 있는 자원으로, AI 구현의 기반이 되는 요소들이다.

반면 수직 축은 외부 적합성을 나타내며, 이는 다차원적 적합성(multi-dimensional fit) 개념을 AI 구현 상황에 확장 적용한 것이다. 원래의 적합성 이론이 제시한 다양한 적합성의 관점을 종합하여, 시장의 AI 수용 준비도, 규제 환경과의 정합성, 경쟁 구조 내에서의 포지셔닝, 기술 생태계의 성숙도, 고객 니즈와의 부합성, 그리고 기업 전체 전략과의 일관성 등의 조화와 일치 정도를 나타낸다.

이러한 접근은 두 이론의 상호보완적 특성을 활용하는데, RBV가 기업 고유의 내부 자원과 역량에 초점을 맞추는 반면, 적합성 이론은 조직의 다양한 요소들 간, 그리고 조직과 환경 간의 조화를 강조한다.

따라서 본 매트릭스는 내부 역량의 우수성과 외부 적합성의 달성 정도에 따라 AI 구현의 성과를 네 가지 유형으로 분류하여, 각 상황에 맞는 차별화된 전략적 시사점을 제공한다. 이는 기존 경영전략 분야에서 조직의 성과를 설명하기 위해 광범위하게 사용되어 온 내부-외부 통합 분석틀을 당 시대의 핵심 기술인 AI 구현 맥락으로 확장한 것으로 볼 수 있다.

| 다차원적 적합성(multi-dimensional fit): Venkatraman and Camillus(1984)가 제시한 개념으로, 조직의 전략적 적합성을 단일 차원이 아닌 조절적, 매개적, 매칭적, 형태적, 프로파일 편차적, 공변적 적합성 등 여섯 가지 관점에서 동시에 평가하는 접근법이다. 이는 조직 내외부의 다양한 요소들 간의 복합적이고 상호작용적인 관계를 인정하며, 적합성을 보다 정교하고 현실적으로 측정할 수 있는 방법론적 토대를 제공한다.

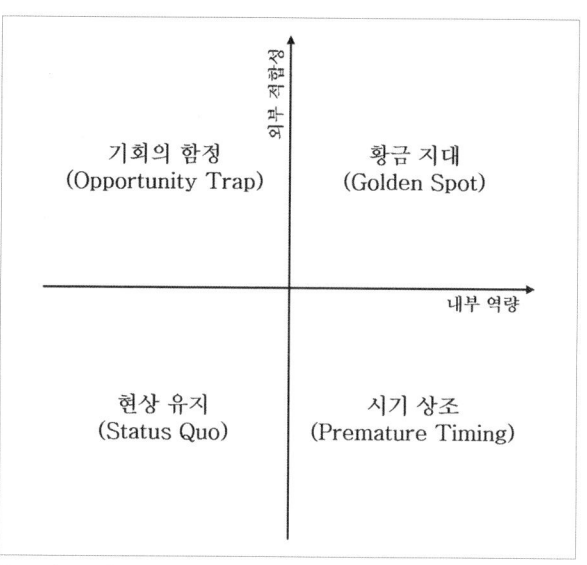

황금지대(1사분면), 기회의 함정(2사분면), 현상 유지(3사분면), 그리고 시기상조(4사분면)로 이루어진 매트릭스

이 두 축의 조합은 네 가지 전략적 위치를 만들어 낸다. 첫 번째 제1사분면은 황금 지대(golden spot)로 높은 내부 역량과 높은 외부 적합성으로 대표된다. 제2사분면은 기회의 함정(opportunity trap)으로 낮은 내부 역량과 높은 외부 적합성을 갖고 있다. 제3사분면과 제4사분면은 현상 유지(status quo)와 시기상조(premature timing)로 각각 낮은 내부 역량과 낮은 외부 적합성, 그리고 높은 내부 역량과 낮은 외부 적합성으로 대표된다. 중요한 점은 이 두 축이 상호작용 한다는 것이다. 내부 역량이 아무리 뛰어나도 외부 환경과 맞지 않으면 실패하고, 외부 기회가 아무리 좋아도 내부 준비가 되어 있지 않으면 포착할 수 없다.

제1사분면: 황금 지대의 승자들

황금 지대에 위치한 기업들은 강력한 내부 AI 역량과 유리한 외부 환경의 시너지를 창출한다. JP모건이 황금 지대에 진입할 수 있었던 것은 무엇보다 체계적인 내부 역량 구축에서 시작되었다. 2016년 CoE(Center of Excellence)를 설립한 것을 기점으로, 회사는 연간 140억 달러의 기술 예산 중 상당 부분을 AI에 투자하며 미래를 준비했다. 5만 7천 명에 달하는 기술 인력을 보유한 것도 모자라, 카네기멜론의 마누엘라 벨로소(Manuela Veloso)와 조지아텍의 터커 발치(Tucker Balch) 같은 세계적 수준의 AI 전문가들을 영입하여 기술적 토대를 더욱 견고히 했다.

이와 동시에 외부 환경 역시 JP모건의 AI 도입에 유리하게 변화하고 있었다. 글로벌 금융위기 이후 강화된 규제 환경은 계약 검토의 정확성과 일관성을 그 어느 때보다 중요하게 만들었고, 자연어 처리(NLP) 기술이 성숙 단계에 도달하면서 복잡한 법률 문서를 이해하고 분석할 수 있는 기술적 기반이 마련되었다. 흥미롭게도 경쟁사들은 여전히 동일한 문제로 고민하고 있었지만, 아직 효과적인 해결책을 찾지 못한 상황이었다.

| 자연어 처리(NLP): 인간이 일상적으로 사용하는 언어(자연어)를 컴퓨터가 이해하고, 해석하며, 생성할 수 있도록 만드는 인공지능(AI)의 한 분야. 이 기술을 통해 컴퓨터는 텍스트의 핵심 의미를 파악하고(감성 분석, 주제 요약 등), 한 언어를 다른 언어로 번역하며(기계 번역), 심지어 인간과 대화하듯 문장을 직접 생성(챗봇)할 수 있게 된다. 구글 번역, 챗GPT, 스마트폰의 음성 비서 등이 모두 자연어 처리 기술을 기반으로 한 서비스이다.

이러한 내외부 조건의 결합은 COiN의 놀라운 성과로 이어졌다. JP모건 COiN의 사례는 AI 성공이 단순히 뛰어난 기술력이나 유리한 외부 환경 중 어느 하나에만 의존하지 않음을 명확히 보여준다. 오히려 강력한 내부 역량과 유리한 외부 조건이 만나는 황금 지대에서, 전략적이고 차별화된 접근을 통해 진정한 혁신이 창출됨을 증명하고 있다.

블랙록의 알라딘은 더 긴 시간에 걸쳐 체계적으로 황금 지대를 구축한 사례다. 1988년 찰스 할락(Charles Hallac)과 베넷 골럽(Bennett Golub)이 단일 워크스테이션에서 시작한 이 시스템은, 30여 년간의 점진적 발전을 통해 오늘날 글로벌 금융 시장의 핵심 인프라로 자리 잡았다. 알라딘의 성공 기반은 블랙록이 창업 초기부터 축적해 온 독특한 내부 역량에서 출발한다. 창업자 래리 핑크(Larry Fink)는 1980년대 채권 거래에서 겪은 거액의 손실 경험을 통해 리스크 관리의 중요성을 뼈저리게 깨달았고, 수학적 모델링과 리스크 관리에 대한 블랙록의 깊은 전문성으로 발전했다. 무엇보다 중요한 것은 블랙록이 알라딘을 단순히 판매용 제품으로 개발한 것이 아니라, 자신들의 자산 관리 업무에 직접 사용하면서 지속적으로 개선해 왔다는 점이다. 이러한 '사용자이자 제공자' 모델은 시스템의 실용성과 신뢰성을 자연스럽게 보장했다.

하지만 알라딘이 진정한 황금 지대에 진입한 것은 2008년 금융위기라는 외부 환경의 극적인 변화 덕분이었다. 금융위기는 전 세계 금융기관들에게 리스크 관리의 중요성을 절감하게 만들었고, 동시에 규제 당국은 훨씬 더 정교한 리스크 분석과 투명한 보고를 요구하기 시작했다. 이러한 상황에서 알라딘은 완벽한 타이밍에 완벽한 솔루션으로 등장했다. 특히 미국 정부가 수천억 달러 규모의 연준 프로그램을 관리하는 데 알라딘을 선택한 것은, 시스템의 신뢰성과 역량을 전 세계에 입증하는 결정적 계기가 되었다.

마지막으로 페이팔의 AI 기반 사기 탐지 시스템은 황금 지대 전략에서 독특한 데이터 우위를 활용한 성공 사례로 주목받는다. 4억 3천만 개 이상의 활성 계정과 3,500만 이상의 가맹점을 보유한 페이팔은 단순한 결제 서비스를 넘어, 구매자와 판매자 양쪽의 행동 패턴을 동시에 관찰할 수 있는 세계에서 몇 안 되는 양면 플랫폼 중 하나다. 이러한 독특한 위치는 사기 탐지에 있어 결정적인 우위를 제공했다.

사기 탐지는 본질적으로 패턴 인식의 게임이다. 하지만 일반적인 패턴 인식과 달리, 사기꾼들은 지속적으로 새로운 방법을 고안해 기존 시스템을 우회하려 한다. 따라서 사기 탐지 시스템은 진화하는 위협에 실시간으로 대응할 수 있어야 하며, 동시에 정상적인 거래를 방해하지 않는 섬세함이 필요하다. 페이팔은 바로 이러한 도전에 정면으로 맞서기 위해 체계적으로 AI 역량을 구축했다.

2018년 사기 탐지 스타트업 시밀리티(Simility) 인수는 페이팔의 AI 전환점이 되었다. 하지만 단순히 외부 기술을 도입하는 데 그치지 않고, 페이팔은 자신들의 독특한 데이터 환경에 최적화된 시스템을 구축했다. 쿼카(Quokka)라는 그림자 플랫폼을 개발하여 머신러닝 모델의 지속적 통합과 배포(CI/CD)를 구현함으로써, 모델 개발 및 배포 시간을 80% 이상 단축시켰다. 더 중요한 것은 그래프 신경망을 활용해 개별 거래가 아닌 거래 간의 복잡한 관계망을 분석할 수 있게 된 점이다. 이를 통해 페이팔은 매일 모델을 재훈련하여 끊임없이 진화하는 사기 패턴에 한발 앞서 대응할 수 있게 되었다.

이러한 내부 역량 강화는 완벽한 타이밍에 이루어졌다. 전자상거래의 폭발적 성장과 함께 온라인 사기도 기하급수적으로 증가하고 있었고, 특히 코로나19 팬데믹은 이러한 추세를 더욱 가속화했다. 규제 당국은 금융기관들에게 더 강력한 사기 방지 시스템을 구축하도록 압박했고, 동시에 소비자들은 안전하면서도 편리한 결제 경험을 요구했다. 이는 언뜻 상충하는 듯한 요구사항이었지만, 페이팔의 AI 시스템은 이 두 가지를 모두 충족시킬 수 있는 해답을 제시했다.

제2사분면: 기회의 함정

기회의 함정은 AI 도입에서 가장 위험한 함정 중 하나다. 외부 환경은 명백히 유리하고 시장 기회는 분명히 존재하지만, 이를 실행할 내부 역량이 부족한 상황을 의미한다. 이 사분면에 있는 기업들은 종종 자신들의 기존 성공에 도취되어 새로운 영역에서 요구되는 역량의 본질적 차이를 간과한다. 결과적으로 화려한 출발에도 불구하고 참담한 실패로 귀결되는 경우가 많다.

질로우(Zillow)의 아이바잉(iBuying) 사업 실패는 기회의 함정이 어떻게 거대한 기업조차 무너뜨릴 수 있는지 보여주는 대표적 사례다. 2018

년 아이바잉 서비스 출시 당시, 미국 부동산 시장은 질로우에게 거의 완벽한 환경을 제공하고 있었다. 밀레니얼 세대는 전통적인 부동산 거래의 복잡하고 번거로운 과정에 지쳐 있었고, 편리하고 빠른 주택 거래를 간절히 원하고 있었다. 저금리 환경은 자본 조달을 용이하게 만들었고, 오픈도어(Opendoor)와 오퍼패드(Offerpad) 같은 경쟁사들의 초기 성공은 시장에 분명한 수요가 존재함을 입증했다.

무엇보다 질로우는 이미 부동산 데이터 분야에서 독보적인 위치를 차지하고 있었다. 7천만 개 이상의 주택에 대한 제스티메이트 가치 평가를 제공하고 있었고, 연간 3.2테라바이트의 방대한 데이터를 처리하며 50개 이상의 고유한 평가 모델을 운영하고 있었다. 표면적으로는 아이바잉 사업에 완벽하게 준비된 것처럼 보였다. 하지만 이것이 바로 함정의 시작이었다.

질로우가 저지른 치명적 실수는 주택 가치 평가와 주택 구매 사업의 근본적 차이를 과소평가한 것이었다. 제스티메이트는 수동적인 정보 제공 도구로서, 설령 평가가 부정확하더라도 질로우는 직접적인 재정적 손실을 입지 않았다. 반면 아이바잉은 실제 자본을 위험에 노출시키는 능동적인 투자 활동이었다. 이는 완전히 다른 차원의 정확성과 리스크 관리를 요구했다. 질로우의 AI 모델은 코로나19 팬데믹 이후의 급격한 시장 변화를 예측하지 못했고, 무엇보다 콘셉트 드리프트(concept drift)에 대응하는 메커니즘이 근본적으로 부족했다.

기술적 한계보다 더 심각한 문제는 운영 역량의 부족이었다. 아이바잉은 단순히 주택을 사고파는 것이 아니라, 구매한 주택을 신속하게 수리하고 재판매해야 하는 복잡한 운영 사업이었다. 질로우는 계약업체 부족으로 적시에 주택 수리를 완료하지 못했고, 재고 회전 기간이 모델 가정보다 훨씬 길어졌다. 설상가상으로 질로우는 거래량 목표를 달성하기 위해 주택 구매 수락률을 상향 조정했고, 이는 수익성을 근본적으로 훼손시켰다.

결과는 참담했다. 2021년 3분기 질로우는 3억 400만 달러의 감액을 발표했고, 4분기에는 추가로 2억 4,000만~2억 6,500만 달러의 손실이 예상된다고 밝혔다. 9,680채를 구매했지만 겨우 3,032채만 판매한 상태에서 사업을 전면 중단해야 했다.

골드만삭스의 마커스(Marcus) 사례는 기회의 함정의 또 다른 양상을 보여준다. 2016년 마커스 출시 당시 디지털 뱅킹 시장은 분명히 매력적이었다. 전통 대형 은행들의 높은 수수료와 복잡한 금융 상품에 불만을 가진 소비자들이 넘쳐났고, 핀테크 기업들의 연이은 성공은 기존 금융업계에 충분한 혁신 여지가 있음을 증명했다.

골드만삭스는 충분한 자본력과 세계 최고 수준의 리스크 관리 전문

| 콘셉트 드리프트(concept drift): 시간이 흐름에 따라 데이터의 통계적 특성과 기본 패턴이 변하여, 과거 데이터로 학습된 머신러닝 모델의 예측 성능이 점차 저하되는 현상. 즉, 모델이 학습했던 과거의 규칙이 더 이상 현실 세계의 변화를 따라가지 못하고 현재 상황에 맞지 않게 되는 것이다. 예를 들어, 코로나19 이전에 학습된 소비자 구매 예측 모델이 팬데믹 이후의 새로운 소비 패턴을 예측하지 못하는 경우가 대표적인 사례이다.

성을 보유하고 있었다. 10만 명 이상의 소비자를 대상으로 한 철저한 시장 조사를 실시했고, 2016년 GE 캐피털 뱅크의 온라인 예금 플랫폼을 인수하여 기술적 기반도 마련했다. 모든 조건이 완벽해 보였다.

하지만 골드만삭스의 진정한 핵심 역량은 기관 투자자와 초고액 자산가를 상대하는 투자은행 업무였지, 대중을 상대하는 소매금융이 아니었다. 마커스는 2021년까지 500억 달러의 예금을 유치하는 데 성공했지만, 고객 획득 비용이 당초 예상을 훨씬 뛰어넘었다. 대중 시장에서 경쟁하려면 막대한 마케팅 투자가 필요했고, 이는 골드만삭스의 전통적인 고마진 비즈니스 모델과 근본적으로 충돌했다.

더욱 근본적인 문제는 문화적 부적합이었다. 골드만삭스의 엘리트주의적 문화는 대중 금융 서비스의 철학과 정면으로 충돌했다. 내부적으로 마커스는 장난감 프로젝트(toy project)로 여겨졌고, 회사의 최고 인재들이 배치되지 않았다. 2022년 연방준비제도의 감독이 강화되자, 골드만삭스는 막대한 손실과 함께 소비자 금융 사업을 대폭 축소할 수밖에 없었다.

질로우와 골드만삭스의 실패는 기회의 함정에 빠진 기업들이 공통적으로 범하는 치명적 오류를 보여준다. 시장 기회의 존재를 성공의 보장으로 착각하고, 기존 역량의 연장선에서 새로운 사업을 바라보는 것이다. 진정한 혁신은 시장 기회를 포착하는 것만으로는 불충분

| 토이 프로젝트(toy project): 상업적인 목적이나 실제 서비스 출시를 목표로 하지 않고, 새로운 기술을 학습하거나 개인적인 아이디어를 실험해 보기 위해 진행하는 소규모 프로젝트를 의미한다. 이름처럼 장난감을 만들듯 부담 없이 진행하며, 개발자나 기획자 등은 이 과정을 통해 프로그래밍 언어나 새로운 기술을 익히고 문제 해결 능력을 기른다. 완성된 결과물은 자신의 실력을 증명하는 포트폴리오로 활용되기도 한다.

하며, 그 기회를 실현할 수 있는 차별화된 내부 역량을 구축하는 것이 무엇보다 중요함을 이들의 사례는 뼈아프게 증명하고 있다.

제3사분면: 현상 유지의 늪

현상 유지의 늪은 AI 전환 시대에서 가장 절망적인 위치다. 이 사분면에 갇힌 기업들은 낮은 내부 역량과 불리한 외부 환경이라는 이중고에 시달리며, 마치 늪에 빠진 것처럼 발버둥 칠수록 더 깊이 가라앉는다. 이들은 변화의 필요성을 절감하면서도 변화할 역량이 부족하고, 시간이 지날수록 경쟁력을 잃어가며 점진적 쇠퇴의 길을 걷게 된다.

미국의 수많은 지역 은행들이 바로 이런 현상 유지의 늪에 갇혀 있다. 이들의 딜레마는 처절할 정도로 명확하다. 대형 은행들처럼 AI 기술에 수백억 달러를 투자할 자원도 없고, 실리콘밸리의 최고 기술 인재들을 유치할 매력도 부족하다. 소규모 지역 공동체에 뿌리를 둔 이들에게 구글이나 아마존 출신의 AI 전문가를 영입한다는 것은 거의 불가능에 가깝다.

설상가상으로 외부 환경은 이들에게 더욱 가혹하다. 체이스, 웰스파고 같은 거대 은행들은 막대한 자원을 바탕으로 AI 혁신을 가속화하고 있고, 동시에 로빈후드, 차임(Chime) 같은 핀테크 기업들은 디지털 네이티브 고객들을 빠르게 흡수하고 있다. 특히 밀레니얼과 Z세대는 모바일 퍼스트 금융 서비스에 익숙해져 있어, 전통적인 지점 기반 서비스에는 거의 관심을 보이지 않는다. 그런데도 규제 당국은 지역 은행에게도 대형 은행과 동일한 수준의 컴플라이언스와 리스크 관리를 요구한다.

AI 도입 현황을 보면 더욱 암울하다. 대부분이 기본적인 고객 서비스 챗봇이나 단순한 업무 자동화 수준에 머물러 있을 뿐, 고도화된 AI 기반 신용 심사나 개인화된 금융 상품 추천 같은 핵심 경쟁력은 꿈도 꾸지 못한다. 이들은 혁신하기엔 너무 작고, 무시하기엔 너무 크다는 절망적인 딜레마에 갇혀 있다.

하지만 현상 유지의 늪이 단순히 자원 부족만의 문제는 아니라는 것을 영국 TSB(Trustee Savings Bank) 은행의 참혹한 IT 대참사가 극명하게 보여준다. 2018년 4월, TSB는 로이즈 은행 시스템에서 스페인 모회사 사바델의 프로테오(Proteo) 시스템으로 520만 고객의 계정을 이전하려다가 금융업계 역사상 최악의 IT 재앙 중 하나를 겪었다.

TSB의 딜레마는 전형적인 현상 유지 사분면의 함정을 보여준다. 내부적으로 TSB는 충분한 디지털 전환 역량을 갖추지 못했다. 2013년 로이즈에서 분리될 때부터 TSB는 독립적인 IT 시스템을 구축할 기술적 역량이나 자원이 부족했고, 로이즈의 복잡하고 노후한 시스템을 그대로 복제해서 사용해야 했다. 연간 7천만 파운드가 넘는 IT 서비스 비용을 로이즈에 지불하면서도, 정작 자신들만의 혁신적인 디지털 뱅킹 서비스를 개발할 역량은 없었다.

설상가상으로 외부 환경은 TSB에게 더욱 가혹했다. 핀테크 기업들과 디지털 챌린저 뱅크들이 영국 금융 시장을 빠르게 잠식하고 있었고, 특히 모바일 중심의 젊은 세대 고객들은 전통적인 은행 서비스에 등을 돌리고 있었다. 동시에 PCI-DSS, GDPR 등 강화되는 규제 요구사항은 TSB 같은 중간 규모 은행에게 점점 더 큰 부담으로 작용했다.

2015년 사바델이 TSB를 인수한 후 시작된 시스템 통합 프로젝트는 바로 이런 절망적 상황에서 벗어나려는 몸부림이었다. 하지만 18개월이라는 턱없이 부족한 기간 동안, TSB와 사바델팀은 로이즈의 레거시 시스템을 완전히 이해하지도 못한 채 성급하게 데이터 마이그레이션을 시도했다. 슬로터 앤 메이(Slaughter and May) 법무법인의 조사 보고서에 따르면, 2017년 10월부터 2018년 10월까지 무려 34,671개의 기능적 결함이 발견되었음에도 시스템을 강행 출시했다. 더 충격적인 것은 마이그레이션 12일 전인 4월 10일까지도 5,359개의 결함이 여전히 해결되지 않은 상태였다는 점이다.

2018년 4월 22일 일요일 밤, 마이그레이션이 시작되자 모든 것이 무너졌다. 5일 동안 190만 고객이 인터넷과 모바일 뱅킹에 접근할 수 없었고, 일부 고객은 다른 사람의 계좌 정보를 볼 수 있었으며, 돈이 계좌에서 사라지는 일까지 벌어졌다. 소상공인들은 직원들에게 급여를 지급할 수 없었고, 모기지가 온라인 계좌에서 완전히 사라지거나 81년 후 자동이체로 표시되는 초현실적 상황이 연출되었다. TSB가

I   PCI-DSS(결제 카드 산업 데이터 보안 표준): 비자, 마스터카드 등 5대 국제 결제 카드 브랜드가 고객의 신용카드 정보 및 거래 데이터를 안전하게 보호하기 위해 공동으로 제정한 데이터 보안 표준이다. 신용카드 결제를 처리, 저장 또는 전송하는 모든 온/오프라인 가맹점, 결제 대행사(PG사), 은행 등은 이 표준을 반드시 준수해야 한다.

정상 서비스를 회복하는 데 걸린 시간은 무려 8개월이었다.

결과는 참혹했다. 영국 금융감독청은 TSB에 4,865만 파운드의 벌금을 부과했고, 은행은 고객 피해 보상으로 3,270만 파운드를 지급해야 했다. 총손실 규모는 3억 3천만 파운드에 달했고, 폴 페스터 CEO는 결국 사임했다. 하지만 더 큰 타격은 고객 신뢰의 상실이었다. 8만 명의 고객이 TSB를 떠났고, 은행은 브랜드 이미지 회복을 위해 수년간 고투해야 했다.

TSB의 비극은 현상 유지 사분면의 본질적 딜레마를 완벽하게 보여준다. 변화하지 않으면 서서히 죽어가지만, 변화할 역량이 없는 상태에서 무리한 전환을 시도하면 급속히 무너진다는 것이다. TSB는 혁신하기엔 너무 작고, 현상 유지하기엔 너무 위험한 절망적 딜레마에 갇혀 있었고, 결국 가장 위험한 선택인 성급한 변화를 시도하다가 파멸했다. 현상 유지의 늪에서 벗어나기 위해서는 충분한 역량 구축, 점진적 접근, 그리고 무엇보다 현실적인 시간 계획이 필요하다는 것을, TSB는 금융업계 전체에 뼈아픈 교훈으로 남겼다.

제4사분면: 시기상조(premature timing)

시기상조 사분면은 AI 도입에서 가장 미묘하면서도 교훈적인 영역이다. 이 사분면에 위치한 기업들은 뛰어난 내부 역량을 보유하고 있지만, 외부 환경이 아직 그들의 혁신을 받아들일 준비가 되지 않은 상황에 직면한다. 기술적으로는 앞서 있지만 시장, 고객, 규제 환경이 따라가지 못하는 전형적인 너무 이른 혁신의 사례들이다.

로보어드바이저의 초기 도입 과정이 바로 이런 시기상조의 딜레마를 완벽하게 보여준다. 2008년 베터먼트(Betterment)와 웰스프런트(Wealthfront)가 로보어드바이저를 출시했을 때, 이들은 분명히 혁신적인 기술적 역량을 보유하고 있었다. 알고리즘 기반의 자동화된 포트폴리오 관리, 세련된 리밸런싱 기술, 세금 손실 수확(tax-loss harvesting) 같은 고도화된 AI 기능들은 당시로서는 획기적인 혁신이었다. 무엇보다 연간 0.25%라는 파격적인 수수료는, 인간 자산관리사가 받던 1~1.5%의 수수료에 비해 압도적인 비용 우위를 가졌다. 모든 면에서 더 뛰어난 기술이 마침내 등장한 것처럼 보였다.

기술적 우수성에도 불구하고 로보어드바이저들이 직면한 현실은 냉혹했다. 가장 치명적인 문제는 예상을 훨씬 뛰어넘는 고객 획득 비용이었다. 업계 분석에 따르면 로보어드바이저들은 신규 고객 한 명을 유치하는 데 200~300파운드를 지출해야 했지만, 그 고객이 연간 가져다주는 수익은 겨우 70파운드에 불과했다. 이는 지속 가능하지 않은 비즈니스 모델이었다.

더 근본적인 문제는 타깃 고객층인 밀레니얼 세대의 실제 수용도가

| 로보어드바이저(Robo-advisor): 로봇(robot)과 투자 전문가(advisor)의 합성어로, 알고리즘과 빅데이터를 기반으로 고객에게 자동으로 자산 관리 및 투자 포트폴리오를 제공하는 온라인 자산 관리 서비스이다. 사람이 직접 개입하는 대신, 고객이 온라인으로 자신의 투자 목표와 위험 성향 등을 입력하면 AI가 맞춤형 포트폴리오를 구성하고 시장 상황에 맞춰 자동으로 리밸런싱까지 수행한다. 낮은 수수료와 소액 투자가 가능하다는 장점이 있다.

예상보다 훨씬 낮았다는 점이다. 로보어드바이저 업계는 디지털 네이티브 세대가 자동화된 투자 서비스를 환영할 것이라고 확신했지만, 현실은 달랐다. 연구 결과에 따르면 젊은 투자자들도 여전히 인간 어드바이저를 더 신뢰했고, 특히 복잡한 재정 결정에서는 기계보다 사람의 조언을 선호했다. AI에 대한 신뢰 부족은 특히 스타트업 로보어드바이저들에게 치명적이었는데, 이들은 기존 금융기관과 달리 브랜드 신뢰도가 부족했기 때문이다.

이러한 구조적 한계는 시장의 잠재력을 보고 뒤늦게 뛰어들었던 거대 금융기관들에게도 예외는 아니었다. 2023년, JP모건은 야심 차게 운영하던 로보어드바이저 서비스의 종료를 선언했고, 같은 해 골드만삭스 역시 관련 사업부를 베터먼트에 매각했다. 2025년에는 UBS마저 사업을 중단하며 시장에서 철수했다.

이들의 실패는 기술이나 자본이 부족해서가 아니었다. 근본적으로 로보어드바이저의 주된 고객층인 젊은 투자자들은 JP모건 같은 전통의 강자보다 베터먼트나 로빈후드 같은 디지털 네이티브 플랫폼을 더 선호했다. 결국 거대 금융기관들에게 로보어드바이저는 자신들의 핵심 고객층과도 맞지 않고, 막대한 비용을 들여 신규 고객을 유치해도 수익이 나지 않는 계륵 같은 사업이었던 것이다. 거인들의 연이은 퇴장은 한 가지 사실을 명확히 보여주었다. 아직 시장이 무르익지 않았다는 것을.

시기상조 사분면의 기업들이 직면하는 딜레마는 명확하다. 기술적으로는 옳은 방향으로 가고 있지만, 시장이 따라오지 못한다면 혁신의 가치를 인정받기 어렵다. 특히 금융업에서는 신뢰와 안정성이 혁신보다 우선시되는 경우가 많기 때문에, 아무리 뛰어난 기술이라도 고객들이 받아들일 준비가 되지 않으면 무용지물이 된다. 로보어드바이저의 사례는 혁신의 타이밍이 기술의 우수성만큼이나 중요하며, 때로는 시장이 성숙할 때까지 기다리는 인내심이 필요함을 보여준다.

황금 지대를 향한 여정

지금까지의 분석을 통해 금융 AI의 성공이 특정 기술이나 시장 기회라는 단일 변수가 아니라 내부 역량과 외부 적합성의 상호작용에서 나온다는 것을 확인했다. 그렇다면 이를 어떻게 우리 조직의 성공 전략으로 만들 수 있을까?

첫걸음은 우리 조직이 4사분면 매트릭스의 어디에 위치하는지 객관적으로 진단하는 것이다. 내부 역량 평가는 단순히 AI 도구를 보유했는지를 넘어, 이를 비즈니스 가치로 전환할 조직적 역량이 있는지를 질문해야 한다. 최고의 기술도 그것을 뒷받침할 문화와 프로세스 없이는 무력하기 때문이다. 기술 역량부터 조직 문화까지 아우르는 종합적인 평가가 필요하다. 동시에 외부 적합성 평가는 시장 수요와 경쟁 구도를 넘어, 규제 환경을 면밀히 분석해야 한다. 규제는 언제든 게임의 규칙을 바꿀 수 있기 때문이다.

자신의 위치를 파악했다면, 다음은 각 사분면에서 황금 지대로 이동하는 전략을 수립하는 것이다. 현상 유지의 늪에 있는 조직이라면 곧바로 황금 지대로 직행하기보다 먼저 내부 역량을 착실히 구축하는 것이 현실적이다. 기술 투자와 인재 확보에 집중하며 점진적으로 역량을 높여야 한다. 반면 기회의 함정에 빠진 조직이라면 눈앞의 시장 기회를 놓치지 않으면서도 부족한 내부 역량을 신속하게 보강해야 한다. 전략적 제휴나 인수합병, 외부 인재 영입이 필요할 수 있지만, 골드만삭스 마커스의 교훈처럼 조직의 핵심 문화와 맞지 않는 급격한 확장은 또 다른 실패를 낳을 수 있다.

하지만 단순히 사분면을 이동하는 것만으로는 충분하지 않다. 예측 불가능한 환경 변화에 대응하기 위해서는 변화를 감지하고 포착하며 재구성하는 동적 역량이 필요하다. 먼저 변화를 남들보다 먼저 알아채는 감지 능력이 중요하다. JP모건이 AI 전문가들을 영입해 우수성 센터를 설립한 것처럼, 시장과 기술 동향을 지속적으로 모니터링하고 분석할 수 있는 체계를 갖춰야 한다.

감지한 기회를 실제로 붙잡는 포착 능력도 핵심이다. 페이팔이 사기 탐지 스타트업 시밀리티를 신속하게 인수하여 역량을 확보한 것처럼, 기회를 놓치지 않고 빠르게 행동할 수 있어야 한다. 마지막으로 변화에 맞춰 조직을 끊임없이 재편하는 재구성 능력이 필요하다. 환경이 변했을 때 기존 방식에 얽매이지 않고 새로운 구조와 프로세스로 전환할 수 있어야 한다.

이런 역량이 더욱 중요해지는 이유는 앞으로 금융 AI 환경이 더욱 복잡해질 것이기 때문이다. 생성형 AI와 같은 새로운 기술이 등장하는 동시에 AI 규제도 더욱 정교해지고 있다. 이제 기업은 기술 혁신과 규제 준수, 효율성과 공정성, 자동화와 인간 중심성 사이에서 정교한 균형을 잡아야 한다. 또한 개별 기업의 역량을 넘어 생태계 전체의 경쟁력이 중요해지고 있어, 플랫폼과 네트워크 효과, 다른 기업과의 협력이 성공의 핵심 요소가 되고 있다.

결국 4사분면 분석을 통해 우리는 성공이 고정된 목표가 아니라 끊임없이 움직이는 균형점을 찾아가는 과정임을 확인할 수 있다. 성공적인 기업은 변화를 감지하고, 기회를 포착하며, 끊임없이 자신을 재구성하는 조직이다. AI 시대 금융의 미래는 기술 경쟁이 아니라 균형의 예술이며, 내부와 외부, 혁신과 안정, 효율과 공정 사이의 최적점을 끊임없이 찾아나가는 것이 성공의 핵심이다.

제8장

새로운 권력 지도

우리는 지금 금융 역사상 가장 두드러진 권력 재편의 한복판에 서 있다. 개별 기업들이 AI 전환을 추진하는 미시적 움직임들이 모여서, 전체 산업 생태계를 뒤흔드는 지각변동을 만들어 내고 있다. 각 금융기관이 디지털 전환을 위해 기울이는 노력들이 합쳐져 새로운 금융 생태계를 탄생시키고 있는 것이다. 이제 이 모든 변화가 만들어 내는 산업 전체의 새로운 질서를 분석해 보자. 우리가 목격하고 있는 것은 단순한 기술 도입이 아니라, 권력의 원천과 경쟁의 법칙 자체가 바뀌는 패러다임 전환이다.

권력 재편의 숨겨진 엔진

첫 번째 메커니즘: 임계점을 넘어서는 네트워크 효과

전통 금융업에서 경쟁 우위의 원천은 물리적 네트워크, 즉 지점망이었다. 더 많은 지점을 가진 은행이 더 많은 고객에게 다가갈 수 있었고, 이는 규모의 경제를 통해 비용 우위로 이어졌다. 하지만 이런 물리적 네트워크는 가치가 선형적으로 증가할 뿐이었다. 지점이 2배가 되면 접근성도 대략 2배 정도 개선되는 식이었다.

디지털 금융이 만들어 내는 네트워크 효과는 이와 다르다. 플랫폼에 참여하는 사용자가 늘어날수록 기존 사용자들에게도 더 큰 가치를 제공하게 되는 자기강화 루프가 작동한다. 카카오뱅크의 사례를 보면 이 메커니즘이 얼마나 강력한지 알 수 있다.

카카오뱅크는 출범 4년 만에 2,300만 명의 고객을 확보했다. 이는 단순히 편리한 모바일 앱 때문만이 아니다. 카카오톡이라는 기존 소셜 네트워크와 결합되면서, 송금이나 더치페이 같은 서비스에서 네트워크 효과가 기하급수적으로 증가했다. 친구가 카카오뱅크를 쓸수록 나도 카카오뱅크를 쓸 이유가 더 커지는 구조가 만들어진 것이다.

이런 네트워크 효과는 임계점을 넘어서면 승자독식 구조를 만들어 낸다. 중국의 알리페이가 가장 대표적인 사례. 알리바바가 운영하는 전자상거래 플랫폼에서 시작된 결제 서비스가 일정 규모에 도달하자, 오프라인 상점들도 알리페이를 도입하지 않을 수 없게 되었다. 소비자들이 알리페이로 결제하길 원했기 때문이다. 그 결과 알리페이는 중국 모바일 결제 시장의 55%를 장악하게 되었고, 위챗페이와 함께 사실상 듀오폴리(duopoly)를 형성했다.

전통 은행들은 이런 네트워크 효과 경쟁에서 구조적으로 불리할 수밖에 없다. 지점 네트워크는 물리적 제약이 있지만, 디지털 네트워크는 이론적으로 무한히 확장 가능하기 때문이다. 더구나 전통 은행들이 고객과 맺는 관계는 주로 일대일 관계인 반면, 디지털 플랫폼은 다대다 관계를 구축한다. 한 명의 새로운 고객이 기존의 모든 고객들에게 추가적 가치를 제공할 수 있는 구조인 것이다.

두 번째 메커니즘: 데이터가 만들어 내는 복리 효과

데이터가 더 많은 데이터를 만들어 내는 복리 구조가 작동하면서,

초기에 데이터 우위를 확보한 기업들이 격차를 기하급수적으로 벌려 나가고 있다.

아마존의 프라임으로 구매하기(Buy with Prime) 서비스는 데이터 선순환 구조가 어떻게 작동하는지를 명확히 보여주는 사례다. 이 서비스는 아마존이 아닌 독립적인 온라인 쇼핑몰들이 자신의 웹사이트에 '프라임으로 구매하기' 버튼을 설치할 수 있게 해주는 것이다. 고객들은 아마존 회원이 아니더라도, 아마존의 편리한 결제 시스템과 빠른 배송 혜택을 다른 쇼핑몰에서도 그대로 누릴 수 있다.

아마존은 이미 20년 넘게 자사 플랫폼에서 축적한 방대한 고객 구매 데이터를 보유하고 있다. 여기에 프라임으로 구매하기 서비스가 더해지면서, 이제 아마존은 자사 웹사이트를 넘어선 고객의 소비 활동 데이터까지 흡수하게 된다. 어떤 고객이 어떤 외부 쇼핑몰에서, 무엇을, 얼마에 구매하는지에 대한 귀중한 정보가 결제와 배송 과정을 통해 고스란히 아마존의 데이터베이스에 쌓이는 것이다.

이렇게 한층 더 강력해진 데이터는 선순환 구조를 만들어 낸다. 아마존은 이 정교한 데이터를 바탕으로 고객의 신용도를 훨씬 더 정확하게 평가할 수 있게 되고, 이는 선구매 후결제(BNPL)와 같은 맞춤형 금융 상품을 더 자신 있게 제공할 수 있는 기반이 된다. 고객들은 더 편리하고 매력적인 금융 혜택을 누리게 되면서 자연스럽게 이 서비스를 더 많이 사용하게 되고, 그 결과 아마존의 데이터는 다시 한번 강력해져 서비스의 질은 계속해서 향상되는 것이다.

JP모건의 경우도 마찬가지다. 연간 180억 달러를 기술에 투자하여 구축한 데이터 분석 역량으로, 6만 명의 직원이 일상적으로 AI를 활용하는 수준에 도달했다. 여기서 중요한 것은 기술 자체가 아니라 데이터다. JP모건이 보유한 방대한 고객 거래 데이터가 AI의 연료가 되어, 경쟁사들이 따라잡기 어려운 수준의 개인화 서비스를 가능하게 만들고 있다.

반대로 데이터가 부족한 기업들은 점점 더 불리한 위치에 놓이게 된다. 아무리 좋은 AI 알고리즘을 가져와도, 데이터가 부족하면 정확한 예측이 불가능하기 때문이다. 이는 마치 아무리 좋은 요리사라도 재료가 부족하면 맛있는 요리를 만들 수 없는 것과 같다.

특히 주목할 점은 데이터의 가치가 단순히 양에만 의존하지 않는다는 것이다. 데이터의 다양성, 실시간성, 독점성이 더욱 중요하다. 핑안그룹이 보험사에서 시작해 종합 금융 플랫폼으로 진화할 수 있었던 이유도 여기에 있다. 보험 가입 과정에서 수집한 건강 데이터, 라이프스타일 데이터를 다른 금융 서비스와 결합함으로써 독특한 데이터 포트폴리오를 구축했고, 이것이 경쟁 우위의 원천이 되었다.

세 번째 메커니즘: 분야별 보완재 경쟁의 차별화

가장 흥미로운 메커니즘은 금융업 내 각 분야마다 서로 다른 보완재가 핵심 경쟁력으로 작용한다는 점이다. 이는 단순한 플랫폼이 승자독식 법칙을 만든다는 설명을 넘어서, 훨씬 복잡하고 정교한 권력 재편 양상을 만들어 내고 있다.

자산운용에서는 실행 시스템이 승부를 가른다. 수백 개의 AI 모델을 24시간 안정적으로 운영하는 모델 공장이 갖춘 총체적 역량이 개별 모델의 성능보다 중요해졌다. 블랙록이 운영하는 알라딘 플랫폼이 초기 기술은 단순했음에도 성공을 거둔 이유가 여기에 있다. 리스크 관리 철학과 조직 역량, 그리고 이를 일관되게 실행하는 시스템이 결합되어 경쟁 우위를 만들어 낸 것이다.

반면 소매금융에서는 데이터가 절대 권력이다. 고객 수가 많을수록 데이터가 만들어 내는 네트워크 효과가 기하급수적으로 커져, 시장 지배력으로 직결되는 승자독식 구조가 나타난다. 이것이 카카오뱅크가 기존 은행들을 빠르게 추월할 수 있었던 이유다. 2,300만 사용자의 소셜, 결제, 라이프스타일 데이터를 실시간으로 분석해 초개인화 서비스를 제공함으로써, 전통 은행들이 수십 년간 쌓아온 고객 관계가 아닌 다른 경쟁력을 갖출 수 있었다.

보험 분야에서는 생태계를 조율하는 능력이 새로운 경쟁력으로 부상하고 있다. IoT 센서, 웨어러블 기기, 헬스케어 파트너사들과 협력하여 실시간 위험 감지와 사고 예방 서비스를 제공하는 통합 역량이 핵심이다. 핑안그룹이 단순한 보험사에서 예방 서비스 생태계를 조율하는 역할로 진화한 것이 대표적 사례다.

기업금융과 투자은행에서는 여전히 인간의 판단력이 핵심이다. AI가 문서 작업이나 재무 모델링 같은 반복 업무를 자동화하고 있지만, 거래가 비표준적이고 복잡한 협상과 장기적 신뢰 관계가 중요한 업무의 본질 때문에 인간의 전략적 자문 능력이 결정적 차별화 요소로 남아 있다. JP모건이 기술 투자를 늘리면서도 여전히 최고 수준의 인재 확보에 집중하는 이유가 바로 이것이다.

이런 분야별 차이는 권력 재편의 양상도 다르게 만든다. 소매금융에서는 플랫폼을 기반으로 한 급격한 판도 변화가 일어나지만, 기업금융에서는 전통 강자들의 지위가 상대적으로 안정적으로 유지된다. 자산운용에서는 시스템 역량을 갖춘 소수의 기업들이 과점 구조를 심화시키고, 보험에서는 생태계 파트너십을 잘 구축한 기업들이 새로운 강자로 부상한다.

메커니즘이 만들어 낼 미래의 모습

앞서 분석한 세 가지 메커니즘이 계속해서 작동한다면, 금융 산업의 미래는 어떤 모습이 될까? 이를 예측하기 위해 미국 연방준비제도 감독 담당 부의장인 마이클 바(Michael S. Barr)가 2025년 2월 제시한 두 가지 시나리오 프레임워크를 활용해 보자. 바 부의장의 분석은 허황된 예측이 아닌 현실적이고 논리적인 추론에 기반하고 있어, 우리가 마주할 가능성이 높은 미래를 그려보는 데 매우 유용하다.

점진적 진화 시나리오에서의 권력 구조

첫 번째 시나리오는 현재의 AI 발전 속도가 유지되면서, 주로 인간의 업무를 보강하는 형태로 기술이 발전하는 경우다. 이 시나리오에서 2030년의 글로벌 금융 생태계는 몇 개의 플랫폼을 중심으로 한 허브 앤 스포크(Hub and Spoke)[1] 구조로 완성될 것이다.

이 구조의 핵심은 중간 지대가 사라진다는 것이다. 강력한 네트워크 효과와 데이터 독점력을 확보한 상위 그룹과 특정 틈새 영역에 특화된 하위 그룹으로 양극화되면서, 애매한 중간 위치의 기관들은 설자리를 잃게 된다.

상위 그룹에는 JP모건과 골드만삭스 같은 전통 강자들이 포함될 것이다. 이들은 막대한 자본을 바탕으로 한 AI 투자를 통해 리더 지위를 유지할 것이다. JP모건의 경우 이미 연간 108억 달러를 기술에 투자하고 있으며, 골드만삭스는 자율 코딩 에이전트 데빈(Devin)을 도입해 일부 프로젝트에서 코드의 40%를 자동 생성하는 수준에 도달했다. 이런 투자가 지속되면서, 이들은 전통적인 금융 서비스를 디지털화하는 것을 넘어 새로운 형태의 AI 네이티브 금융 서비스를 제공하게 될 것이다.

흥미로운 점은 이들 전통 강자들이 각기 다른 보완재 전략을 구사한다는 것이다. JP모건은 기업금융 영역에서 인간의 판단력을 AI로 증강시키는 전략에 집중하고 있다. 복잡한 M&A 자문이나 구조화 상품 개발에서 AI가 데이터 분석과 초안 작성을 담당하고, 인간이 전략적 판단과 고객 관계 관리에 집중하는 분업 구조를 완성해 가고 있다.

---

[1] 허브 앤 스포크(Hub and Spoke): 자전거 바퀴처럼 중앙 거점(Hub)에 자원이나 정보를 집중시킨 후, 각 지점(Spoke)으로 다시 분배하는 네트워크 모델을 말한다. 개별 지점들을 직접 모두 연결하는 대신 중앙 허브를 거치게 함으로써 운영 효율성을 극대화하는 방식으로, 항공사의 노선, 물류 회사의 배송망, 통신 네트워크 설계 등에서 널리 사용된다.

반면 골드만삭스는 자산운용 부문에서 실행 시스템을 자동화하는 데 더 적극적이다.

디지털 네이티브 그룹도 상위권을 유지할 것이다. 카카오뱅크나 싱가포르 DBS 같은 기업들은 고객 접점에서의 우위를 바탕으로 지속적인 성장을 이어갈 것이다. DBS의 경우 800개 AI 모델을 배포해 고객 만족도 세계 최고 수준을 달성했는데, 이런 디지털 우위가 더욱 확대될 것으로 예상된다. 특히 소매금융 영역에서 데이터 기반 개인화 서비스의 정교함이 극대화되면서, 전통 은행들과의 격차가 더욱 벌어질 것이다.

슈퍼앱을 완성한 플랫폼들은 자국 시장에서 거의 독점적 지위를 확보하게 될 것이다. 중국의 알리페이나 위챗페이가 대표적인 예다. 이들은 단순한 금융 서비스를 넘어 생활 인프라의 역할을 하게 되면서, 전통 은행들을 사실상 하위 파트너로 전락시킬 것이다. 여기서 핵심은 소매금융에서 데이터가 절대적 보완재라는 점이다. 일상생활의 모든 데이터가 축적될수록 금융 서비스의 정확성과 편의성이 기하급수적으로 향상되는 선순환 구조가 완성된다.

특히 주목할 점은 빅테크들의 전략 변화다. 구글, 애플, 아마존 같은 기업들은 직접적인 금융업 진출보다는 보이지 않는 인프라로 침투하는 전략을 구사할 것이다. 아마존의 '프라임으로 구매하기'나 구글의 결제 서비스처럼, 기존 금융 서비스와 자연스럽게 통합되면서 실질적인 권력을 장악하는 방식이다. 이는 규제 리스크를 피하면서도 높은 수익을 확보할 수 있는 영리한 전략이다.

하위 그룹에는 특정 틈새 영역에 특화된 기업들이 자리 잡을 것이다. 예를 들어, 특정 산업에 특화된 B2B 금융 서비스, 특정 지역에 특화된 로컬 금융 서비스, 또는 특정 고객층에 특화된 프리미엄 서비스 등이다. 이들은 규모는 작지만 높은 전문성을 바탕으로 안정적인 수익을 확보할 수 있을 것이다. 특히 기업금융이나 보험 영역에서 인간의 판단력이나 생태계를 조율하는 능력을 바탕으로 한 전문화된 서비스들이 틈새시장을 형성할 것이다.

반면 중간 그룹의 기업들은 가장 어려운 위치에 놓일 것이다. 상위 그룹과 경쟁하기에는 자원이 부족하고, 하위 그룹처럼 특화되지도 못한 애매한 위치에서 점점 더 경쟁력을 잃게 될 것이다. 이들은 결국 상위 그룹에 인수되거나, 하위 그룹으로 축소되거나, 아예 시장에서 퇴출되는 운명을 맞을 가능성이 높다.

변혁적 변화 시나리오에서의 권력 혁명

두 번째 시나리오는 AI가 인간의 판단을 대체할 수 있는 수준에 도달하는 경우다. 이 시나리오에서는 권력의 기준 자체가 바뀐다. 전통적인 자본, 라이선스, 신뢰의 삼각형이 데이터, 알고리즘, 컴퓨팅 파워의 새로운 삼각형으로 교체되는 것이다.

이런 변화가 일어나면 현재의 승자들조차 새로운 도전에 직면할 수 있다. 핑안그룹이 보험사에서 시작해 종합 금융 플랫폼으로 진화한 것처럼, 예상치 못한 분야의 기업들이 금융업계를 장악할 수 있다. 특히 AI 자체를 만드는 OpenAI, 구글, 바이두, 앤트로픽 같은 회사들이 금융업계의 새로운 지배자로 부상할 가능성이 높다.

이 시나리오에서 가장 두드러진 변화는 분야별 보완재 우위가 재편된다는 점이다. 현재 기업금융에서 핵심 보완재인 인간의 판단력이 AI로 대체되면, 이 영역에서도 데이터와 알고리즘이 결정적 요소가 된다. JP모건 같은 전통 강자들의 우위가 흔들릴 수 있는 것이다. 반대로 현재 자산운용에서 중요한 실행 시스템도 자동화되면서, 시스템을 구축하는 능력보다는 AI 모델 자체의 성능이 더 중요해질 수 있다.

더 두드러진 변화는 금융기관 개념 자체가 해체된다는 것이다. 개별 고객마다 맞춤형 AI 에이전트가 실시간으로 최적의 금융 서비스를 조합해 제공하는 구조에서는, 기존의 은행, 보험사, 증권사 같은 구분이 무의미해진다.

골드만삭스가 자율 코딩 에이전트를 도입한 것은 이런 변화의 시작일 뿐이다. 궁극적으로는 AI가 금융 서비스의 기획부터 개발, 실행, 관리까지 모든 과정을 담당하게 될 것이다. 이때 인간의 역할은 AI 시스템을 감독하고 전략적 방향을 설정하는 것으로 축소될 것이다.

이 시나리오에서는 경쟁 구도도 달라진다. 현재는 지역별, 업종별로 분화된 경쟁이 이루어지고 있지만, AI가 발달하면 국경과 업종을 초월하는 글로벌 플랫폼 간의 경쟁이 될 것이다. 마치 현재의 구글과 페이스북이 광고 시장에서 전 세계적으로 경쟁하는 것처럼, 금융 서비스도 소수의 글로벌 플랫폼이 전 세계 시장을 놓고 경쟁하는 구조가 될 가능성이 높다.

특히 주목할 점은 이런 변화가 기존의 금융 중심지 개념도 흔들 수 있다는 것이다. 뉴욕, 런던, 홍콩, 싱가포르 같은 전통적인 금융 허브의 중요성이 줄어들고, 대신 실리콘밸리, 시애틀, 베이징, 선전 같은 기술 중심지가 새로운 금융 허브로 부상할 수 있다. 물리적 위치보다는 데이터센터의 위치와 AI 알고리즘의 소재지가 더 중요해질 수 있기 때문이다.

또한 이 시나리오에서는 새로운 형태의 금융 위험도 등장할 것이다. AI 시스템 간의 상호작용에서 발생하는 예측 불가능한 결과, 알고리즘의 집단적 오작동으로 인한 시스템 리스크, AI 에이전트 간의 담합 가능성 등 현재로서는 상상하기 어려운 새로운 리스크들이 현실화될 수 있다.

하지만 이런 변화가 반드시 부정적인 것만은 아니다. AI가 발달하면 금융 서비스의 효율성과 접근성이 개선될 수 있다. 현재 금융 서비스에서 소외된 계층들도 AI를 통해 맞춤형 금융 서비스를 받을 수 있게 될 것이고, 금융 의사결정의 정확성도 크게 향상될 것이다.

권력 재편이 만들어 내는 균열과 부작용

앞서 분석한 권력 재편 메커니즘과 미래 시나리오들이 현실화되는 과정에서, 우리는 심각한 부작용들을 마주하게 될 것이다. 역사를 돌아보면, 모든 기술혁명은 기회와 함께 예상치 못한 위험도 가져왔다. 산업혁명이 물질적 풍요를 가져다준 동시에 노동자 계급의 소외와 환경 파괴를 낳았듯이, AI 혁명도 새로운 형태의 사회적 균열과 시스템 위험을 만들어 낼 가능성이 높다.

사회적 균열의 심화: 구조적 위기

첫 번째이자 가장 시급한 위협은 대량 실업과 일자리 양극화로 인해 경제 구조가 재편된다는 것이다. AI가 금융업 일자리의 상당 부분을 대체할 것이라는 전망은 단순히 일자리의 숫자가 줄어드는 것을 넘어, 중산층이 붕괴하고 사회 계층 구조가 근본적으로 변화할 것임을 예고한다.

특히 은행 창구 직원, 보험설계사, 대출 심사역과 같은 중간 숙련 일자리가 가장 큰 타격을 받는다. 이들이 사라진 자리는 AI 전문가나 전략 기획자 같은 고숙련 직군과 단순 서비스직 같은 저숙련 직군으로 채워지며, 소득과 안정성의 격차는 극단적으로 벌어질 것이다. 이는 19세기 산업혁명 당시 기계를 소유한 자본가와 일자리를 잃은 수공업자로 나뉘었던 것과 유사한, 그러나 훨씬 빠른 속도의 사회 분열을 초래할 수 있다.

동시에 부의 집중이 가속화될 것이다. AI 기술을 선점한 소수 빅테크 기업들이 기하급수적인 수익을 독점하는 현상이 금융업에서도 재현될 것이다. 이는 디지털 금융에 접근하지 못하는 계층이 더 높은 수수료를 내는 디지털 노인세(digital elderly tax)[I]나 빈곤의 덫(poverty trap)[II]과 같은 문제를 넘어, 국가 경제 전체의 부가 소수 플랫폼에 집중되는 디

[I] 디지털 노인세(digital elderly tax): 디지털 금융 서비스에 익숙하지 않은 고령층과 같은 정보 소외 계층이, 비대면 서비스에 비해 더 비싼 수수료를 지불하며 사실상 벌금과 같은 추가 비용을 부담하게 되는 현상을 비유적으로 이르는 말이다. 온라인이나 모바일 앱으로는 무료인 송금이나 계좌 이체 같은 서비스에 대해, 은행 창구를 이용한다는 이유만으로 더 높은 비용을 내야 하는 상황이 대표적인 예이다. 이는 기술 발전의 혜택에서 소외된 계층이 겪는 경제적 불이익을 의미한다.

[II] 빈곤의 덫(poverty trap): 가난으로 인해 교육이나 투자 기회에서 배제되어, 그 결과 가난에서 벗어나지 못하고 빈곤이 대물림되는 악순환 구조를 의미한다. 금융 맥락에서는 디지털 정보 격차로 인해 저렴한 금융 상품에 접근하지 못하거나 정식 신용 기록을 쌓지 못해, 결국 더 비싼 이자를 내는 악성 부채에 의존하게 되어 가난이 심화되는 현상을 가리킨다.

지털 지대 경제(digital rent economy)[I]로의 전환을 의미한다.

두 번째는 경제적 파놉티콘(Panopticon)[II]으로 불릴 수 있는 개인의 자율성 박탈과 프라이버시 침해 문제다. AI 금융은 개인의 모든 경제활동을 실시간으로 추적하고 분석하여 경제적 감시 체계를 구축할 수 있다. 이는 단순한 프라이버시 침해를 넘어 개인의 자율성을 근본적으로 훼손하는 문제다.

중국의 사회신용시스템은 그 극단적 예시를 보여준다. 개인의 소비 패턴, 대출 이력, 심지어 온라인 활동까지 점수화하여 사회적 기회를 통제하는 이 시스템은 금융을 통제의 도구로 활용한다. 한국에서도 이미 카드사들이 소비 패턴을 분석해 개인의 생활 습관과 취향을 추론하는 기술을 개발하고 있으며, 이는 언제든 사회적 통제로 이어질 수 있는 잠재적 위험을 내포한다.

더 교묘한 문제는 선택의 자유를 박탈당하는 상황이다. AI가 제시하는 최적화된 금융 상품 추천은 사실상 알고리즘이 설계한 좁은 선택지 안에 개인을 가두는 결과를 낳는다. 이미 우리가 넷플릭스와 유튜브가 추천하는 콘텐츠만 소비하고 있는 것처럼, 금융 선택 역시 AI

I   디지털 지대 경제(digital rent economy): 토지 소유주가 지대(rent)를 벌어들이듯, 소수의 거대 플랫폼 기업이 자신들이 독점한 데이터와 네트워크를 기반으로 다른 경제 참여자들로부터 수수료나 이익을 거둬들이는 경제 구조를 말한다. 이는 혁신적인 생산 활동보다는 플랫폼 지배력을 통한 부의 추출에 초점이 맞춰지며, 사회 전체의 부가 기술을 선점한 소수의 디지털 지주에게 집중되는 현상을 심화시킨다.

II 파놉티콘(Panopticon): 모두(pan) 본다(opticon)는 뜻으로, 18세기 철학자 제러미 벤담이 제안한 원형 감옥 건축 양식이다. 중앙 감시탑에서는 모든 수감자를 볼 수 있지만 수감자는 감시자를 볼 수 없는 비대칭적 시선 구조를 통해, 수감자가 언제나 감시받고 있다는 느낌으로 스스로를 통제하게 만드는 것이 핵심이다. 이후 철학자 미셸 푸코는 이를 정보 사회에서 소수의 권력이 다수를 효율적으로 감시하고 통제하는 메커니즘을 상징하는 모델로 확장시켰다.

의 보이지 않는 손에 의해 좌우되면서 개인의 자율적 판단 능력과 금융 문해력은 점차 퇴화할 위험이 크다.

세 번째는 사회적 신뢰와 유대가 해체된다는 것이다. 전통적으로 금융은 인간관계에 기반한 신뢰의 영역이었다. 동네 은행 직원과의 유대감이나 보험설계사와의 깊이 있는 상담은 단순한 거래를 넘어 사회적 안전망과 정서적 유대의 역할을 수행했다.

그러나 AI가 이러한 인간적 접촉을 대체하면서 금융은 차가운 효율성만이 남는 탈인간화된 서비스로 변모하고 있다. 특히 고령층이나 금융 취약 계층에게 이러한 변화는 기술 적응의 어려움을 넘어 깊은 사회적 고립감을 안겨준다. 일본의 고령자들이 ATM기 사용의 불편함보다 창구 직원의 부재에 더 큰 상실감을 느끼는 것은, 기술이 인간적 접촉과 사회적 유대라는 본질적 가치를 대체하기 어려움을 보여주는 사례다.

네 번째는 세대 간 및 지역 간 격차가 확산되어 새로운 불균형의 축이 형성된다는 것이다. 디지털 금융은 새로운 사회적 균열의 축을 만들고 있다. AI 금융 서비스를 자연스럽게 사용하는 디지털 네이티브 세대와 이에 적응하기 어려운 기성세대 간의 격차는 단순한 기술 활용 능력의 차이를 넘어, 경험과 가치관의 차이로 인한 세대 간 소통 단절로 심화될 수 있다.

| 금융 문해력(financial literacy): 개인이 합리적이고 건전한 금융 생활을 영위하기 위해 금융 지식을 이해하고, 이를 바탕으로 올바른 의사결정을 내릴 수 있는 능력을 의미한다. 단순히 돈을 벌고 쓰는 법을 아는 것을 넘어, 예산관리, 저축, 부채, 투자, 신용 관리 등 금융 업무를 처리하는 데 필요한 모든 기술과 판단력을 포함한다.

수도권과 지방 간의 금융 인프라 불균형 역시 심각한 문제다. AI 기반의 금융 서비스는 대부분 수도권과 대도시를 중심으로 발전하는 반면, 지방의 은행 지점과 인력은 급속도로 축소되고 있다. 이는 지방의 금융 접근성을 악화시켜 지역 경제의 활력을 더욱 떨어뜨리는 악순환을 만들며, 국토의 균형 발전을 저해하는 핵심 요인이 된다.

시스템 위험의 집중화: 새로운 형태의 금융위기

두 번째 부작용은 시스템 위험이 집중화된다는 것이다. 권력이 소수 플랫폼에 집중될수록, 시스템 전체의 취약성도 높아진다. AI 금융 시스템이 집중화될 때의 위험을 이해하기 위해서는 1845년부터 1852년까지 아일랜드를 강타한 감자 대기근을 살펴볼 필요가 있다. 이 사건은 단일 시스템에 과도하게 의존할 때 어떤 재앙이 일어날 수 있는지 보여주는 가장 극명한 역사적 사례 중 하나다.

당시 아일랜드 인구의 3분의 1이 감자에만 의존해 살아가고 있었다. 더 심각한 문제는 전국에서 재배되는 감자가 거의 대부분 럼퍼(Lumper)라는 단일 품종이었다는 점이다. 이 품종은 수확량이 많고 키우기 쉬워서 인기가 높았지만, 생물학적 다양성은 매우 부족했다. 마치 현재 많은 금융기관들이 비슷한 AI 모델과 데이터 소스에 의존하는 것과 유사한 구조였다.

릴리언 데이비슨(Lilian Davidson)이 아일랜드 대기근을 묘사한 고르타(Gorta) 그림(출처: 아일랜드 대기근 박물관)

1845년, 감자마름병이라는 곰팡이 질병이 유럽에 퍼지기 시작했다. 다양한 품종을 재배하던 다른 유럽 국가들은 일부 피해를 입었지만 전체적으로는 버틸 수 있었다. 하지만 아일랜드는 달랐다. 럼퍼 품종이 이 질병에 특히 취약했고, 전국의 감자밭이 동시에 썩어 들어가기 시작했다. 단 몇 주 만에 아일랜드의 주식이던 감자의 80%가 사라져 버렸다.

결과는 참혹했다. 7년간 지속된 대기근으로 100만 명 이상이 아사했고, 또 다른 100만 명이 고향을 떠나 미국 등지로 이민을 떠났다. 당시 아일랜드 인구 800만 명 중 4분의 1이 사망하거나 떠나버린 것이다. 이는 단순히 자연재해가 아니라, 시스템 설계에 결함이 있어서 만들어 낸 인재(人災)였다(Gráda, 2019).

현재 AI 금융 생태계에서도 유사한 패턴이 나타나고 있다. 많은 금융기관들이 비슷한 데이터 소스(신용평가 데이터, 거시경제 지표)에 의존하고, 비슷한 알고리즘 구조(딥러닝, 머신러닝)를 사용하며, 심지어 같은 클라우드 인프라(AWS, Azure)에서 서비스를 운영하고 있다. 만약 이 공통 인프라 중 하나에 치명적인 결함이 발견되거나, 광범위한 사이버 공격이 발생한다면, 아일랜드 감자밭처럼 금융 시스템 전체가 동시에 마비될 수 있다.

2022년 10월 카카오 데이터센터 화재 사건이 이런 위험을 극명하게 보여주었다. 판교에 있는 데이터센터 하나에 불이 났을 뿐인데, 전 국민의 일상생활이 마비되었다. 카카오톡, 카카오맵, 카카오페이, 카카오뱅크 등 수많은 서비스가 동시에 중단되면서, 택시 호출부터 결제까지 모든 것이 불가능해졌다. 이는 하나의 기업이 사회 인프라의 핵심 역할을 담당할 때 나타날 수 있는 단일점 실패(single point of failure)[I] 위험을 적나라하게 드러낸 사건이었다.

금융 분야에서 이런 집중화가 더욱 진행되면, 훨씬 더 심각한 상황이 벌어질 수 있다. 2010년 5월 6일에 일어난 플래시 크래시(flash crash)[II]가 그 가능성을 보여준다. 단 36분 만에 다우존스 지수가 9% 폭

I   단일점 실패(single point of failure): 특정 시스템이나 프로세스에서, 하나의 구성요소가 고장 나면 전체 시스템의 작동이 멈추게 되는 가장 취약한 지점을 의미한다. 체인 전체의 강도가 가장 약한 고리 하나에 의해 결정되는 것과 같다.

II   플래시 크래시(flash crash): 주식이나 암호화폐 같은 금융 자산의 가격이 섬광(flash)처럼 아주 짧은 순간에 대폭락했다가 빠르게 원래 수준으로 회복되는 현상을 말한다. 이는 주로 인간의 개입 없이, 수많은 컴퓨터 프로그램이 특정 신호에 따라 연쇄적으로 매도 주문을 내는 알고리즘 매매에 의해 촉발된다.

락하면서 1조 달러의 시장 가치가 증발했다. 원인은 한 기관 투자자의 대량 매도 주문이 고빈도 거래 알고리즘들의 연쇄 반응을 일으킨 것이었다.

AI 시대에는 이런 위험이 더욱 커질 수 있다. 알고리즘들이 서로 상호작용 하면서 예측 불가능한 결과를 만들어 낼 수 있기 때문이다. 특히 많은 금융기관들이 비슷한 AI 모델을 사용하게 되면, 알고리즘 동조화 현상이 일어날 수 있다. 모든 AI가 같은 신호를 보고 같은 결정을 내리면서, 시장 전체가 한 방향으로 쏠리는 것이다.

1929년 대공황 직전의 상황을 생각해 보면 이해하기 쉽다. 당시 많은 투자자들이 비슷한 정보와 분석에 의존해서 투자 결정을 내렸고, 그 결과 군중 심리에 의해 버블이 형성되고 붕괴했다. AI 시대에는 이런 군중 심리가 알고리즘에 의해 더욱 빠르고 극단적으로 나타날 수 있다.

사이버 보안 위협도 기하급수적으로 증가하고 있다. 생성형 AI를 악용한 딥페이크 금융 사기가 확산되고 있으며, AI 기반 사이버 공격은 갈수록 정교해지고 있다. 2023년에는 AI로 생성된 CEO의 음성을

I 알고리즘 동조화 현상(algorithmic herding): 서로 다른 투자사의 독립적인 거래 알고리즘들이 동일한 시장 데이터나 신호를 보고, 마치 한 무리(herd)처럼 동시에 같은 방향(매수 또는 매도)으로 쏠리는 현상을 말한다. 각각의 알고리즘이 비슷한 로직과 데이터를 기반으로 최적의 결정을 내리도록 설계되었기 때문에 의도치 않게 동일한 행동을 하게 되며, 이는 시장의 변동성을 극대화시켜 플래시 크래시와 같은 급격한 가격 변동의 원인이 되기도 한다.

II 딥페이크(deep fake): 인공지능 기술인 딥러닝(deep learning)과 가짜(fake)의 합성어로, AI를 이용해 특정 인물의 얼굴이나 목소리를 다른 영상이나 음성에 실감 나게 합성하는 기술을 말한다. 이로 인해 가짜 뉴스, 여론 조작, 금융 사기, 명예훼손 등 사회적, 윤리적 문제를 야기할 수 있어 기술의 오남용에 대한 우려가 크다.

이용해 24만 달러를 편취한 사건이 발생했고, 2024년에는 딥페이크 화상회의를 통해 2,500만 달러를 사기당한 사례도 보고되었다.

더 우려스러운 것은 방어하는 쪽도 AI를 사용하지만, 공격자도 AI를 사용하는 군비 경쟁 상황이라는 점이다. 마치 냉전 시대의 핵무기 경쟁처럼, 공격과 방어 기술이 끊임없이 진화하면서 위험의 수준도 계속 높아지고 있다.

규제적 딜레마: 민주적 통제의 공백

AI 알고리즘이 점점 더 많은 금융 결정을 내리게 되면서, 전통적인 민주적 통제와 법적 책임 체계가 심각한 도전에 직면하고 있다. 이는 단순히 규제가 기술을 따라가지 못한다는 추상적인 문제가 아니다. 실질적인 권력이 선출되지 않은 소수의 기술 엘리트들에게 집중되면서, 수백만 명의 시민들이 자신들의 경제적 운명을 좌우하는 결정 과정에서 배제되는 새로운 형태의 권력 집중이 일어나고 있는 것이다.

이런 변화의 심각성을 이해하기 위해, 먼저 전통적인 금융 의사결정 구조를 떠올려보자. 과거에는 은행 지점장이 대출을 거절하면, 고객은 그 이유를 물어볼 수 있었고, 필요하다면 상급자에게 이의를 제기하거나 금융감독원에 민원을 넣을 수 있었다. 각 단계마다 실명을 가진 책임자가 있었고, 그들은 자신의 결정에 대해 설명할 의무가 있었다. 궁극적으로는 국회가 만든 법률과 정부가 제정한 규정에 따라 모든 것이 움직였고, 시민들은 선거를 통해 이런 시스템을 통제할 수 있었다.

하지만 AI 시대에는 이런 민주적 통제 메커니즘이 약화되고 있다. 알고리즘이 대출을 거절하면, 고객은 AI가 그렇게 판단했다는 말만 들을 뿐이다. 그 AI가 어떤 데이터를 기반으로, 어떤 논리를 거쳐 그런 결정을 내렸는지는 영업비밀이라는 이름하에 감춰진다. 설령 그 결정이 명백히 차별적이거나 부당하다 하더라도, 이의를 제기할 실질적인 방법이 제한되어 있다.

더 심각한 것은 이런 차별이 계속 학습되고 확산된다는 점이다. AI는 과거 데이터를 기반으로 학습하는데, 그 데이터에는 수십 년간 축적된 사회적 편견이 고스란히 담겨 있다. 1930년대 미국의 레드라이닝¹ 정책처럼 특정 지역이나 인종에 대한 차별이 데이터에 반영되어 있다면, AI는 이를 객관적 사실로 받아들여 미래에도 같은 차별을 반복한다. 문제는 이런 편향이 과학적이고 객관적인 알고리즘의 이름으로 포장되면서, 오히려 과거보다 더 정당화되고 있다는 점이다.

전통적인 민주주의 체계에서는 정책 결정자들이 선출직이거나 선출직의 통제를 받는 공무원들이었다. 시민들은 선거를 통해 이들을 교체할 수 있었고, 국회는 법률을 통해 행정부를 견제할 수 있었다.

---

1   레드라이닝(red-lining): 1930년대 미국 정부 기관이 도시 지역의 주택 대출 위험도를 평가하며, 주로 흑인 등 소수 인종이 거주하는 지역을 지도에 붉은 선으로 표시하고 이 지역에 대한 대출을 사실상 거부한 차별적인 주택 정책을 말한다. 이 정책은 인종 간의 부의 격차를 심화시키고 도시 내 인종 분리(racial segregation)를 고착화시킨 핵심적인 원인이 되었다. 이는 개인의 신용도나 상환 능력과 무관하게, 오직 거주 지역과 인종을 근거로 금융 접근성을 박탈한 제도적 차별의 대표적인 사례이다.

언론은 권력의 남용을 감시하고 공론화할 수 있었다. 이런 견제와 균형의 시스템이 완벽하지는 않았지만, 적어도 권력이 통제 불가능한 상태로 빠지는 것은 막을 수 있었다.

하지만 AI 시대에는 이런 민주적 견제 장치들이 약화되고 있다. 가장 근본적인 문제는 정책 결정자들 자체가 기술을 이해하기 어렵다는 점이다. 2018년 페이스북의 마크 저커버그(Mark Zuckerberg)가 미국 의회에서 청문회를 받을 때, 의원들의 질문을 보면 이 문제가 얼마나 심각한지 알 수 있다. 페이스북은 무료인데 어떻게 돈을 버느냐는 초보적인 질문부터, 인터넷의 기본 작동 원리도 이해하지 못하는 질문들까지, 기술과 정치 사이의 지식 격차가 드러났다.

이런 지식 격차는 AI가 더욱 복잡해질수록 더욱 벌어진다. 딥러닝 알고리즘의 작동 원리를 이해하는 국회의원이나 공무원은 매우 적다. 그들은 기업들이 제공하는 요약 보고서나 언론 보도에 의존할 수밖에 없고, 실질적인 견제는 어려워진다.

더 심각한 것은 규제 기관의 전문성이 부족하다는 것이다. 금융감독원이나 개인정보보호위원회 같은 기관들이 AI 알고리즘을 실질적으로 감독하려면, 해당 분야의 전문가들이 필요하다. 하지만 AI 전문가들의 대부분은 민간 기업에서 훨씬 높은 연봉을 받으며 일하고 있다. 정부 기관이 이런 인재들을 확보하는 것은 전문가 개개인의 선의(善意)에 기대지 않고는 사실상 불가능에 가깝다. 그 결과 규제 기관은 피감독 기관보다 낮은 수준의 전문성을 가진 채로 감독을 시도해야 하는 어려운 상황에 놓인다.

국제적 차원에서는 문제가 더욱 복잡해진다. 구글, 아마존, 마이크로소프트 같은 글로벌 테크 기업들은 국경을 넘나들며 서비스를 제공한다. 한국에서 문제가 생겨도 서버는 미국에 있고, 알고리즘은 아일랜드에서 개발되고, 데이터는 싱가포르에서 처리될 수 있다. 이런 상황에서 어느 나라의 법을 적용해야 하는지조차 명확하지 않다. 기업들은 이런 규제 차익[1]을 적극적으로 활용하여, 가장 관대한 규제 환경을 찾아 본사를 옮기거나 서비스 구조를 재편한다.

이 모든 문제들이 합쳐져서, 우리는 새로운 형태의 디지털 권력 구조에 직면하고 있다. 중세 봉건 사회에서 농민들이 영주의 자의적 판단에 의존해야 했던 것처럼, 현대의 시민들은 테크 기업들의 알고리즘에 의존해야 하는 상황이 되었다. 대출을 받을 수 있는지, 보험을 가입할 수 있는지, 심지어 어떤 정보를 볼 수 있는지까지도 알고리즘이 결정한다.

중세의 농민들이 영주의 결정에 이의를 제기하기 어려웠던 것처럼, 현대의 시민들도 알고리즘의 결정에 실질적으로 이의를 제기하기 어렵다. 중세의 영주들이 신의 뜻이라며 자신의 권력을 정당화했던 것처럼, 현대의 테크 기업들은 과학적이고 객관적인 알고리즘이라며 자신들의 권력을 정당화한다.

이런 상황이 지속된다면, 민주주의가 형식적 측면에 그칠 위험이

---

[1] 규제 차익(regulatory arbitrage): 기업이 법적, 제도적 허점이나 국가별 규제의 강도 차이를 이용하여 자신에게 유리한 규제 환경을 찾아가는 행위를 말한다. 동일한 금융 기능이라도 규제가 약한 산업이나 국가에서 수행함으로써, 엄격한 규제를 피하고 비용을 절감하며 경쟁 우위를 확보하려는 전략이다.

있다. 아무리 선거를 해도, 아무리 법을 만들어도, 실제 시민들의 삶을 좌우하는 결정은 알고리즘이 내리게 될 것이다. 그리고 그 알고리즘을 통제하는 사람들은 어떤 민주적 절차를 통해서도 교체하기 어려울 것이다. 이것이 바로 우리가 직면한 규제적 딜레마의 진정한 위험성이다.

새로운 탐험

　우리는 지금까지 AI가 만들어 가는 금융 산업의 새로운 권력 지도를 거시적으로 조망해 보았다. 네트워크 효과, 데이터 독점, 그리고 분야별로 차별화된 보완재 경쟁이라는 세 가지 메커니즘이 작동하면서 전체 산업 생태계를 근본적으로 재편하고 있음을 확인했다. 이런 변화가 점진적으로 진행될지 변혁적으로 일어날지에 따라 미래의 모습은 달라지겠지만, 어떤 시나리오든 현재와는 다른 금융 세계가 펼쳐질 것이다.

　동시에 우리는 이런 변화가 가져올 수 있는 어두운 그림자들도 살펴보았다. 사회적 불평등이 심화되고, 시스템 위험이 집중화되며, 규제 공백이 확대되는 것은 모두 진지하게 대비해야 할 과제들이다. 역사상 모든 기술혁명이 그랬듯이, AI 혁명도 기회와 위험을 동시에 가져다주고 있다.

하지만 이런 도전들이 우리를 위축시켜서는 안 된다. 오히려 이를 현명하게 극복할 수 있는 방법을 찾아야 한다. 조기 경보 시스템을 구축하고, 다층적 거버넌스를 실현하며, 인간 중심 가치를 견지하는 것은 모두 그런 노력의 일환이다.

무엇보다 중요한 것은 이 변화를 두려워하지 말고 적극적으로 참여하는 것이다. 마치 대항해시대의 탐험가들이 미지의 바다로 나아가며 새로운 대륙을 발견했듯이, 우리도 AI라는 새로운 기술 대륙을 탐험하며 더 나은 금융 서비스를 만들어 갈 수 있다. 2030년, 우리는 지금과는 다른 금융 세계에서 살고 있을 것이다. 그 세계가 어떤 모습일지는 우리가 오늘 내리는 결정에 달려 있다. 각 분야의 핵심 보완재를 이해하고, 권력 재편의 메커니즘을 파악하며, 부작용을 최소화하는 지혜로운 항해가 필요한 시점이다.

제9장

선택의 기로에서

변화 vs. 발전

우리는 이 책을 통해 AI 기술 발전이 금융에 미칠 영향을 살펴보았고, 나아가 이러한 변화에 대응해 성공하기 위해 금융기관들이 어떻게 대응해야 할지도 살펴보았다. 하지만 우리가 목격하고 있는 이러한 변화들이 개별 기업과 금융기관의 흥망성쇠를 넘어, 우리 개개인과 우리가 살아가는 사회에 도움이 되는 것일까?

즉, 이러한 변화로 인해 우리 사회와 개인은 발전하게 될 것일까? 우리가 지금까지 개별 기업의 생존과 성공 전략을 논했다면, 이제는 한 걸음 더 나아가 이러한 변화가 우리 사회 전체에 어떤 의미를 갖는지, 그리고 우리는 어떤 미래를 선택해야 하는지 성찰해 보고자 한다.

지금까지의 여정을 차근차근 되돌아보자. 1부에서 우리는 AI 혁명의 본질을 예측 비용을 저렴하게 만드는 기술로 정의하고, 예측이 저렴해지면서 경제의 기본 원리에 따라 세 가지 보완재의 가치가 상승한다는 것을 확인했다. 데이터, 인간의 판단력, 실행 시스템이 바로 그것이었다. 2부에서는 금융의 각 분야에서 어떤 보완재가 가장 중요한 결정적 보완재가 되는지 분석했다. 소매금융에서는 데이터가, 자산운용에서는 실행 시스템이, 보험에서는 생태계 조율능력이, 기업금융에서는 인간의 판단력이 각각 핵심으로 부상했다. 3부에서는 기업들이 AI 시대에 성공하기 위한 구체적인 진단 도구와 실행 전략을 살펴봤으며, 이러한 개별 기업들의 변화가 모여서 금융 산업 전체의 권력 지도를 재편하고 있다는 분석을 제시했다.

이 모든 변화들은 일반적으로 '발전', '혁신', '진보'라는 긍정적인 이름으로 불린다. 언론에서는 AI 금융을 미래 금융의 모습이라고 소개하고, 기업들은 디지털 전환을 통한 고객 경험 혁신을 자랑한다. 더 빠른 처리 속도, 더 정확한 예측, 더 높은 수익률, 더 효율적인 시스템… 하지만 이런 것들이 과연 모든 사람들에게 더 나은 삶을 의미할까? 기술이 발전하면 자동으로 인간의 삶의 질 역시 향상된다고 믿어도 괜찮을까?

발전 또는 진보의 진정한 의미에 대해 깊이 생각해 보자. 진보(進步)의 사전적 정의는 '더 나은 상태로 나아가는 것'이지만, 그 '더 나은 상태'가 무엇인지에 대한 기준은 시대와 사회에 따라 달라진다. 기술이 발전하는 것과 인간의 삶의 질이 향상되는 것은 분명히 다른 것이다. 은행 앱이 더 빨라지고 대출 승인이 더 신속해진다고 해서, 그것이 모든 사람들에게 더 나은 금융 서비스를 의미하지는 않는다. 오히려 디지털 격차로 인해 고령층이나 저소득층이 금융 서비스에서 더욱 소외

될 수 있다. 자산운용 회사의 수익률이 높아진다고 해서, 그 혜택이 사회 전체에 고르게 분배되지는 않는다. 대부분의 경우 이미 자산을 많이 가진 사람들의 부가 더욱 증가하는 결과를 낳을 뿐이다.

역사적으로 보아도 기술 발전과 사회적 진보가 항상 일치하지 않았다. 산업혁명 초기에 기계의 도입은 분명 생산성을 높였지만, 많은 노동자들의 삶의 조건은 이전보다 오히려 악화되었다. 장시간 노동, 위험한 작업 환경, 아동 노동의 확산 등이 그 부작용이었다(Ashton, 1948; Landes, 1969; Humphries, 2010). 20세기 초 자동차의 등장은 교통의 혁신을 가져왔지만, 동시에 도시의 공기를 오염시키고 보행자의 안전을 위협하며, 자동차를 소유할 수 있는 계층과 그렇지 못한 계층 사이 교통 접근성의 격차를 심화시키기도 했다(Litman, 2013). 인터넷과 소셜미디어의 등장도 마찬가지다. 정보 접근성의 혁신적 향상과 소통의 새로운 가능성을 열어주었지만, 동시에 가짜 뉴스의 확산, 개인정보 침해, 디지털 중독 등의 새로운 문제들을 만들어 냈다.

그렇다면 우리가 지금까지 분석한 AI 금융의 변화들은 정말 사람들에게 도움이 되는 걸까? 이 질문에 답하기 위해서는 여러 다른 평가 항목들을 살펴봐야 한다. 효율성의 증대가 과연 공정성의 향상을 동반하고 있을까? 기술의 혜택이 사회 전체에 고르게 분배되고 있을까? 아니면 소수의 기업과 개인에게만 집중되고 있는 것은 아닐까? 이런 질문들을 진지하게 고민해 보지 않는다면, 우리는 진보라는 이름으로 포장된 퇴보를 경험할 수도 있다.

발전이 아닌 변화들

우리가 지금까지 중립적으로 분석해 온 보완재들에 대해 새로운 렌즈를 통해 들여다보면, 이 변화들을 기술적 진보의 영향으로만 분석하기는 어려우며 이들이 복합적인 사회적 결과를 가져오고 있다는 점이 드러난다. 데이터, 판단력, 실행 시스템의 중요성이 커지면서 나타나는 현상들을 살펴보면, 효율성과 혁신이라는 포장 뒤에서 몇 가지 서로 다른 메커니즘을 통해 사회적 문제들이 심화되고 있다.

첫 번째 문제는 극소수 시스템에 의한 글로벌 영향력 집중이다. 예를 들어, 자산운용에서는 글로벌 자본 흐름이 극소수의 시스템에 의해 좌우되는 현상이 시스템화로 인해 더욱 심화될 수 있다는 점이다. 블랙록의 알라딘 시스템이 21조 달러, 즉 전 세계 관리 자산의 20%에 내외의 자본을 관리하고 있다는 사실은 단순한 비즈니스 성공을 넘어선 구조적 문제를 시사한다.

이는 과거의 경제적 독점과는 질적으로 다른 차원의 문제다. 전통적인 독점이 특정 시장에서의 지배력이었다면, 알라딘 같은 시스템의 영향력은 전 세계 자본 배분의 논리 자체를 결정하는 수준에 이르렀다. 알라딘이 특정 산업이나 지역에 대해 부정적 평가를 내리면, 그에 따라 자본이 빠져나가면서 실제로 그 예측이 현실이 되어버리는 자기실현적 예언(self-fulfilling prophecy)의 효과가 나타난다. 이는 개별 투자자들의 합리적 선택의 결과가 아니라, 소수의 알고리즘 설계자들의 가정과 편향이 전 세계 경제에 강요되는 것이나 다름없다.

특히 우려스러운 점은 이런 시스템들은 당연히 그리고 필연적으로 자본 수익성에만 집중한다는 점이다. 장기적인 사회적 가치나 환경적 지속가능성 같은 요소들은 수치화하기 어렵기 때문에 체계적으로 무시되거나 과소평가된다. 결과적으로 신흥국 투자, 사회적 기업 지원, 친환경 산업 육성 같은 장기적으로 중요한 투자들이 수익성 기준에 밀려 소외되는 현상이 구조화되고 있다.

두 번째 문제는 과거 데이터에 존재하던 차별의 알고리즘적 재생산과 정당화 문제이다. 소매금융에서 가장 두드러지게 나타날 이 문제는 앞서 살펴본 시장 집중과는 완전히 다른 메커니즘으로 작동한다. 여기서는 AI 시스템이 과거의 차별적 패턴을 학습하여 미래에 재적용하면서, 사회적 편견을 기술적 객관성의 이름으로 정당화하는 현상이

| 자기실현적 예언(self-fulfilling prophecy): 실제 진실 여부와 관계없이 사람들이 그것을 사실이라고 믿고 행동함으로써 결국 현실로 실현되는 현상을 말한다. 즉, 예언 자체가 새로운 행동을 유발하는 원인이 되어 예언을 현실로 만드는 것이다. 멀쩡한 은행이 파산할 것이라는 거짓 소문을 믿은 사람들이 돈을 인출하면서 실제로 은행을 파산시키는 뱅크런(bank run)이 대표적인 사례이다.

핵심이다.

2024년 리하이 대학교 연구는 이 문제의 심각성을 여실히 보여준다. 동일한 신용도를 가진 지원자라도 흑인 지원자는 백인 지원자보다 120점 더 높은 신용 점수가 있어야 같은 대출 승인율을 얻을 수 있다는 결과가 나왔다. 이는 AI 알고리즘이 역사적으로 축적된 차별적 대출 관행이 기록된 데이터를 학습하면서, 과거의 불공정한 패턴을 정상적인 기준으로 인식하고 있음을 의미한다(Bowen et al., 2024).

신용평가 과정에서도 비슷한 양상이 나타나고 있다. 전통적인 신용정보가 부족한 젊은 층이나 이민자들의 경우, 소셜미디어 활동이나 온라인 행동 패턴까지 신용평가에 활용되고 있다. 겉으로는 더 많은 데이터를 활용해서 더 정확한 평가를 한다고 하지만, 실제로는 사회적 편견과 차별이 알고리즘 안에 숨어들어 가고 있다. 특정 지역에 거주하는 것, 특정 온라인 커뮤니티에 참여하는 것, 특정 상품을 구매하는 것 등이 신용도 평가에 반영되면서, 개인의 경제적 능력과는 무관한 사회적 배경이 금융 접근성을 좌우하게 된다.

더 심각한 것은 이런 차별이 객관적이고 과학적인 알고리즘의 결과라는 이름으로 정당화되고 있다는 점이다. AI의 의사결정 과정이 복잡하고 불투명하기 때문에, 차별받는 당사자들조차 자신이 받는 불이익의 원인을 파악하기 어렵다. 결과적으로 기술적 중립성이라는 가면 뒤에서 구조적 불평등이 더욱 공고해지고 있는 상황이다.

세 번째 문제는 개인화 기술로 인해 사회적 연대가 해체될 가능성이다. 이는 보험 영역에서 특히 두드러지게 나타날 변화로 앞의 두 문제와 또 다른 차원의 우려를 제기한다. 여기서는 기술의 정밀함 자체가 보험의 근본적인 사회적 기능을 훼손하는 역설적 상황이 벌어지게 된다.

보험의 본래 목적은 위험을 사회적으로 분산하고 연대를 통해 개인이 감당하기 어려운 손실을 공동으로 부담하는 것이었다. 하지만 AI를 활용한 정밀한 개인 위험 분석이 가능해지면서, 대형 보험사들이 고위험군을 체계적으로 배제하거나 감당할 수 없을 정도의 높은 보험료를 부과하는 현상이 나타날 가능성이 매우 높다. 유전자 정보, 생활 습관, 거주 지역, 직업 등을 종합적으로 분석해서 개인별 위험도를 정확히 산출할 수 있게 되었지만, 이는 결과적으로 보험이 필요한 사람들을 보험에서 배제하는 역설적 상황을 만들어 낼 수 있다.

건강보험의 경우 특히 심각하다. 웨어러블 디바이스와 건강 앱을 통해 수집된 개인의 생체 정보가 보험료 산정에 활용되면서, 건강한 사람들은 더 저렴한 보험료를 내고 질병 위험이 높은 사람들은 더 비싼 보험료를 내거나 아예 가입이 거절되는 상황이 벌어질 수 있다. 자동차보험도 마찬가지다. 차량의 블랙박스 데이터와 운전자의 스마트폰 데이터를 분석해서 개인별 운전 습관을 정밀하게 파악하고 그에 따라 보험료를 차등 적용하는 것이 확산되고 있다. 표면적으로는 안전 운전을 장려하는 긍정적 효과가 있어 보이지만, 실제로는 경제적 여유가 없어서 오래된 차를 타거나 위험한 지역에 거주할 수밖에 없는 사람들에게 더 높은 보험료 부담을 지우는 결과를 낳고 있다. 이러한 결과는 경제학의 효율성 논리로는 매우 타당한 일이지만, 보험에서 사회적 연대 기능이 배제되고 건강 불평등이 더욱 심화시킨다.

이 서로 다른 메커니즘들이 결합될 때 나타나는 결과는 명확하다. 기술적으로는 분명히 발전했지만, 사회적으로는 더 불평등하고 배타적인 구조가 만들어지는 것이다. 예를 들어, 저소득층 흑인 가정이 대출을 신청하는 상황을 생각해 보자. 이들은 데이터 부족으로 인한 불이익(경제적 차별), 인종에 따른 알고리즘 편향(역사적 차별의 재생산), 높은 위험도로 인한 보험료 부담(사회적 연대의 해체)을 동시에 경험하게 된다. 각각의 메커니즘이 개별적으로도 불이익을 가져오지만, 이들이 결합될 때는 복합적이고 중첩적인 배제가 발생한다.

더욱 우려스러운 점은 기술의 중립성에 대한 믿음 때문에 사람들은 이런 차별과 배제가 자연스럽고 합리적인 결과라고 받아들이기 쉽다는 점이다. 하지만 실제로는 소수의 기술을 가진 기업들과 이미 유리한 위치에 있는 계층들의 이익만을 증진시키고, 사회 전체적으로는 불평등을 심화시키며, 다양성과 포용성을 해칠 것은 자명하다.

이런 상황이 계속된다면 우리 사회는 기술적으로는 더 발전했지만 사회적으로는 더 불평등하고 배타적인 곳이 될 위험이 크다. 진정한 발전이란 기술의 진보와 사회적 진보가 함께 이루어지는 것이어야 한다. 그러기 위해서는 지금의 변화들이 과연 모든 사람들에게 더 나은 미래를 제공하고 있는지 성찰해 봐야 할 때다.

진보는 선택이다

 2024년 노벨경제학상 수상자인 대런 아세모글루(Daron Acemoglu)는 그의 저서 『권력과 진보』를 통해 기술 발전이 자동으로 진보를 가져다주지 않는다는 중요한 통찰을 제시한다. 이러한 관점은 기술 결정론적 사고에 대한 반박이면서, 동시에 우리에게 희망적인 메시지를 전달한다. 왜냐하면 기술이 우리의 운명을 일방적으로 결정하는 것이 아니라면, 우리에게는 여전히 선택의 여지와 능동적 행동의 가능성이 남아 있기 때문이다. 아세모글루가 강조하는 핵심은 기술의 발전 방향과 그 혜택의 분배가 자연법칙이나 시장의 보이지 않는 손에 의해 자동으로 결정되는 것이 아니라, 우리 사회의 의식적인 선택과 지속적인 노력에 달려 있다는 것이다.

 아세모글루는 역사를 통해 기술 혁신이 항상 두 가지 경로 중 하나를 택해왔다고 분석한다. 하나는 그저 그런 자동화(so-so automation)

의 경로로 기술이 인간을 단순히 대체하면서 생산성 향상 없이 임금만 하락시키는 경우다. 다른 하나는 기계 유용성(mechanical usefulness)의 경로로 기술이 인간의 능력을 확장시키고 보완하면서 생산성 향상과 임금 상승을 동시에 가져오는 경우다. 현재 AI 기술의 발전 방향을 보면 안타깝게도 전자의 경로를 따라가고 있는 면이 많다. 금융 분야에서 AI가 도입되는 방식을 보면, 고객 상담원을 챗봇으로 대체하고, 대출 심사관을 알고리즘으로 대체하며, 포트폴리오 매니저를 로보어드바이저로 대체하는 식으로 진행되고 있다. 이는 단기적으로는 비용 절감 효과를 가져오지만, 장기적으로는 일자리 감소와 서비스 질 하락으로 이어질 수 있다.

아세모글루는 이런 기술 발전의 방향이 비전 과점체(vision oligarchy)에 의해 좌우되고 있다고 지적한다. 소수의 기술 기업 CEO들과 투자자들이 기술 발전의 방향을 결정하고, 그들의 비전과 이익이 사회 전체의 기술 발전 방향을 좌우한다는 것이다. 이들은 대부분 자동화를 통한 비용 절감과 효율성 극대화에 집중하고 있으며, 기술이 사회 전체에 미치는 영향이나 불평등 심화 같은 문제에는 상대적으로 관심이 적다.

역사적 사례에서도 산업혁명 초기인 1800년대 초중반 기술 발전은 노동자들의 삶을 오히려 악화시켰다. 공장 시스템의 도입으로 16시간

I 비전 과점체(vision oligarchy): 소수의 거대 기술 기업이나 영향력 있는 그룹이 인공지능과 같은 미래 기술의 발전 방향과 사회적 청사진(vision)을 사실상 독점하고 여론을 주도하는 현상을 말한다. 이는 단순히 시장 지배력을 넘어, 기술이 '어떻게' 그리고 '무엇을 위해' 발전해야 하는지에 대한 사회 전체의 상상력과 논의를 이들 소수 집단의 가치관과 상업적 목표에 종속시키는 위험을 내포한다.

이 넘는 장시간 노동이 일반화되었고, 여성과 아동까지 위험한 작업 환경에 내몰렸다. 숙련 노동자들은 기계로 대체되면서 실업에 시달렸고, 도시로 몰려든 농민들은 열악한 주거 환경에서 살아야 했다. 당시 지배층은 이런 변화를 진보(progress)라고 불렀지만, 실제로는 소수의 자본가들만 혜택을 보고 대다수 사람들의 삶은 악화되었다.

하지만 이런 상황이 영원히 지속되지는 않았다. 노동조합의 조직화와 사회적 투쟁을 통해 점진적으로 변화가 일어났다. 1833년 영국에서 공장법이 제정되어 9세 미만 아동의 공장 노동이 금지되었고, 1847년에는 10시간 노동제가 도입되었으며, 1886년 미국의 헤이마켓 사건을 계기로 8시간 노동제 운동이 전 세계로 확산되었다. 이런 변화들은 하루아침에 이루어진 것이 아니라 수십 년에 걸친 지속적인 노력의 결과였다. 노동자들의 조직화, 시민사회의 압력, 정치적 개혁, 법적 제도의 변화가 복합적으로 작용하면서 기술 발전의 혜택이 더 넓은 계층으로 확산될 수 있었다(Nardinelli, 1990; Green, 2006).

20세기 초 대기업들의 독점 문제도 마찬가지였다. 록펠러의 스탠더드 오일은 석유 산업의 90%를 장악했고, 카네기의 철강 제국은 철강 생산의 60%를 통제했다. 이들은 효율성과 혁신이라는 이름으로 시장을 지배했지만 결국 사회적 문제가 되었다. 독점 기업들이 가격을 조

| 헤이마켓 사건(Haymarket Affair): 1886년 5월 4일, 미국 시카고 헤이마켓 광장에서 8시간 노동제를 요구하며 열린 노동자 집회 도중 신원 미상의 인물이 던진 폭탄으로 인해 경찰과 민간인 사상자가 발생한 사건. 이 사건은 당시 미국 노동 운동에 대한 대대적인 탄압을 촉발했으며, 재판 과정의 불공정성으로 인해 희생된 노동 운동가들은 후대에 순교자로 여겨지게 되었다. 이들의 투쟁을 기리기 위해 5월 1일이 노동절(May Day)로 제정되는 등 헤이마켓 사건은 세계 노동 운동 역사에 지대한 영향을 미쳤다.

작하고, 경쟁자들을 불공정한 방법으로 제거하며, 노동자들의 권익을 무시하는 행태가 사회적 반발을 불러일으켰다. 이 문제 역시 사회적 노력을 통해 해결되었다. 1890년 셔먼법(Sherman Act), 1914년 클레이튼법(Clayton Act) 같은 반독점법이 제정되고, 연방거래위원회(FTC) 같은 규제 기관들이 설립되면서 기업의 권력이 사회적으로 통제받게 되었다. 1911년 스탠더드 오일이 34개 회사로 분할되고, 1911년 아메리칸 토바코가 해체된 것은 사회가 기업의 과도한 권력 집중을 견제할 수 있다는 것을 보여주는 상징적 사건이었다(Yergin, 1991).

20세기 중반의 뉴딜 정책도 비슷한 맥락에서 이해할 수 있다. 1929년 대공황으로 자유시장 경제의 한계가 드러나자, 정부가 적극적으로 개입해서 사회보장제도를 구축하고 금융 규제를 강화했다. 1935년 사회보장법(Social Security Act)으로 노령연금과 실업보험 제도가 도입되었고, 1933년 글래스-스티걸법(Glass-Steagall Act)으로 은행업과 증권업이 분리되었다(Rahman, 2012). 이런 제도적 변화들을 통해 기술 발전과 경제성장의 혜택이 사회 전체에 더 고르게 분배될 수 있는 기반이 마련되었다. 이런 역사적 교훈을 현재 AI 금융 상황에 적용해 보면 지금 우리가 겪고 있는 변화도 마찬가지로 선택과 노력에 따라 그 방향이 매우 유연할 것이라는 것을 알 수 있다.

어떤 선택을 해야 할까?

그렇다면 우리는 구체적으로 어떤 선택을 해야 할까? 아세모글루는 기술의 방향을 바꾸기 위한 세 가지 핵심 전략을 제시한다. 내러티브와 규범을 바꾸는 것, 길항권력을 일구는 것, 그리고 정책적 해법을 찾는 것이다. 이 세 가지 전략은 서로 독립적인 것이 아니라 상호 보완적으로 작용한다. 내러티브의 변화는 사회적 인식을 바꿔서 길항권력 형성의 기반을 마련하고, 길항권력의 강화는 정책 변화를 위한 압력을 만들어 내며, 정책의 변화는 다시 새로운 내러티브를 제도적으로 뒷받침한다. 이런 전략들을 현실에서 어떻게 구체화할 수 있을까?

내러티브의 전환

우리는 2부를 통해 현재 금융 분야의 AI 담론을 지배하고 있는 내러티브들을 대부분 살펴보았다. 우리가 살펴본 가치들은 분명 중요한 것들이다. 기술적 우월성 없이는 혁신을 만들어 낼 수 없으며, 데이터 활용 최적화 없이는 AI의 장점을 제대로 발휘할 수 없다. 문제는 이런 가치들만으로는 변화를 진보로 만들기에 충분하지 않다는 점이다. 효율성과 수익성을 추구하는 과정에서 사회적 비용과 불평등 문제가 부차적으로 취급될 가능성이 높다. 따라서 포용성과 사회적 가치 창출의 관점도 함께 고려하는 균형 잡힌 접근이 필요하다.

이는 쉬운 변화가 아니다. 금융 접근성 확대를 새로운 성공 지표로 삼는다는 것은 단기적으로는 수익성을 희생할 수도 있다는 뜻이다. 알고리즘의 투명성을 높인다는 것은 경쟁 우위를 잃을 위험을 감수한다는 의미이기도 하다. 데이터 활용에서 개인의 권리를 우선시한다는 것은 최적화의 효율성을 일부 포기한다는 것이다. 하지만 결국 우리가 AI로 인한 진보를 이루기 위해서는 장기적 신뢰와 사회적 가치를 구축해야 하는 시점에 와 있다.

예를 들어 우리는 대출 승인율과 처리 속도를 중시하면서도 대출 거절자들에 대한 설명 의무와 재심 기회 제공을 함께 고려할 수 있다. 포트폴리오 수익률을 추구하면서도 ESG 요소를 통합적으로 반영하는 투자로 발전시킬 수 있다. 보험료의 정확성을 유지하면서도 사회적 연대와 위험 분산 기능을 회복하는 방향을 모색할 수 있다.

물론 이런 변화는 즉각적인 성과를 기대하기 어렵다. 각자의 조직에서 어떤 가치를 가장 중요하게 여기고 있는지, 성과를 측정하는 지표가 무엇인지, 의사결정 과정에서 사회적 영향을 어떻게 고려하고 있는지를 돌아보고 바꿔나가는 것부터 시작해야 한다. 경영진이나 직원들과의 대화에서 효율성뿐만 아니라 공정성에 대해서도 이야기하고, 회사의 사회적 책임에 대해 질문하며, 기술 도입의 사회적 영향을 평가하는 절차를 제안하는 것들이 구체적인 실천 방안이 될 수 있다. 하지만 이런 시도들이 항상 환영받는 것은 아니며, 단기적 성과 압박과 충돌할 수도 있다는 현실도 인정해야 한다.

길항권력의 구축

아세모글루의 두 번째 전략인 길항권력을 금융 AI에서 구축한다는 것은 사회적인 견제와 균형의 힘을 만들어 나가는 것이다. 금융 AI 분야에서 대형 기술 기업들과 주요 금융기관들의 영향력이 확대될 것이라는 사실은 의심할 여지가 없다. 이들의 자본력, 데이터 축적 능력, 인적 자본, 그리고 견고한 시스템은 금융 혁신의 핵심 동력이기도 하다. 문제는 이런 집중된 권력이 견제받지 않을 때 발생할 수 있는 부작용들이다.

따라서 기존 권력 구조를 해체하는 것이 아니라, 이에 맞설 수 있는 다양한 차원의 대항 세력들을 조직하고 강화하여 건설적인 견제와 균형을 만들어 가는 것이 사회적인 목표다. 하지만 이는 결코 간단한 작업이 아니다. 개별 행위자들은 각자의 이해관계와 제약 조건을 가지고 있으며, 협력보다는 경쟁이 일상인 상황에서 연대를 구축하는 것은 상당한 어려움을 수반한다. 이를 위해서 세 가지 축이 함께 작용할 수 있다.

시민사회와 소비자 단체의 역할 강화가 첫 번째 축이다. 금융권에서 사용되는 AI의 사회적 영향을 감시하고 문제를 제기하는 독립적인 조직들이 더 활발해져야 한다. 유럽의 GDPR이 성공할 수 있었던 것은 시민사회 단체들이 10년 넘게 지속적으로 개인정보보호의 중요성을 제기하고, 구체적인 대안을 제시하며, 정치적 압력을 행사했기 때문이다. 하지만 이런 활동은 상당한 전문성과 지속적인 자원이 필요하며, 기술 기업들의 로비력에 맞서기 위해서는 장기간의 노력이 요구된다. 한국에서도 개인정보보호위원회나 금융감독원 같은 공적 기관의 역할이 중요하지만, 시민사회 차원에서도 금융 AI의 공정성을 감시하고 개선을 요구하는 조직들이 더 활성화되어야 한다.

중소 금융기관들 간의 협력과 연대 구축이 두 번째 축이다. 개별적으로는 대형 기술 기업들의 자본력과 기술력에 맞설 수 없지만, 서로 협력하고 연대하면 상당한 대안적 힘을 만들어 낼 가능성이 있다. 신용협동조합, 새마을금고, 지역 은행들이 공동으로 AI 시스템을 개발하거나, 데이터를 공유하여 대형 기업들과 경쟁할 수 있는 기반을 마련하는 것이다. 실제로 유럽에서는 여러 중소 은행들이 공동으로 디지털 결제 시스템을 개발해서 빅테크 기업들의 시장 독점에 맞서고 있는 사례들이 나타나고 있다. 다만 이런 협력은 각 기관의 이해관계 조정과 표준화 작업 등 복잡한 과정을 수반하며, 단기간에 가시적 성과를 기대하기는 어렵다.

공공부문의 적극적인 개입과 역할 확대가 세 번째 축이다. 중앙은행 디지털화폐(CBDC)나 공공 데이터 플랫폼 같은 공적 대안을 통해 민간 독점에 대한 견제 장치를 마련하는 것이다. 한국은행의 CBDC 도입 준비나 정부의 마이데이터 정책 같은 것들이 이런 맥락에서 이해될 수 있다. 하지만 공공부문의 개입은 시장 효율성을 저해할 수 있다는 우려도 있으며, 기술 개발과 운영에서 민간 부문만큼의 신속성과 혁신성을 확보하기 어려울 수도 있다. 따라서 단순히 규제나 통제에 그치는 것이 아니라, 실질적인 대안을 제시하고 혁신을 선도하는 방향으로 나아가야 한다는 점이 중요하다.

기술 전문가들의 윤리적 책임 의식 제고가 네 번째 축이다. 알고리즘을 설계하고 운영하는 사람들이 기술적 효율성뿐만 아니라 사회적 영향까지 고려하는 문화를 만들어 가야 한다. 실리콘밸리에서 시작된 'Tech Workers Coalition' 같은 기술자 조직이나, 'Algorithmic Justice League' 같은 알고리즘 공정성 운동이 좋은 사례다. 하지만 개별 기술자들이 윤리적 우려를 제기할 때 직업적 위험을 감수해야 하는 경우도 있으며, 복잡한 조직 내에서 개인의 목소리가 정책 변화

| 중앙은행 디지털화폐(Central Bank Digital Currency, CBDC): 중앙은행이 직접 발행하고 보증하는 전자적 형태의 새로운 법정 화폐. 이는 우리가 은행 계좌에서 사용하는 예금(상업은행의 부채)과 달리, 중앙은행이 국민에게 직접 빚을 지는 디지털화된 현금과 같은 개념이다.

로 이어지기까지는 상당한 어려움이 따른다. 그럼에도 불구하고 한국에서도 금융 AI 개발에 참여하는 엔지니어, 데이터 사이언티스트, 프로덕트 매니저들이 단순히 기술적 구현에만 집중하는 것이 아니라, 자신들이 만드는 시스템이 사회에 미치는 영향에 대해 성찰하고, 필요하면 비판적 목소리를 낼 수 있는 문화가 필요하다.

이런 길항권력들이 효과적으로 작동하기 위해서는 서로 간의 연대와 협력이 중요하다. 시민사회 단체, 중소 금융기관, 공공부문, 기술 전문가들이 각각 따로 움직이는 것이 아니라, 공통의 목표하에 조화롭게 활동할 때 더 큰 변화를 만들어 낼 수 있다. 오픈소스 소프트웨어 운동이나 데이터 협동조합 실험들도 이런 다차원적 연대의 성공 사례로 볼 수 있다.

정책적 해법

현재의 금융 규제 체계는 수십 년간 축적된 경험과 지혜를 바탕으로 금융 안정성과 시장 효율성을 확보하는 데 상당한 성과를 거두어 왔다. 문제는 이런 기존 체계가 빠르게 변화하는 기술 환경에 완전히 적응하지 못하고 있다는 점이다.

기술 발전 속도에 뒤처지는 규제 체계, 기술 중심적 사고에 매몰된 정책 우선순위, 국가별로 분절된 대응 체계, 사후 대응 중심의 규제 방식 등이 주요 한계점들로 지적되고 있다. 특히 현재의 금융 규제는 대부분 전통적인 금융기관을 중심으로 설계되어 있어서, 빅테크 기업들이나 핀테크 스타트업들의 새로운 비즈니스 모델에 적절히 대응하지 못하는 경우가 많다.

하지만 기존 체계의 장점 역시 명확하다. 금융 안정성과 소비자 보호라는 기본 목표는 여전히 유효하며, 급진적인 변화보다는 점진적이고 신중한 접근이 필요하다. 사전 예방적 규제에서 적응적 거버넌스로의 전환이라는 것도, 기존 규제 체계를 완전히 폐기하는 것이 아니라 새로운 요소들을 추가하고 보완하는 방식으로 이해해야 한다. 이 과정에서는 필연적으로 규제의 복잡성이 증가하고, 다양한 이해관계자들 간의 조정 비용도 커질 수밖에 없다. 그럼에도 불구하고 이런 변화가 필요한 이유는 기술 변화의 속도와 영향력이 기존 체계의 적응 능력을 넘어서고 있기 때문이다.

유럽연합의 AI 법안이 참고할 만한 사례지만, 이 역시 한계가 없지는 않다. 이 법안은 AI 시스템을 위험도에 따라 분류하고, 고위험 시스템에 대해서는 개발 단계부터 엄격한 평가와 감독을 받도록 하고 있다. 신용평가나 보험 가격 책정 같은 금융 AI 시스템들이 '고위험' 범주에 포함되어 있어서, 알고리즘의 투명성 확보, 편향성 검사, 인간의 감독 등이 의무화되어 있다. 하지만 이런 규제는 준수 비용의 증가와 혁신 속도의 저하를 가져올 수 있으며, 기술의 복잡성으로 인해 규제 기관이 실질적인 감독 능력을 확보하는 것도 쉽지 않은 과제다.

기술 자체보다는 사회적 영향을 중심으로 한 정책 평가 체계를 구축하는 것도 중요하지만, 이 역시 간단하지 않다. 얼마나 빠르고 **효율**

적인가보다는 얼마나 공정하고 포용적인가를 중심으로 정책의 성과를 측정하자는 것인데, 공정성과 포용성 자체가 측정하기 어려운 개념들이다. 현재의 금융 정책이 시장 효율성, 금융 안정성, 혁신 촉진 등을 주요 목표로 하는 것에는 그만한 이유가 있으며, 여기에 금융 포용성, 사회적 공정성, 민주적 통제 등의 가치를 추가하는 것은 목표 간의 상충과 우선순위 설정의 어려움을 수반한다. 예를 들어, 새로운 핀테크 서비스를 승인할 때 기술적 혁신성이나 수익성과 함께 취약계층에 대한 접근성, 데이터 보호, 알고리즘 공정성 등을 종합적으로 평가한다면, 평가 과정이 복잡해지고 결정까지의 시간이 길어질 수밖에 없다.

국가 간 협력을 통한 글로벌 거버넌스 체계 구축도 중요하다. 금융 기술은 국경을 넘나들기 때문에, 한 나라의 규제만으로는 한계가 있다. 특히 글로벌 빅테크 기업들의 경우 규제가 느슨한 국가로 사업을 이전하거나, 복잡한 기업 구조를 통해 규제를 회피하려는 경향이 있다. 따라서 OECD, G20, 바젤위원회 같은 국제기구를 통해 공통의 원칙과 기준을 마련하고, 각국이 협력해서 이를 이행하는 체계가 필요하다. 최근 EU와 미국이 AI 규제에 대한 공동 원칙을 발표하고, 일본과 한국도 이에 동참하고 있는 것은 긍정적인 신호다.

구체적인 정책 도구들도 실제로 도입되고 있다. 알고리즘 투명성 확보, 데이터 기본권 보장, AI 의사결정의 책임성 강화, 기술 혜택의 공정한 분배를 위한 제도적 장치 마련 등이 그것이다. 미국의 경우 소비자금융보호청(CFPB)이 AI 대출 시스템에 대한 '평등신용기회법' 준수 의무를 강화하고 있고, 영국의 경우 금융행위감독청(FCA)이 알고리즘 거래에 대한 투명성 요구사항을 높이고 있다. 한국에서도 개인정보보호법 개정을 통해 자동화된 의사결정에 대한 정보 제공 의무와 이의제기 권리를 도입했다.

마지막으로 정책 결정 과정에 시민들이 더 적극적으로 참여할 수 있는 방안들도 중요하다. 기술 정책이 전문가들만의 영역이 아니라 모든 시민들의 삶에 직접적인 영향을 미치는 문제라는 인식을 확산시켜야 한다.

| 평등신용기회법(Equal Credit Opportunity Act): 금융기관이 대출, 신용카드 발급 등 신용 거래의 모든 과정에서 인종, 종교, 성별, 나이 등을 이유로 신청자를 차별하는 것을 금지하는 미국의 핵심적인 공정대출법이다. 이 법은 모든 대출 결정이 오직 신청자의 상환 능력(creditworthiness)에만 근거하도록 강제하며, 만약 대출이 거절될 경우 금융기관이 반드시 구체적인 거절 사유를 신청자에게 제공하도록 의무화한다.

끝나지 않을 여정

결국 금융 AI에서 시작된 선택들은 우리가 어떤 미래 사회를 만들어 갈 것인가에 대한 중요한 질문으로 이어진다. 기술이 인간의 삶을 더 풍요롭게 만들면서도 동시에 모든 사람에게 공정한 기회를 제공하는 사회를 만들 수 있을까? 효율성과 혁신을 추구하면서도 인간의 존엄성과 사회적 연대를 유지할 수 있을까? 금융 AI라는 구체적 영역에서의 작은 선택들이 바로 이런 큰 질문들에 대한 우리의 답변을 만들어 가는 과정이다. 이 과정은 혁명이 아니라 장기적이고 점진적인 과정이다.

역사상 그 어떤 기술혁명도 하루아침에 사회를 완전히 바꾼 적은 없다. 산업혁명도 약 100년에 걸쳐 진행되었고, 정보화 혁명도 50년 넘게 계속되고 있다. AI 혁명 역시 마찬가지일 것이다. 지금은 아직 초기 단계이며, 그 최종적인 방향과 결과는 앞으로 우리가 내릴 선택들에 따라 달라질 것이다.

현재 AI 금융 기술의 도입률을 보면, 전 세계적으로 금융기관의 약 75%가 어떤 형태로든 AI를 활용하고 있지만, 대부분은 단순한 업무 자동화나 고객 서비스 개선 수준에 머물러 있다. 진정한 의미의 지능형 금융 서비스, 즉 복잡한 금융 결정을 AI가 내리고 그 결과에 대해 책임을 지는 수준까지는 아직 갈 길이 멀다. 이는 기술적 한계 때문만이 아니라, 규제적 제약, 사회적 신뢰 부족, 윤리적 우려 등 다양한 요인들이 복합적으로 작용하고 있기 때문이다. 이는 사실 기술 발전과 자본주의의 거대한 톱니바퀴와 균형을 이루려는 앞서 말한 세 가지 힘들이 우리 사회에서 건강하게 작용하고 있기 때문이다.

과거 역사에서 진보가 어떻게 이루어졌는지를 보면 더욱 명확해진다. 산업혁명도, 민주주의의 확산도, 인권의 신장도 모두 하루아침에 이루어진 것이 아니었다. 수많은 세대에 걸친 지속적인 노력과 선택의 결과였다. 산업혁명 이후 노동자들의 권익이 향상된 것을 다시 보면, 1811년 러다이트(Luddite) 운동에서 시작해서 1935년 미국의 전국노동관계법(Wagner Act) 제정까지 약 120년이 걸렸다. 그 사이에 수많은 파업과 시위, 법적 투쟁, 정치적 개혁이 있었다. 1834년 영국의

I 러다이트 운동(Luddite movement): 19세기 초 영국에서 일어난 사회 운동으로, 산업혁명으로 도입된 기계가 노동자들의 일자리를 빼앗는다고 믿었던 직물 노동자들이 공장의 기계를 파괴했던 사건. 기술 발전이 인간의 삶에 미치는 영향에 대한 초기 형태의 저항 운동으로 평가된다.

II 와그너법(Wagner Act): 1935년 미국에서 제정된 법으로, 노동자들이 노동조합을 결성하고 단체 교섭을 할 권리를 법적으로 보장한 법안이다.

톨푸들 순교자들(Tolpuddle martyrs)[I], 1886년 시카고의 헤이마켓 사건, 1912년 로렌스 섬유파업(Lawrence textile strike)[II] 등 각각의 사건들이 모여서 큰 변화를 만들어 냈다.

여성의 참정권 확보도 마찬가지였다. 1792년 메리 울스턴크래프트(Mary Wollstonecraft)[III]의 『여성 권리의 옹호(A Vindication of the Rights of Woman)』에서 시작해서 1920년 미국 수정헌법 제19조 통과까지 약 130년이 걸렸다. 그 과정에서 수잔 B. 앤서니(Susan B. Anthony), 엘리자베스 스탠턴(Elizabeth Cady Stanton), 루크레티아 모트(Lucretia Mott) 같은 선구자들의 노력과, 1848년 세네카폴스 대회(Seneca Falls Convention)[IV], 1872년 수잔 앤서니의 불법 투표, 1917년 백악관 앞 침묵의 시위(Silent Sentinels) 등 수많은 크고 작은 활동들이 누적되어 결국 변화를 이끌어 냈다.

인종차별 철폐도 긴 여정이었다. 1863년 노예해방선언(Emancipation

I   톨푸들 순교자들(Tolpuddle martyrs): 1834년 영국 톨푸들(Tolpuddle) 지역의 농업 노동자 6명이 임금 인상 등을 논의하기 위해 노동조합과 유사한 조직을 만들었다는 이유로 체포되어 호주로 강제 이송된 사건.

II   로렌스 섬유파업(Lawrence textile strike): 1912년 미국 매사추세츠주 로렌스에서 섬유 노동자들이 벌인 대규모 파업 시위. 노동자들은 "우리는 빵과 함께 장미도 원한다(We want bread, and roses too)"는 구호 아래 단결하여 승리를 거두었으며, 노동자의 존엄성과 인간다운 삶을 요구한 사건으로 기록되었다.

III   메리 울스턴크래프트(Mary Wollstonecraft): 18세기 영국의 작가이자 철학자로, 여성도 남성과 동등한 이성을 가진 존재이므로 동등한 교육과 권리를 누려야 한다고 주장했다.

IV   세네카폴스 대회(Seneca Falls Convention): 1848년 미국 뉴욕주 세네카폴스에서 열린 미국 최초의 여성 권리 대회. 이 대회에서는 여성의 투표권을 포함한 사회적, 정치적 권리를 요구하는 선언이 발표되었으며, 미국 여성 참정권 운동의 공식적인 출발점으로 여겨진다.

Proclamation)에서 시작해서 1968년 공정주택법(Fair Housing Act)[I] 제정까지 약 100년이 걸렸다. 1955년 로자 파크스(Rosa Parks)[II]의 버스 승차 거부, 1963년 워싱턴 대행진(March on Washington)[III], 1965년 셀마 몽고메리 행진(Selma to Montgomery marches)[IV] 등의 상징적 사건들과, 수많은 무명의 시민권 운동가들의 일상적 저항이 결합되어 사회를 바꿔냈다. 더 중요한 것은 이런 변화들이 한번 이루어진 후에도 지속적으로 발전하고 있다는 점이다. 법적 평등이 확보된 후에도 실질적 평등을 위한 노력은 계속되고 있고, 새로운 형태의 차별과 불평등이 나타나면 그에 맞서는 새로운 운동들이 등장하고 있다.

현재 우리가 직면한 AI 금융의 문제들도 마찬가지로 시간과 노력을 통해 해결할 수 있다. 중요한 것은 각자의 위치에서 할 수 있는 일들을 찾아서 실천하는 것이다. 금융업에 종사하는 사람들은 내부에서 사회적 가치를 추구하는 목소리를 낼 수 있다. 알고리즘 설계 과정에서 공정성을 고려하고, 제품 개발 과정에서 포용성을 우선시하며, 의

[I] 공정주택법(Fair Housing Act): 1968년 미국에서 제정된 법으로, 인종, 종교, 국적, 성별 등을 이유로 주택의 판매, 임대, 금융 지원 등에서 차별하는 것을 금지한 법안.

[II] 로자 파크스(Rosa Parks): 미국의 흑인 민권 운동가로, 1955년 앨라배마주 몽고메리에서 버스의 백인 전용 좌석에 자리를 양보하라는 요구를 거부하여 체포되었다. 이 사건은 버스 보이콧 운동을 촉발시켜 미국 민권 운동의 상징적인 인물이 되었다.

[III] 워싱턴 대행진(March on Washington): 1963년 8월, 25만 명이 넘는 사람들이 일자리와 자유를 요구하며 워싱턴 D.C.에 모인 대규모 평화 시위. 이 행사에서 마틴 루서 킹은 그의 유명한 "나에게는 꿈이 있습니다(I Have a Dream)" 연설을 했다.

[IV] 셀마 몽고메리 행진(Selma to Montgomery marches): 1965년 앨라배마주 셀마에서 주도 몽고메리까지 행해진 세 차례의 평화 행진으로, 흑인의 투표권 보장을 요구하기 위해 조직되었다. 피의 일요일(Bloody Sunday)로 알려진 경찰의 폭력적인 진압에도 불구하고 이 행진은 미국 전역의 여론을 환기시켜 같은 해 투표권법(Voting Rights Act)이 제정되는 데 결정적인 계기가 되었다.

사결정 과정에서 사회적 영향을 평가하는 문화를 만들어 가는 것이다. 구체적으로는 동료들과 알고리즘 편향에 대해 토론하고, 관리자에게 공정성 지표를 제안하며, 고객 불만을 단순한 서비스 개선 기회가 아니라 시스템의 사회적 영향을 점검하는 신호로 받아들이는 것 등이 있다.

투자자들은 진보적 기업과 프로젝트를 지원할 수 있다. 단순히 수익성만을 기준으로 하는 것이 아니라, 사회적 가치를 창출하는 기업들에 자본을 배분하는 것이다. ESG 투자가 확산되고 있지만, 여기서 더 나아가 AI 기술의 사회적 영향까지 고려하는 'AI 책임 투자'의 개념도 필요하다. 알고리즘의 투명성, 데이터 보호, 노동자 영향 등을 투자 의사결정의 중요한 요소로 고려하는 것이다. 개인 투자자들도 자신의 투자나 금융 서비스 선택에서 이런 가치를 반영할 수 있다. 어떤 은행의 대출을 받을지, 어떤 보험사의 상품을 선택할지 결정할 때 단순히 조건만 비교하는 것이 아니라, 그 회사의 AI 윤리 정책이나 사회적 책임 활동도 함께 고려하는 것이다.

정책 입안자들은 기술 발전을 사회적으로 바람직한 방향으로 유도하는 제도를 만들 수 있다. 규제는 혁신을 저해하기도 하지만, 때로는 적절한 규제가 혁신을 촉진하기도 한다. 유럽의 GDPR이 초기에는 혁신을 저해한다는 비판을 받았지만, 결과적으로 개인정보보호 기술의 발전을 촉진하고 유럽 기업들의 경쟁력을 높이는 데 기여했다는 평가를 받고 있다. 마찬가지로 AI 금융에 대한 적절한 규제는 단기적으로는 비용을 발생시킬 수 있지만, 장기적으로는 더 신뢰할 수 있고 포용적인 금융 시스템을 만드는 데 기여할 것이다.

일반 시민들은 적극적인 참여와 감시를 통해 변화를 이끌어 낼 수 있다. 자신이 사용하는 금융 서비스가 공정한지 확인하고, 문제가 있으면 목소리를 내며, 사회적 책임을 다하는 기업들을 선택하는 것이다. 개인의 선택이 작아 보일 수 있지만, 많은 사람들의 선택이 모이면 기업과 시장을 변화시킬 수 있는 강력한 힘이 된다. 또한 시민사회 단체나 소비자 조직에 참여하거나 지원하는 것도 중요하다. 직접적인 활동 참여가 어렵다면 후원이나 홍보를 통해서라도 이런 조직들의 활동을 뒷받침할 수 있다.

학계와 연구자들의 역할도 중요하다. AI 금융의 사회적 영향에 대한 연구를 수행하고, 문제점을 지적하며, 대안을 제시하는 것이다. 기술 개발만큼이나 기술의 사회적 영향에 대한 연구도 중요하다는 인식을 확산시켜야 한다. 언론의 역할도 크다. AI 금융 기술의 장점만 부각시키는 것이 아니라, 그 한계와 부작용에 대해서도 균형 있게 보도하고, 시민들이 이해하기 쉬운 방식으로 복잡한 기술 문제를 설명하는 것이 필요하다.

각 세대가 자신의 시대에 맞는 진보의 정의를 새롭게 만들어 가야 한다는 점도 중요하다. 우리 부모 세대에게는 경제성장과 물질적 풍요가 진보의 주요 지표였을 수 있다. 전쟁과 가난을 겪은 세대에게는 안정적인 일자리와 꾸준한 소득 증가가 가장 절실한 과제였다. 하지만 우리가 살고 있는 AI 시대에는 기술의 발전이 진정한 인간의 발전과 어떻게 조화를 이룰 수 있는지가 발전의 기준이 되어야 한다. 효율성과 공정성, 혁신과 포용, 성장과 지속가능성이 함께 추구될 수 있는 방향을 찾아야 한다. 이는 기존의 가치를 부정하는 것이 아니라, 새로운 조건에서 그 가치들을 어떻게 실현할 것인가의 문제다.

우리는 AI에 대해 이야기하며 AI가 가져올 미래에 대해 상상하곤 한다. 그러한 상상은 때로는 유토피아(Utopia)적이기도 하고, 때로는 매우 디스토피아(Dystopia)적이기도 하다. 그리고 우리가 오늘 내리는 선택들이 후대가 살아갈 세상이 어떤 곳인지를 결정할 것이다. AI 기술이 소수에게 집중된 권력의 도구가 될 것인가, 아니면 모든 사람의 능력을 확장시키는 해방의 도구가 될 것인가? 금융 시스템이 불평등을 심화시키는 장치가 될 것인가, 아니면 사회적 연대를 강화하는 플랫폼이 될 것인가? 이런 근본적인 문제들에 대한 우리의 선택이 앞으로 수십 년간 인류의 삶을 좌우할 것이다.

마지막으로 희망적이면서도 현실적인 미래 비전을 그려보자. 기술과 인간이 조화롭게 발전하고, 금융이 모든 사람들의 더 나은 삶에 기여하며, 혁신과 포용이 함께 추구되는 금융 생태계의 모습이다. AI가 인간을 대체하는 것이 아니라 인간의 능력을 확장시키고, 금융 서비스가 사회적 격차를 심화시키는 것이 아니라 더 많은 사람들에게 기회를 제공하며, 기술 발전의 혜택이 소수에게 집중되는 것이 아니라 사회 전체에 고르게 분배되는 세상이다.

이런 세상에서는 AI 대출 시스템이 신용 점수가 낮은 사람들을 무조건 배제하는 것이 아니라, 그들의 잠재력을 발견하고 성장을 도울 수 있는 방법을 찾는다. 자산운용 AI는 단기적 수익만 추구하는 것이 아니라, 장기적 사회적 가치와 환경적 지속가능성을 함께 고려한다. 보험 AI는 위험이 높은 사람들을 배제하는 것이 아니라, 위험을 줄일 수 있는 방법을 지원한다. 이런 세상은 저절로 오지 않는다.

진정한 진보는 더 많은 사람들이 더 나은 삶을 살 수 있게 하는 것이며, 이는 우리가 매일 내리는 선택들로부터 시작된다. 회사에서 내리는 작은 의사결정, 투자할 때 고려하는 기준, 정책에 대한 의견 표명, 일상에서의 금융 서비스 선택 등 모든 것이 미래를 만들어 가는 벽돌 하나하나가 된다. AI 금융 혁명의 최종 결과는 이미 정해진 것이 아니라, 우리의 선택에 달려 있다.

맺음말

500여 년 전 독일 마인츠의 한 작업장에서 요하네스 구텐베르크의 인쇄기가 돌아가기 시작했을 때 세상은 그저 책을 더 빨리 만드는 기술의 탄생을 목격했다고 생각했다. 하지만 역사는 그 기술이 정보의 복제 비용을 감소시키는 과정을 통해 지식 권력의 지도를 어떻게 다시 그리고 종교개혁과 과학혁명이라는 거대한 문명사적 전환의 토대를 마련했는지를 기록했다. 책을 찍어낼 수 있는 기술 그 자체가 아니라 기술이 촉발한 권력의 재편이야말로 진정한 혁명의 본질이었던 것이다.

이 책은 인공지능(AI)을 단순히 더 똑똑한 계산기가 아니라 권력 지형을 근본부터 뒤흔드는 전환으로 인식하는 것에서 출발했다. 우리는 애그러월 교수가 『예측 기계』에서 제시한 프레임워크를 토대로 그 거대한 변화의 진앙지가 예측(prediction) 비용의 감소라는 단순하지만 강력한 경제학적 원리에 있음을 확인했다. 한때 소수 전문가들의 값비싼 지혜에 의존해야 했던 예측이 거의 무료에 가까운 자원이 되면서 부와 가치의 원천은 예측 그 자체에서 그것의 필수 보완재로 옮겨가는 거대한 지각변동이 일어나고 있었다. 우리는 그 새롭게 떠오른 부의 대륙을 데이터(data), 인간의 판단력(judgment), 그리고 실행 시스템(execution)이라는 세 가지 이름으로 명명했다.

2부의 여정에서 우리는 이 보편 법칙이 각기 다른 전장(戰場)의 풍토와 만나 어떻게 다른 양상으로 발현되는지를 생생하게 목격했다. 자산운용의 세계는 수백 개의 알고리즘을 한 치의 오차 없이 지휘하는 거대한 '모델 공장', 즉 실행 시스템의 정교함이 승패를 갈랐다. 수백만 고객의 일상과 연결된 소매금융의 전쟁터는 더 많은 행동 데이터를 확보하기 위한 데이터의 각축장이었다. 보험의 영토는 수많은 파트너들과의 협력을 조율하는 생태계 실행 능력을 통해 사고 후 보상이라는 낡은 울타리를 넘어 사전 예방이라는 새로운 지평으로 나아가고 있었다. 한편, 예측 불가능한 거래와 복잡한 이해관계가 실타래처럼 얽힌 투자은행의 밀실에서는 여전히 인간의 깊이 있는 판단력이 최후의 보루로서 빛나고 있었다.

그리고 3부에서 우리는 이 거친 파도를 헤쳐 나갈 항해술을 모색했다. 내부 역량 vs 외부 적합도라는 두 축으로 구성된 4분면 매트릭스는 우리 조직이 지금 어디에 표류하고 있는지를 알려주는 냉정한 현실 진단 좌표였다. 그리고 안개 속에서도 우리가 나아가야 할 목표지점인 황금 지대(golden spot)로 우리를 이끌어 줄 역동적인 실행 로드맵을 살펴보았다. 이로써 우리는 AI 혁명이라는 새로운 세계를 탐험하기 위한 지도의 대부분을 완성했다.

하지만 이 지도를 완성하고 나자 우리는 마지막 9장에서 살펴본 근본적인 질문과 마주하게 되었다. 우리는 지금까지 AI라는 파도에 금융이 어떻게 대응해야 하는지를 논했지만, 과연 금융은 밀려오는 AI의 파도에 적응해야만 하는 수동적인 존재일까? 우리는 9장을 통해 오늘 우리의 선택이 미래를 능동적으로 결정하는 요인이 될 것이라는 점 역시 지적했다. 이를 한발 확장해서 우리는 관점의 축을 전환하여 'AI 기술이 금융을 어떻게 바꾸는가'를 넘어, '금융이 AI 기술혁명을 어떻게 만들어 가고 있는가' 역시 생각해 보자.

경제사학자 카를로타 페레스(Carlota Perez)는 『기술혁명과 금융자본(Technological Revolutions and Financial Capital)』에서 거대한 기술 혁신이 사회에 뿌리내리는 과정은 일정한 패턴을 보인다고 통찰했다. 그녀의 이론에 따르면 금융은 단순히 기술 변화의 수용자가 아니라, 어떤 기술이 살아남고 어떤 기술이 사라질지, 어떤 방향으로 발전할지를 결정하는 혁명의 설계자이자 자금줄이다.

현재 우리가 목격하는 AI 혁명 역시 예외가 아니다. 지금 이 순간에도 전 세계의 벤처캐피털, 사모펀드, 그리고 주식시장에서 수조 달러에 달하는 거대한 자본이 AI라는 블랙홀로 빨려 들어가고 있다. 엔비디아의 주가가 폭등하며 시가총액이 수조 달러를 넘어서는 현상은, 이 거대한 자본의 이동이 만들어 내는 금융적 광풍(frenzy)을 상징적으로 보여준다.

페레스의 프레임워크를 빌리면, 2025년 오늘 우리가 관찰하고 있는 이 현상은 새로운 기술혁명 초기에 나타나는 설치기(installation period)의 전형적인 모습이다. 이 시기는 새로운 기술의 잠재력이 폭발하며 금융자본이 주도하는 창조적 파괴의 광풍이 부는 시대로, 낡은 산업이 무너지고 새로운 인프라가 깔리는 역동적이지만 극도로 불안정한 단계를 의미한다. 이 시기 금융자본은 AI 혁명의 궤적을 세 가지 방식으로 결정한다.

첫째, 금융은 혁신의 연료를 공급하여 변화의 속도를 결정한다. 생성형 AI의 눈부신 성과는 알고리즘의 우수성만으로 이루어진 것이 아니다. 그 이면에는 모델을 훈련시키기 위한 막대한 컴퓨팅 자원과 데이터 인프라가 필요하며, 이는 천문학적인 자본 투자를 통해서만 가능하다. 금융자본이 없었다면 AI 혁명은 지금과 같은 폭발적인 속도로 전개되지 못했을 것이다. 본서 1장에서 분석했듯, GPT-4 사용료가 불과 16개월 만에 90%나 하락한 것은, 금융자본이 뒷받침하는 치열한 기술 경쟁의 직접적인 결과다.

둘째, 금융은 무엇을 혁신할지 선택하여 변화의 방향을 결정한다. 자본은 중립적이지 않다. 금융자본, 특히 벤처캐피털은 본질적으로 단기간에 높은 수익을 낼 수 있는 영역에 집중하는 경향이 있다. 이로 인해 AI 기술의 발전 방향이 왜곡될 수 있다. 사회 전체에 장기적으로 큰 이익을 줄 수 있지만 당장의 수익 모델이 불분명한 공공재적 AI(예: 기후 변화 예측, 기초과학 연구)보다는, 즉각적인 수익 창출이 가능한 소비자 서비스 AI(예: 개인화 광고, 소셜미디어 챗봇)에 자본이 쏠린다. 본서 2부에서 분석한 소매금융 분야의 혁신 이면에는, 그만큼의 자본과 인재가 다른 중요한 사회 문제 해결로부터 멀어졌다는 기회비용이 존재한다. 금융의 선택이 곧 AI 기술의 우선순위를 결정하는 것이다.

셋째, 금융은 거품(bubble)을 통해 새로운 인프라를 구축한다. 2025년 오늘 이 시기의 금융 광풍은 필연적으로 거품을 낳을 것이지만, 이 거품은 역설적으로 긍정적인 역할을 수행한다. 바로 다음 시대의 기반이 될 새로운 인프라를 단기간에 구축하는 것이다. 1990년대 후반의 닷컴 버블은 무수한 묻지마 투자를 낳았지만, 그 결과 전 세계에 광케이블망이 깔렸고 이는 2000년대 인터넷 시대의 토대가 되었다. 현재의 AI 투자 붐 역시 마찬가지다. 수많은 AI 스타트업과 투자자들이 명멸(明滅)하겠지만, 그 과정에서 클라우드 데이터센터, AI 반도체, 대규모 언어 모델 같은 AI 시대의 핵심 인프라가 사회 전체에 구축될 것이다. 금융의 투기적 욕망은 의도치 않게 다음 시대를 위한 사회적 자산을 쌓아줄 것이다.

금융의 광풍이 만들어 낸 거품은 반드시 형성되고 그 거품은 예외 없이 터진다. 하지만 페레스의 통찰이 우리에게 주는 더 중요한 교훈은 그 파괴가 끝이 아니라는 점이다. 거품의 붕괴는 낡은 투기의 시대를 끝내고 새로운 생산의 시대를 여는 전환점(turning point)으로서 기능한다. 이 전환점이란, 금융 거품의 붕괴와 그로 인한 사회·경제적 혼란을 통해 기존 질서의 문제점이 남김없이 드러나고, 사회가 새로운 규칙과 제도를 모색하게 되는 중대한 시기를 의미한다. 이 고통스러운 조정을 거치고 나서야 비로소 기술의 진정한 잠재력이 사회 전체의 부를 증진시키는 방향으로 재편되고, 정부의 새로운 규제와 사회적 합의가 더해져 안정적인 성장의 시대가 열리는 것이다.

바로 이 지점에서 우리는 9장에서 제기했던 근본적인 질문과 다시 마주하게 된다. 이 변화들은 과연 모두를 위한 진보(progress)인가 아니면 그저 일부만을 위한 변화(change)일 뿐인가? 이 질문들은 더 이상 먼 미래의 철학적 사유가 아니라, 금융이 주도하는 설치기가 만들어낼 모순이 고조되었을 때 다가오는 전환점을 드러내는 현실의 균열이기 때문이다.

첫째, 우리는 효율성과 인간성 사이의 위태로운 줄타기를 어떻게 감당해야 할까? AI는 금융을 전례 없이 효율적으로 만들지만, 그 과정에서 인간적 신뢰와 관계, 공감의 가치는 어디론가 사라져 버릴 것 같다. 알고리즘이 내린 냉정한 대출 거절 통보 앞에서 개인이 느낄 좌절감의 무게를 우리는 어떻게 헤아려야 하는가? 본서에서 분석했듯, 웰스파고의 가짜 계좌 스캔들은 효율성 추구가 어떻게 신뢰를 파괴하는지 보여주었고, 투자은행의 시니어 뱅커들이 여전히 고객과의 깊은 신뢰 관계를 핵심 자산으로 여기는 이유는 금융의 본질이 차가운 숫자의 연산을 넘어 인간 사이에 존재하는 신뢰의 연결임을 반증한다. 이 갈등은 전환점을 향해가는 우리 사회의 핵심적인 긴장 상태다.

둘째, 개인화와 사회적 연대라는 모순된 가치를 어떻게 조화시킬 수 있을까? AI가 발전하면 개인의 위험을 정확히 계산하여 개인화된 보험료를 산정할 수 있다. 이는 개인의 입장에서는 합리적이지만, 위험을 사회 전체가 함께 나누어 부담한다는 보험의 사회적 연대 정신을 근본적으로 위협한다. 본서에서 살펴보았듯, 보험업의 패러다임이 사후 보상에서 사전 예방으로 바뀌면, 고위험군으로 분류된 개인은 터무니없이 높은 보험료를 부담하거나 아예 보험 시장에서 배제될 수 있다. 모든 것이 개인의 책임으로 귀결되는 초개인화 사회의 끝에서 우리는 과연 공동체의 가치를 지켜낼 수 있을까? 이는 과거의 사회 계약을 새로운 기술이 해체하면서 발생하는 전환기의 필연적인 질문이다.

셋째, 풍요와 결핍의 새로운 역설을 어떻게 해결할 것인가? 예측은 풍요로워졌지만 그 결과 양질의 데이터와 깊이 있는 판단력, 정교한 실행 시스템이라는 보완재는 더욱 희소해졌다. 이는 AI 기술과 데이터를 소유한 소수의 빅테크와 대형 금융기관에 부가 집중되는 새로운 형태의 불평등을 낳을 것이다. 본서 8장에서 분석한 네트워크 효과와 데이터 독점 효과는 이러한 부의 집중을 가속화하는 엔진이다. 기술이 만들어 낸 풍요가 오히려 더 깊은 결핍과 격차를 낳는 이 역설을 우리는 어떻게 풀어가야 할까? 이 역시 설치기 말기에 나타나는 전형적인 사회적 긴장이며, 전환점을 촉발하는 핵심 동력이다.

이처럼 금융이 AI 혁명의 방향키를 쥐고 있다면, 그리고 그 항해가 필연적으로 고통스러운 전환점을 향하고 있다면, 금융은 어떤 역할을 해야 하는가? 본서 3부에서 제시한 로드맵은 개별 금융기관이 이 파도 속에서 살아남기 위한 생존 전략이다. 하지만 이제 금융 산업 전체는 생존을 넘어 이 혁명을 바람직한 방향으로 이끌 책임에 대해 고민해야 한다. 본서의 9장에서 아세모글루가 통찰했듯 기술의 방향은 정해진 것이 아니라 우리의 사회적 선택에 달려 있기 때문이다. 그렇기에 수동적인 적응을 넘어 능동적인 설계자로서 금융이 수행해야 할 역할은 다음과 같다.

첫째, 단기적 거품을 넘어 장기적 황금기에 투자해야 한다. 페레스는 설치기의 광풍과 전환점의 혼란 이후, 기술이 사회 전반에 안정적으로 기여하며 풍요를 낳는 전개기(deployment period), 즉 황금기가 도래한다고 보았다. 이는 설치기에 깔린 새로운 기술 인프라가 사회 전반의 생산자본과 결합하여 안정적인 성장과 폭넓은 번영을 이룩하는 시너지를 창출하는 시기이다. 금융의 새로운 역할은 눈앞의 거품에 편승하는 것을 넘어, 다가올 황금기를 준비하고 그 토대를 마련하는 데 자본을 배분하는 것이다. 이를 확장하면 단기 수익성이 높은 AI 애플리케이션뿐만 아니라, 기후 변화, 신재생 에너지, 신약 개발, 교육 혁신 등 인류의 장기적 난제를 해결하는 AI 기술에 대한 인내 자본(patient capital) 공급을 늘려야 한다.

둘째, 금융은 파괴적인 전환점의 충격을 완화하는 안전장치가 되어야 한다. 페레스의 이론은 거품 붕괴와 사회적 갈등이라는 고통스러운 전환점을 예고한다. 금융은 이러한 충격을 최소화할 책임이 있다. 본서에서 지적한 질로우의 실패나 크레디트스위스의 붕괴는 기술의 문제가 아니라 리스크 관리와 거버넌스의 실패였다. 금융기관들은 AI 기술 기업에 자금을 공급할 때, 단순히 기술의 잠재력이나 시장성만 볼 것이 아니라, 그들의 리스크 관리 능력, 데이터 거버넌스, AI 윤리 체계를 핵심적인 투자 기준으로 삼아야 한다. 애플카드 성별 차별

논란 같은 문제가 터지기 전에, 자금 공급 단계에서부터 책임감 있는 AI(responsible AI)를 요구하는 것이야말로 전환점의 충격을 줄이는 가장 효과적인 방법이다.

셋째, 승자독식이 아닌 포용적 성장의 촉매가 되어야 한다. 본서 8장에서 깊이 우려했듯, AI 혁명은 부와 기회의 집중을 심화시켜 심각한 사회적 균열을 낳을 수 있다. 금융은 이러한 양극화를 가속화하는 엔진이 될 수도, 반대로 완화하는 다리가 될 수도 있다. 금융은 거대 플랫폼의 승자독식을 강화하는 데만 자본을 집중할 것이 아니라, 다양한 틈새시장에서 혁신을 일으키는 중소 핀테크 스타트업들을 발굴하고 지원해야 한다. 또한, 본서에서 소개된 제스트AI나 핀스코어처럼 금융 소외계층의 문제를 해결하는 포용적 AI 기술, 아마존 렌딩처럼 소상공인의 성장을 돕는 AI 서비스 등에 의식적으로 자본을 배분함으로써, 기술의 혜택이 사회 전체로 확산되도록 유도해야 한다. AI로 인해 일자리를 잃는 사람들을 위한 재교육 프로그램이나 사회 안전망에 투자하는 것 역시 금융이 감당해야 할 중요한 역할이다.

본서를 통해 우리는 예측에 대해 이야기했지만, 그 이야기의 끝에서 마주한 결론은 미래는 예측의 대상이 아니라 창조의 대상이라는 것이다. 페레스가 보여주듯, 계절의 순환은 피할 수 없지만 그 계절을 어떻게 보낼지는 우리의 준비에 달려 있다. 가을 다음에 겨울이 오는 것은 피할 수 없지만, 우리가 그 겨울을 굶주림과 추위 속에서 보낼지, 아니면 따뜻한 집과 풍족한 식량으로 보낼지는 가을 동안 우리가 무엇을 했느냐에 달려 있다. 경영의 대가 피터 드러커는 "미래를 예측하는 최선의 방법은 그것을 창조하는 것"이라고 했다. 이 책에서 제시한 모든 분석과 프레임워크는 미래를 수동적으로 맞히기 위한 수정 구슬이 아니라 더 나은 미래를 능동적으로 만들어 가기 위한 설계도와 같다.

  정부가 새로운 규칙을 만들어 투기적 자본을 생산적 혁신으로 유도하고, 기업이 단기적 이익을 넘어 사회적 책임을 다하며, 시민들이 기술의 주체로서 깨어 있는 감시자가 될 때, 비로소 우리는 AI가 이끄는 새로운 황금기를 창조할 수 있을 것이다. 이 책이 그려낸 지도는 완성된 항로가 아니라, 이제 막 탐험이 시작된 미지의 바다를 향한 첫 번째 탐사 기록일 뿐이다. 우리에게 필요한 것은 정해진 답을 찾는 능력이 아니라, 올바른 질문을 던지고 용기 있게 실행하며 스스로 길을 만들어 나가는 지혜다.

2025년 여름
서울 행당산에서

부록

회계감사 산업의 AI 혁신

2024년 회계감사 업계에서는 AI와 관련된 수많은 뉴스들이 언론을 장식했다. 「PwC, AI 플랫폼에 10억 달러 투자」, 「EY, NVIDIA와 손잡고 차세대 AI 감사 시스템 개발」, 「KPMG, Clara 플랫폼에 AI 기능 대폭 강화」, 「Deloitte, 12만 명 직원 대상 AI 교육 완료」 등 대형 회계법인들은 AI에 대한 투자를 가속화하고 있다.

　　국내도 예외가 아니다. 삼일PwC는 AI 기반 감사 플랫폼 도입을 가속화하고 있고, 삼정KPMG는 향후 5년간 AI 역량 강화에 집중한다고 발표했다. 안진회계법인도 AI 기반 위험 평가 시스템을 도입했다고 한다. 이런 대규모 투자와 장밋빛 전망들을 보면 AI가 회계감사 산업을 송두리째 바꿔놓을 것처럼 보인다.

　　하지만 정말 그럴까? 수백억 원의 투자금이 쏟아지고 있지만, 정작 현장의 변화는 예상보다 더디다. 여전히 대부분의 감사는 샘플링으로 이뤄지고, 감사인들은 스프레드시트와 씨름하며, 클라이언트와의 관계는 예전과 크게 다르지 않다. 이 간극이 의미하는 바는 무엇인가?

  AI는 분명히 많은 것을 바꿀 것이다. 하지만 바뀔 것이 있고, 바뀌지 않을 것들이 있다. 그리고 그 차이는 사실 회계감사라는 업의 특징에서 나온다. 이 부록에서는 본서에서 제시한 프레임워크를 회계감사 산업에 적용하여, 무엇이 바뀌고 무엇이 바뀌지 않을지를 분석해 볼 것이며 업계의 대응 방안을 모색해 보고자 한다.

회계감사업의 특수성과 AI의 역설

회계감사업의 특수성

수백억 원의 AI 투자가 쏟아지고 있지만 회계감사 업계의 현실은 다른 산업과 뭔가 다르다. 일반적으로 기술 혁신은 효율성 증대로 이어지고 이는 곧 수익성 개선이나 시장점유율 확대로 연결된다. 이것이 대부분의 산업에서 관찰되는 정상적인 패턴이다.

그런데 회계감사 업계의 상황은 좀 다르다. 일반적인 B2B 서비스라면 품질이 향상되면 고객들이 더 높은 비용을 지불할 의향을 보인다. 하지만 피감사회사들은 AI로 감사 품질이 높아져도 추가 비용을 지불하려 하지 않는 경향이 있다. 오히려 AI로 효율성이 높아졌으니 보수를 깎아달라고 요구한다. 기술 혁신이 수익성 개선으로 이어지는 선순환 구조가 작동하지 않는 것이다. 이런 역설적 상황의 원인을 이해하려면, 회계감사라는 업이 갖는 두 가지 구조적 특수성을 파악해야 한다.

첫 번째 특수성은 회계감사가 갖는 공공재적인 성격이다. 이해를 위해 간단한 비교부터 해보자. 일반적인 전문서비스업을 생각해 보면, 서비스를 구매하는 고객과 그 서비스로부터 혜택을 받는 수혜자가 동일하다. 기업이 경영컨설팅을 받으면 그 기업이 직접 성과 개선의 혜택을 얻는다. 따라서 더 나은 컨설팅 서비스라면 더 높은 비용을 지불할 의향이 있다. 이는 시장 경제의 원리가 제대로 작동하는 구조다.

하지만 회계감사는 이러한 원리가 생각보다 잘 작동하지 않는다. 삼성전자가 회계법인에 감사보수를 지불하지만, 정작 그 감사 결과로 가장 큰 혜택을 받는 것은 삼성전자 주식을 사고파는 수많은 투자자들이다. 이들은 감사된 재무제표를 신뢰하고 투자 결정을 내리기 때문이다.

이런 구조를 경제학에서는 공공재(公共財)적 성격이라고 부른다. 공공재는 그 혜택을 사회 전체가 누리지만 제공은 특정 주체가 부담해야 하는 특성을 갖는다. 회계감사가 제공하는 자본시장의 신뢰성이라는 가치는 모든 시장 참여자가 누리지만 그 비용은 피감사회사가 부담한다.

이런 구조적 특성이 AI 혁신에 어떤 제약을 가하는지 살펴보자. 가장 중요한 것은 피감사회사들이 더 좋은 감사에 대해 추가 비용을 지불할 유인을 강하게 느끼지 못하는 현실이다. 감사 품질이 향상되어 자본시장의 신뢰가 높아지면 그 혜택은 주로 투자자들이 누린다고 여겨진다. 따라서 피감사회사 입장에서는 적당히 통과할 수 있을 정도면 충분하고 너무 까다로운 감사는 오히려 부담스럽다.

나아가 현행 감사보수 체계는 AI 투자에 대한 경제적 인센티브 부족 문제를 더욱 악화시킨다. 감사보수는 투입 시간과 인력을 기준으로 산정된다. 따라서 AI를 통해 효율성이 높아져도 회계법인이 직접적인 수익 증대를 기대하기 어렵다. 오히려 피감사회사들은 AI로 감사시간이 줄었으니 보수도 줄여달라고 요구하는 상황이다.

일반적인 비즈니스에서는 기술 혁신을 통해 같은 품질의 서비스를 더 저렴하게 제공하거나, 같은 비용으로 더 좋은 서비스를 제공할 수 있다. 어느 쪽이든 경쟁 우위가 생긴다. 하지만 회계감사에서는 AI 투자로 인한 효율성 증대가 곧바로 보수 인하 압박으로 이어질 공산이 크다. 투자 회수는커녕 오히려 수익이 줄어드는 역설적 상황이 벌어지는 것이다. 바로 이런 구조적 특수성 때문에 막대한 AI 투자가 이루어지고 있음에도 불구하고 기대했던 혁신적 변화는 생각보다 더디게 관찰되고 있다.

AI 투자 붐의 역설: 구조적 특수성을 간과한 장밋빛 기대

회계감사업의 구조적 특수성을 잘 모른다면, AI 기술의 발전을 보고 혁명적 변화가 가능할 것이라고 기대할 만하다. 실제로 많은 전문가들과 언론이 그런 장밋빛 전망을 내놓았다.

그 기대의 근거는 충분히 합리적이었다. 예측 비용의 급격한 하락이 그 기대의 근거다. 예를 들어 전통적인 회계감사는 샘플링의 세계였다. 기업의 모든 거래를 검토하는 것은 비용상 불가능하기에 통계적 추론에 기반해 전체 거래의 1~3%만을 표본으로 선택해 검사했다. 이를 바탕으로 전체 재무제표에 대한 합리적 확신을 제공하는 것이 감사의 핵심이다.

AI의 등장으로 이런 표본에 의존하는 기술적 한계가 극복 가능해 보였다. 예측 비용이 하락하면서 과거에는 수백만 건의 거래에서 이상치를 찾아내는 것이 막대한 인력과 시간을 요구했다면, 이제 머신러닝 알고리즘이 몇 분 만에 해낸다. PwC의 Halo 플랫폼은 클라이언트 거래의 100%를 분석하고, EY의 Helix는 자연어 처리 기술로 계약서와 이메일까지 분석해 숨겨진 리스크를 찾아낸다.

이런 기술적 발전을 보면, 샘플링에서 전수조사로, 연말 집중 감사에서 지속적 감사로, 사후 검증에서 사전 위험 관리로의 전환이 당연히 가능해 보인다. 하지만 앞서 분석한 회계감사업의 구조적 특수성은 실무에서 다음과 같은 구체적 제약들로 나타나면서 이런 변화를 현실적으로 가로막고 있다.

첫 번째 제약은 데이터 기밀성 문제다. 기업들은 자사의 민감한 거래 데이터를 회계법인의 AI 시스템에 제공하기를 꺼린다. 특히 같은 회계법인이 경쟁사 감사에도 활용하는 통합 AI 모델에 데이터를 제공하는 것은 영업비밀 유출 위험을 수반한다. 이는 AI의 핵심 경쟁력인 네트워크 효과를 원천적으로 차단한다.

두 번째는 데이터 비표준화다. 기업마다 사용하는 ERP 시스템이 다르고, 같은 SAP를 쓰더라도 커스터마이징으로 인해 데이터 구조가 천차만별이다. 실시간 감사를 하려면 API가 연동되어야 하지만 보안상의 이유로 대부분 기업이 거부한다.

물론 이런 문제를 해결하기 위한 업계 차원의 노력도 진행되고 있다. 미국 공인회계사회(AICPA)는 감사 데이터 표준화 작업을 추진하고 있으며, 국내에서도 금융감독원과 회계법인들이 디지털 감사 활성화를 위한 데이터 표준화 연구를 진행하고 있다. 하지만 이런 표준화 작업이 실무에 완전히 정착되기까지는 상당한 시간이 필요하고, 기업들의 자발적 참여를 끌어내는 것도 쉽지 않은 상황이다.

세 번째는 감사 증거의 적격성 문제다. 현행 감사기준에서 요구하는 감사 증거는 충분성과 적합성 두 가지 조건을 모두 충족해야 한다. AI가 도출한 결과가 블랙박스처럼 설명 불가능하다면, 감사인이 자신의 의견을 뒷받침하는 감사 증거로 채택하기 어렵다.

실무적으로 살펴보면, AI 분석 결과를 감사 증거로 사용하기 위해서는 다음과 같은 추가 절차가 필요하다. 먼저 AI 모델의 로직과 알고리즘을 문서화하고, 사용된 데이터의 완전성과 정확성을 검증해야 한다. 또한 AI가 식별한 이상치나 패턴에 대해서는 별도의 실증적 검증 절차를 수행해야 하며, 이 과정에서 인간 감사인의 전문가적 판단이 반드시 개입되어야 한다.

네 번째는 감사인의 독립성 요구사항이다. 2002년 SOX법 이후 강화된 독립성 규제에 따라, 회계법인은 피감사기업에게 동시에 경영컨설팅, IT 컨설팅, 내부감사 대행 등의 서비스를 제공할 수 없다. 이는 AI 투자의 수익화 경로를 근본적으로 제약한다.

예를 들어, AI 분석을 통해 클라이언트의 재고관리 시스템에서 비효율성을 발견했다고 하자. 일반적인 컨설팅 회사라면 이를 바탕으로 재고관리를 최적화하는 컨설팅을 통해 추가 수익 기회를 창출할 수 있다. 하지만 회계법인은 독립성 제약으로 인해 그런 조언을 제공할 수 없다. AI를 통해 얻은 통찰력을 단순히 문제점 지적에만 활용할 수 있을 뿐, 이를 해결방안 제시로 발전시키면 독립성 위반이다. 예를 들어, 회계법인이 AI 기반 리스크 모니터링 시스템을 개발했다 하더라도, 이를 클라이언트에게 지속적 내부통제 모니터링 서비스로 판매하는 것은 내부감사 대행으로 간주되어 금지된다. 결국 막대한 AI 개발 투자를 회수할 수 있는 부가 서비스 확장 경로가 구조적으로 차단되어 있는 셈이다.

다섯 번째는 엄격한 규제와 법적 책임이다. 감사 의견에 대한 최종 책임은 반드시 공인회계사 개인이 져야 하며, 이는 AI 시스템으로 대체될 수 없다. 감사 실패 시 발생하는 손해배상 책임, 형사처벌, 자격정지 등의 법적 결과는 모두 인간 감사인에게 귀속된다.

이로 인해 실무에서는 딜레마가 발생한다. AI가 99%의 정확도로 분석 결과를 제시해도, 감사인은 그 결과를 맹신할 수 없다. 만약 AI 분석에만 의존했다가 감사 실패가 발생하면, AI를 과도하게 신뢰한 전문가적 판단 부족으로 책임을 져야 하기 때문이다. 따라서 AI 분석 결과에 대해서도 별도의 검증 절차를 수행해야 하고, 이는 기대했던 효율성 증대 효과를 반감시킨다.

또한 규제 당국들은 AI 분석 과정의 투명성과 추적 가능성을 강하게 요구하고 있다. 대부분의 감독 기관들은 AI 알고리즘의 의사결정 과정이 명확하게 설명되지 않으면 감사 증거로서의 적격성을 인정하기 어렵다는 입장을 보이고 있다. 하지만 복잡한 딥러닝 모델의 경우 설명 가능성을 확보하기 어려운 것이 모델 자체가 갖은 태생적인 특징이다. 따라서 이러한 규제를 충족시키기 위해서는 실무에서는 상대적으로 단순한 AI 모델만 사용할 수밖에 없다. 이는 AI의 잠재적 성능을 충분히 활용하지 못하게 하는 또 다른 제약 요인이 되고 있다.

공공재 혁신의 딜레마

일반적인 비즈니스에서는 품질 향상이 고객 만족으로 이어지고, 이는 가격 프리미엄이나 시장점유율 확대로 연결된다. 하지만 AI를 통해 감사 품질이 향상되어 자본시장 전체가 혜택을 받아도, 그 가치에 대한 대가를 회계법인이 직접 받기가 어렵다.

회계법인 입장에서는 수억 원을 들여 AI 시스템을 구축했는데, 매년 수익은 오히려 줄어드는 상황에 직면한다. 게다가 독립성 규제로 인해 AI 역량을 활용한 컨설팅 서비스 확장도 불가능하다. 투자 회수를 위한 출구 자체가 막혀 있는 셈이다.

경제학에서 말하는 공공재 혁신의 딜레마이다. 공공재는 그 혜택을 사회 전체가 누리지만 제공 비용은 특정 주체가 부담해야 한다. 혁신을 통해 사회적 편익이 증가해도, 그 편익을 혁신 주체가 직접 수익화하기 어렵다. 따라서 혁신 인센티브가 사회적 최적 수준보다 낮아진다.

이런 상황에서 회계법인들의 AI 투자는 사실상 방어적 투자 성격이 강하다. 경쟁사가 AI를 도입하면 상대적으로 뒤처져 보일 것을 우려한 것이다. 하지만 이는 전형적인 죄수의 딜레마 상황으로, 모든 회계법인이 AI에 투자하지만 아무도 별다른 이익을 보지 못할 가능성이 높다. 그렇다고 투자하지 않을 수도 없다. 이 영역에서는 본서의 본문에서 설명한 붉은 여왕 효과(Red Queen Effect)가 강하게 작용해 제자리에 머무르기 위해 끊임없이 달려야 하는 상황이 펼쳐진다.

이 상황에서 필요한 최소한의 제도적인 정비는 감사보수를 산정하는 방식의 변화이다. 현재 회계감사에 대한 보수는 시간을 기준으로 책정된다. 즉, 투입된 시간이 많을수록 더 많은 노력이 들어갔고, 이는 곧 감사의 품질을 담보하는 객관적인 지표로 여겨졌다. 이 체계는 감사업무가 대부분 회계사의 수작업에 의존하던 시대에 만들어진 논리로, 복잡하고 어려운 감사일수록 숙련된 전문가가 더 많은 시간을 쏟아야 한다는 상식이 통용되었기 때문이다. 하지만 이러한 논리는 오늘날 전혀 맞지 않는다.

AI 기술의 가치는 효율성에 있다. 과거 수십 명의 회계사가 며칠에 걸쳐 수행하던 방대한 양의 데이터 대사, 증빙 서류 검토, 이상 거래 탐지 등의 업무를 AI가 단 몇 시간, 혹은 몇 분 만에 더 정확하게 처리하는 것이다.

바로 이 지점에서 근본적인 충돌이 발생한다. AI를 적극적으로 활용할수록 감사의 정확성과 품질은 높아지지만, 투입 시간은 급격히 줄어든다. 투입 시간이 줄어들면 현행 보수 체계에서는 청구할 수 있는 감사보수가 오히려 감소한다.

이는 회계법인이 막대한 비용을 들여 AI에 투자하고도, 그 기술을 활용해 효율성을 높일수록 오히려 수익이 줄어드는 역설적인 상황을 만든다. 기술 도입을 통해 혁신을 추구해야 할 기업에게 일부러 비효율적으로 일해야 기존의 수익을 보전할 수 있다는 잘못된 신호를 주는 셈이다. 결국 AI 투자는 실질적인 품질 향상을 위한 도구가 아닌, 단순히 "우리도 신기술을 사용한다"고 보여주기 위한 마케팅 수단으로 전락할 위험이 크다.

AI를 활용하지 않은 회계사의 1시간보다 AI를 활용한 회계사의 1시간이 더 높은 정확성과 깊이를 가졌다면, 후자의 가치를 더 높게 평가하고 그에 합당한 보수를 지급하는 것이 합리적이다. 이러한 제도적 변화가 뒷받침될 때, 비로소 회계법인들은 기술에 투자하고, 그 혁신의 과실을 통해 감사 품질을 높이는 선순환 구조를 만들어 갈 수 있을 것이다.

현실적 귀결

따라서 별도의 제도적 정비가 이루어지지 않는다면, 회계감사 업계의 AI 미래는 모든 법인이 AI를 도입해야만 하지만 아무도 다른 상대방 대비 특별한 이익을 보지 못하는 역설적인 균형점에서 안정될 가능성이 높다.

이미 현실에서 그 조짐이 나타나고 있다. Big 4 모두 AI 플랫폼을 도입했지만, 감사보수 상승이나 시장점유율 변화로 이어지지는 않는다. 클라이언트들은 여전히 AI로 효율성이 높아졌으니 보수를 깎아달라고 요구하고, 회계법인들은 경쟁에서 뒤처지지 않기 위해 AI 투자를 계속할 수밖에 없다. 결국 AI는 경쟁 우위라기보다는 필수 인프라가 될 가능성이 높다. 전화나 컴퓨터처럼 없으면 안 되지만, 그것만으로는 차별화되지 않는 기본 도구가 되는 것이다.

이런 변화는 회계법인의 인력 구조에도 근본적 영향을 미치고 있다. 전통적으로 회계감사 업계는 전형적인 피라미드 구조였다. 많은 주니어 직원들이 반복적인 데이터 검증과 문서 작업을 담당하고, 소수의 시니어 직원들이 고도의 판단 업무를 수행하는 방식이었다. 하지만 AI가 주니어들의 주요 업무인 샘플링, 계산 검증, 기초적 분석 작업을 대체하면서 이 구조가 흔들릴 것이다.

실제로 Big 4 법인들에서는 신입 채용 규모를 점진적으로 줄이는 대신 데이터 분석 역량과 비즈니스 통찰력을 갖춘 경력직 채용을 늘리고 있다. 더 이상 대량의 주니어 인력으로 물량 공세를 펼치는 방식이 효과적이지 않기 때문이다. 대신 AI 도구가 제시한 분석 결과를 해석하고, 그 속에서 진짜 중요한 리스크 신호를 포착할 수 있는 숙련된 전문가들의 가치가 상대적으로 높아지고 있다.

이는 회계감사 업계의 경력 개발 패턴에 근본적 변화를 요구한다. 과거에는 주니어 시절 대량의 반복 업무를 통해 자연스럽게 업무 감각을 익혔다면, 이제는 완전히 다른 방식의 학습이 필요해졌다. 이는 신입 직원들에게는 상당한 도전이 될 것이고, 과거 선배들이 걸어온 검증된 성장 경로를 따를 수 없다는 현실적 어려움을 의미한다.

AI와의 협업 능력이 핵심 역량이 되었지만, 이를 체득하기는 쉽지 않다. 신입 직원들은 AI가 찾아낸 100개의 이상치를 보고 "이것들이 왜 이상한가?"를 스스로 물어보며 패턴을 이해해야 한다. AI가 특정 거래들을 의심스러운 것으로 표시했을 때, 그 거래들의 공통점을 찾고, 비즈니스 맥락에서 해석하며, 추가 검증이 필요한 부분을 식별하는 능력이 필요하다. 이는 과거의 단순 반복 작업과는 차원이 다른 고도의 분석적 사고를 요구한다.

더욱이 클라이언트 비즈니스에 대한 깊이 있는 이해가 필수가 되었다. AI는 숫자 속의 패턴은 찾을 수 있지만, '이 회사가 왜 이런 거래를 했을까?', '이 이상치가 정말 문제인가, 아니면 새로운 비즈니스 모델의 자연스러운 결과인가?'를 판단하려면 해당 산업과 기업에 대한 종합적 이해가 전제되어야 한다. 신입 직원들은 처음부터 클라이언트의 사업 모델, 경쟁 환경, 규제 변화 등을 체계적으로 학습해야 한다.

이런 변화에 적응하기 위해 교육방식의 근본적 전환이 불가피하다. 과거의 '분개 암기'와 '감사 절차 암기' 중심에서 '비즈니스 분석과 리스크 사고' 중심으로 바뀌어야 한다. 일부 법인들은 이미 신입 직원들에게 6개월간 특정 산업군의 주요 기업들을 심층 분석하게 하고, 그 과정에서 AI 도구 활용법도 함께 교육하고 있다. 대학 교육도 마찬가지로 단순 기법 습득보다는 분석적 사고력 개발에 중점을 둘 필요가 있다.

결국 과거의 경험을 통한 점진적 성장 모델은 더 이상 유효하지 않다. 과거에는 많은 양의 단순 업무를 통해 점진적으로 감각을 익힐 수 있었지만, 이제는 처음부터 복잡하고 고도화된 업무를 수행해야 한다. 이는 기존의 교육 체계와 멘토링 방식을 전면 재검토해야 함을 의미한다.

AI 시대에 대단히 역설적으로 들리겠지만, 회계감사 업계의 교육방식은 오히려 지금보다 더욱 도제식으로 전환되어야 할지 모른다. 즉,

경험 많은 파트너나 시니어 매니저가 소수의 신입 직원과 밀착하여, 실제 프로젝트를 수행하면서 AI 분석 결과를 해석하는 방법, 클라이언트 비즈니스를 이해하는 관점, 리스크를 포착하는 직관 등을 직접 전수하는 방식 말이다. AI가 가져온 최첨단 변화에 대응하기 위해 오히려 가장 전통적인 교육방식으로 돌아가야 한다는 것은 아이러니하지만, 인간 고유의 판단력이 더욱 희소해진 시대에는 이런 개별적이고 집중적인 지식 전수가 불가피해 보인다.

다만 이런 변화가 반드시 부정적이기만 한 것은 아니다. 단순 반복 업무에서 벗어나 보다 전략적이고 분석적인 업무에 집중할 수 있게 되었다는 점에서, 회계 전문가로서의 가치는 오히려 높아질 수 있다. 문제는 이런 전환을 위한 체계적 지원이 부족하다는 점이다. 개별 신입 직원이 혼자서 이 변화에 적응하기는 사실상 불가능하며, 법인과 협회, 그리고 국가 차원의 집중적 투자와 지원이 필요하다.

공공재 혁신의 딜레마와 판단의 가치

회계감사 산업의 AI 혁신이 보여주는 것은 단순한 기술 이야기가 아니다. 공공재 성격을 가진 산업에서는 기술 혁신의 경제학이 일반 비즈니스와 다르게 작동한다. 모든 참여자가 합리적으로 행동하지만 그 결과는 사회적으로 차선의 균형점에 머물게 된다.

이런 공공재의 특성을 고려하면, AI 투자와 도입을 개별 회계법인에게만 맡겨둘 것이 아니라 국가나 사회 차원에서 지원할 필요가 있다. 특히 Big 4 대비 AI 투자 역량이 부족한 중소형 회계법인들에 대한 지원이 시급하다. 회계감사 업계에서 AI 투자는 분명 대규모로 집행될 것이고, 붉은 여왕 효과는 매우 강하게 발휘될 것이다. 즉, 대규모의 투자를 집행해도 (상대적으로) 제자리걸음일 것이다. 이때, 다른 회계법인과 비슷한 수준의 투자조차 집행할 수 없는 중소형 회계법인들은 아주 크게 뒤처질 가능성이 높다.

현실적으로 중소형 회계법인들의 상황은 심각하다. AI 플랫폼 구축에는 최소 수십억 원의 초기 투자와 지속적인 유지보수 비용이 필요한데, 연간 매출이 수백억 원에 불과한 중소형 법인들에게는 감당하기 어려운 규모다. 더욱이 AI 전문 인력 확보, 데이터 사이언티스트 채용, 클라우드 인프라 구축 등의 부대비용까지 고려하면 투자 부담은 더욱 커진다.

이러한 현실을 방치하면 감사 시장에서 AI 격차가 급속히 확산될 여지가 높다. Big 4는 최신 AI 도구로 전수조사 수준의 분석을 수행하는 반면, 중소형 법인들은 여전히 전통적인 샘플링 방식에 의존할 것이다. 같은 감사기준을 적용하지만 실질적인 감사 품질에서는 현격한 차이가 발생할 것이다.

이런 격차는 결국 자본시장 전체의 신뢰성을 훼손할 수 있다. 해외에서는 이미 이런 문제를 인식하고 정책적 대응에 나서고 있다. 싱가포르는 2023년부터 중소형 회계법인의 디지털 전환을 지원하는 'Digital Audit Transformation Fund'를 조성해 AI 도구 도입 비용의 일부를 지원하고 있다. 네덜란드는 회계감사 품질 격차 해소를 위해 중소형 법인들이 공동으로 사용할 수 있는 AI 플랫폼을 국가 차원에서 개발하고 있다.

국내에서도 구체적인 지원 방안들을 고려해 볼 필요가 있다. 우선 공동 AI 플랫폼 구축이다. 개별 법인이 각자 AI 시스템을 개발하는 것보다, 금융감독원이나 한국공인회계사회 차원에서 표준화된 AI 감사 도구를 개발하고 중소형 법인들이 합리적 비용으로 이용할 수 있도록 하는 것이다. 공공에서 수행하기 어렵다면, 이러한 해당 분야에 특화된 전문 스타트업에 자금을 지원하거나 투자하여 시장에서의 혁신을 이끌어 내는 것도 방법이다.

또한 AI 교육 및 인력 지원 프로그램도 필요하다. 중소형 법인들이 AI 전문가를 직접 채용하기는 어렵지만, 기존 직원들이 AI 도구를 효과적으로 활용할 수 있도록 교육하는 것은 가능하다. 이를 위해 정부나 업계 차원에서 대학과 협력해 체계적인 교육 프로그램을 마련할 수 있다.

세제 지원도 고려할 필요가 있다. AI 투자에 대한 세액공제나 특례를 통해 중소형 법인들의 투자 부담을 경감시키는 것이다. 특히 공공재적 성격을 고려할 때, 이런 지원은 개별 법인에 대한 특혜가 아니라 자본시장 전체의 건전성을 위한 사회적 투자로 봐야 한다.

결국 회계감사의 AI 혁신은 개별 회계법인의 경쟁력 문제를 넘어서는 사회적 과제다. 시장의 자율적 해결만으로는 한계가 있으며, 정책적 개입과 지원이 반드시 필요한 영역이다.

이런 상황에서 인간의 판단이 핵심 자산이 되는 것은 맞다. 하지만 그 판단의 가치는 기술적 우수성에서 나오는 것이 아니라, 구조적 제약 속에서도 공공재로서의 사회적 가치를 창출할 수 있는 지혜에서 나온다. 예측은 무료가 되었지만, 그 예측을 사회적 가치로 전환하는 판단은 여전히 인간의 몫이다.

참고문헌

Adventis CG (2025) Investment Banking Industry Recruitment Trends: Insights and Predictions.

Agrawal, A., Gans, J. and Goldfarb, A. (2018) Prediction machines: The simple economics of artificial intelligence. Boston: Harvard Business Review Press.

American Express (n.d.) Benefits of booking flights with American Express Travel.

Ashton, T.S. (1948) The Industrial Revolution, 1760-1830. Oxford: Oxford University Press.

Ballotta, L., Fusai, G., Kyriakou, I., Papapostolou, N.C. and Pouliasis, P.K. (2020) 'Risk management of climate impact for tourism operators: An empirical analysis on ski resorts', *Tourism Management,* 77, 104011.

Bank of America (2018) 'Bank of America's Erica brings artificial intelligence to all mobile clients', *Bank of America Newsroom,* 4 June.

Barth, S. and De Jong, M.D. (2017) 'The privacy paradox–

Investigating discrepancies between expressed privacy concerns and actual online behavior–A systematic literature review', *Telematics and Informatics*, 34(7), 1038-1058.

Battisto, J., Godin, N., Kramer Mills, C. and Sarkar, A. (2021) 'Who received PPP loans by fintech lenders?', *Federal Reserve Bank of New York Liberty Street Economics*, 27 May.

BBVA (2023) 'BBVA strengthens its fraud prevention capabilities', BBVA Innovation, 9 January.

Bean, R. (2024) 'Capital One: The Ongoing Story Of How One Firm Has Been Pioneering Data, Analytics, & AI Innovation For Over Three Decades', *Forbes*, 11 August.

Berg, T., Burg, V., Gombovic, A. and Puri, M. (2020) 'On the Rise of FinTechs: Credit Scoring Using Digital Footprints', *The Review of Financial Studies*, 53(9), 2845-2897.

Bergsvik, R. and Kloppenburg, S. (2024) 'The depoliticization of climate disasters: Unpacking the entanglement of satellites with parametric climate risk insurance', *Earth System Governance*, 22, 100221.

Bloomberg Second Measure (2022) See Public Company KPIs Intra-Quarter with Transaction Data, *Second Measure Blog*, 25 September.

Bowen, D.E., Price, J., Stein, L. and Yang, Z. (2024) 'Measuring and Mitigating Racial Bias in Large Language Models for Mortgage Underwriting', *SSRN Working Paper*.

Bradshaw, M.T. (2009) 'Analyst Information Processing, Financial Regulation, and Academic Research', *The Accounting Review*, 84(4), 1041-1052.

Business Insider (2023) 'Amazon Lending Program Growing Despite

Fears About Payback', 3 January.

Campbell-Kelly, M. (2004) *From airline reservations to Sonic the Hedgehog: a history of the software industry*. Cambridge, MA: The MIT Press.

Ceruzzi, P. (2012) *A history of modern computing*. Cambridge, MA: The MIT Press.

Chan, A. et al. (2018) Building resilience: a framework for strategic asset allocation. New York: *BlackRock Investment Institute*.

Chantarat, S., Mude, A.G., Barrett, C.B. and Carter, M.R. (2013) 'Designing index-based livestock insurance for managing asset risk in northern Kenya', *Journal of Risk and Insurance*, 80(1), 205-237.

Chi, F., Hwang, B.-H. and Zheng, Y. (2024) 'The Use and Usefulness of Big Data in Finance: Evidence from Financial Analysts', *Management Science*, forthcoming.

Citi GPS: Global Perspectives & Solutions (2016) *DIGITAL DISRUPTION: How FinTech is Forcing Banking to a Tipping Point*. New York: Citi.

Cockburn, I., Henderson, R. and Stern, S. (1995) 'General Purpose Technologies: 'Engines of Growth'?', *Journal of Econometrics*, 65(1), 83-108.

Competition and Markets Authority (CMA) (2023a) Adobe-Figma: Issues Statement. London: Competition and Markets Authority.

Competition and Markets Authority (CMA) (2023b) CMA accepts final undertakings in Microsoft/Activision case. [Press Release] 13 October.

Confino, P. (2025) 'Goldman Sachs CEO says that AI can draft 95%

of an IPO prospectus in minutes', Fortune, 16 January.

Crotty, J. and Horrocks, I. (2017) 'Managing legacy system costs: A case study of a meta-assessment model to identify solutions in a large financial services company', *Applied Computing and Informatics*, 13(2), 175-183.

Custom Market Insights (2024) Alternative Data Market Size, Trends and Insights By Data Type, By Industry, By End-User, And By Region, Competitive Market Growth, Statistics, Report And Forecast 2024 – 2033.

Daloopa (2023) 'The growing impact of alternative data on hedge fund performance', 29 November.

Daloopa (2025) 'Understanding Alternative Data Providers for Hedge Funds', Daloopa Blog, 18 June.

Daly, M. (2023) 'UK's CMA watchdog concludes Adobe-Figma deal could harm innovation', SiliconRepublic, 20 January.

De Maggio, M., Ratnadiwakara, D. and Carmichael, D. (2022) Invisible Primes: Fintech Lending with Alternative Data. *Harvard Business School Working Paper* No. 22-071.

Dessaint, O., Foucault, T. and Fresard, L. (2024) 'Does Alternative Data Improve Financial Forecasting? The Horizon Effect', *The Journal of Finance*, 79(1), 497-536.

Díaz-Rodríguez, N. et al. (2023) 'Connecting the dots in trustworthy Artificial Intelligence: From AI principles, ethics, and key requirements to responsible AI systems and regulation', *Information Fusion*, 99, 101896.

EIOPA (European Insurance and Occupational Pensions Authority) (2024) Eurobarometer 2024: Consumer trends in insurance and pension services. Frankfurt am Main: EIOPA.

Eisenstein, E.L. (1979) The printing press as an agent of change. Cambridge: Cambridge University Press.

Ellis, D.A. and Piwek, L. (2018) 'Failing to encourage physical activity with wearable technology: what next?', *Journal of the Royal Society of Medicine*, 111(9), 310-313.

Epoch AI (2025) 'AI research and industry updates'.

European Commission (2023) 'Mergers: Commission clears acquisition of Activision Blizzard by Microsoft, subject to conditions'. [Press Release] 15 May.

Fulmer, L. (2025) 'Global economic developments'. Global Newswire.

Gehring, K. and Schaudt, S. (2024) Insuring Peace: Index-Based Livestock Insurance, Droughts, and Conflict. CESifo Working Paper No. 10927.

Gerken, W. and Painter, M. (2023) 'The Value of Differing Points of View: Evidence from Financial Analysts' Geographic Diversity', *The Review of Financial Studies*, 36(10), 4111-4158.

GFDRR/World Bank (2021) A Statistical, Machine Learning Framework for Parametric Risk Transfer (SMART Final Report). Washington, D.C.: Global Facility for Disaster Reduction and Recovery.

Giné, X., Townsend, R. and Vickery, J. (2010) A Case Study of the Indian Rainfall Index Insurance Market. Washington, D.C.: World Bank.

Gomes, G. (2025) 'AI in banking trends, CTO Magazine'.

Gráda, C.Ó. (2019) 'The next world and the new world: relief, migration, and the Great Irish Famine', *The Journal of Economic History*, 79(2), 319-355.

Grand View Research (2023) Alternative Data Market Size, Share & Trends Analysis Report By Data Type, By Industry, By End Use, By Region, And Segment Forecasts, 2025 - 2030. San Francisco: Grand View Research.

Greatrex, H., Surminski, S., Suarez, P., Dimitrov, R. and Clarke, M. (2015) Scaling up index insurance for smallholder farmers: Recent evidence and insights. CCAFS Report No. 14. Copenhagen: CGIAR Research Program on Climate Change, Agriculture and Food Security (CCAFS).

Green, J. (2006) Death in the Haymarket: A Story of Chicago, the First Labor Movement and the Bombing that Divided Gilded Age America. New York: Pantheon.

Gu, S., Kelly, B. and Xiu, D. (2020) 'Empirical Asset Pricing via Machine Learning', *The Review of Financial Studies*, 33(3), 1009-1057.

Guszcza, J. (2015) The last-mile problem: How data science and behavioral science can work together. Deloitte Insights.

Hamilton, J.D. (2011) Historical Oil Shocks. *NBER Working Paper* No. 16790.

Hao, X. and Wang, Y. (2023) 'Cloud Cover and Expected Oil Returns', *Humanities & Social Sciences Communications*, 10, 240.

Hao, X., Wang, Y., Wu, C. and Wu, L. (2024) 'Oil information uncertainty and aggregate market returns: A natural experiment based on satellite data', *Journal of Financial Markets*, 68, 100877.

HFS Research (2018) 'Allianz Takes an Ecosystem Approach to Intelligent Automation', 31 January.

Huang, J.D. et al. (2022) 'Applying artificial intelligence to wearable sensor data to diagnose and predict cardiovascular disease: a review', Sensors, 22(20), 8002.

Humphries, J. (2010) Childhood and Child Labour in the British Industrial Revolution. Cambridge: Cambridge University Press.

Hyde, C.K. (1977) Technological change and the British iron industry, 1700-1870. Princeton: Princeton University Press.

Illien, N. and Surane, J. (2025) 'Citi Fined by Swiss Exchange Regulator Over 2022 Fat-Finger Flash Crash', Bloomberg, 7 March.

InvestmentNews (2025) 'Morgan Stanley to cut 2,000 jobs as AI reshapes Wall Street'.

Jensen, N. and Barrett, C. (2017) 'Agricultural index insurance for development', *Applied Economic Perspectives and Policy*, 39(2), 199-219.

Juwara, L., El-Hussuna, A. and El Emam, K. (2024) 'An evaluation of synthetic data augmentation for mitigating covariate bias in health data', Patterns, 5(2), 100913.

Kairouz, P. et al. (2021) Advances and Open Problems in Federated Learning. arXiv:1912.04977.

Kang, J.K., Stice-Lawrence, L. and Wong, Y.T.F. (2021) 'The Firm Next Door: Using Satellite Images to Study Local Information Advantage', *Journal of Accounting Research*, 59(2), 671-713.

Katona, Z., Painter, M. and Patatoukas, P.N. (2024) 'On the Capital Market Consequences of Big Data: Evidence from Outer Space', *Journal of Financial and Quantitative Analysis*, 59(2), 523-560.

Kessler, C. (2021) 'A Banking App Has Been Suddenly Closing Accounts, Sometimes Not Returning Customers' Money', ProPublica, 21 May.

Kiger, P.J. (2021) 'Flip Flop: Why Zillow's Algorithmic Home Buying Venture Imploded', Insights by Stanford Business, 10 December.

KPMG (2021) Digital wealth management in Asia Pacific.

Kreuzberger, D., Huhl, N. and Hirschl, S. (2022) Machine Learning Operations (MLOps): Overview, Definition, and Architecture. arXiv:2205.02302.

Landes, D.S. (1969) The Unbound Prometheus: Technological Change and Industrial Development in Western Europe from 1750 to the Present. Cambridge: Cambridge University Press.

LeCun, Y., Bengio, Y. and Hinton, G. (2015) 'Deep learning', Nature, 521(7553), 436-444.

Lewis, M. (2015) Flash boys: A Wall Street revolt. New York: W. W. Norton & Company.

Li, Z. et al. (2021) 'Towards purchase prediction: A transaction-based setting and a graph-based method leveraging price information', Pattern Recognition, 113, 107824.

LinkedIn (2025) Investment Banking Job Market Report 2025.

Litman, T. (2013) 'Transportation and public health', Annual *Review of Public Health*, 34(1), 217-233.

Lynch, P. and Rothchild, J. (2000) One up on Wall Street: How to use what you already know to make money in the market. New York: Simon & Schuster.

Marston, S. et al. (2011) 'Cloud computing - The business perspective', *Decision Support Systems*, 51(1), 176-189.

McKinsey & Company (2022) The state of AI in 2022 — and a half decade in review. QuantumBlack, AI by McKinsey.

McKinsey & Company (2025) Global Insurance Report 2025: The pursuit of growth. New York: McKinsey Global Publishing.

McKinsey Global Institute (2017) Jobs Lost, Jobs Gained: Workforce Transitions in a Time of Automation. McKinsey & Company.

Mirae Asset Securities. (2021). Ping An Healthcare & Tech (1833 HK) – Sales growth and customer analysis. Mirae Asset Securities.

Mishra, A., Renganathan, J. and Gupta, A. (2024) 'Volatility forecasting and assessing risk of financial markets using multi-transformer neural network based architecture', *Engineering Applications of Artificial Intelligence*, 133, 108034.

Moor Insights & Strategy (2023) 'Wells Fargo is banking on an AI-first strategy'.

Morgan, P.J. (2022) Fintech and Financial Inclusion in Southeast Asia and India. Tokyo: Japan Center for Economic Research.

Nardinelli, C. (1990) Child Labor and the Industrial Revolution. Bloomington: Indiana University Press.

Neudata (2024) How big is the alternative data market for investment managers?, 15 May.

New York State Department of Financial Services (2021) Investigation of Apple Card. New York: New York State DFS.

NVIDIA (2025) 'AI research, platforms and technologies'.

Nye, D.E. (1990) Electrifying America: Social meanings of a new technology, 1880-1940. Cambridge, MA: MIT Press.

Phua, C., Lee, V., Smith, K., and Gayler, R. (2010) A Comprehensive Survey of Data Mining-based Fraud Detection Research. arXiv:1009.6119.

Ping An (2020) 'Ping An's AskBob ranked first in a global competition for AI-based medical diagnosis and treatment', Ping An Group News, 10 September.

Ping An Group (2025) Podcast Episode 2: Smart Insurance: How AI Is Powering a Revolution at Ping An, 19 August.

Precedence Research (2024) Alternative Data Market (By Data Type: Social and Sentiment Data, Mobile and App Data, Web Scraped Data, Geo-location Data, Satellite Data, Transaction Data, and Other Data Types; By Industry; By End User) - Global Industry Analysis, Size, Share, Growth, Trends, Regional Outlook, and Forecast 2024-2034.

PYMNTS.com (2019) 'Why ING is taking a platform approach to PSD2 and open banking', 18 July.

Rahman, K.S. (2012) 'Democracy and productivity: The Glass-Steagall Act and the shifting discourse of financial regulation', *Journal of Policy History*, 24(4), 612-643.

Raisch, S. and Krakowski, S. (2021) 'Artificial intelligence and management: The automation-augmentation paradox', *Academy of Management Review*, 46(1), 192-210.

Ringeval, M. et al. (2020) 'Fitbit-based interventions for healthy lifestyle outcomes: systematic review and meta-analysis', *Journal of Medical Internet Research*, 22(10), e23954.

Rodgers, I., Armour, J. and Sako, M. (2023) 'How Technology Is (or Is Not) Transforming Law Firms', *Annual Review of Law and Social Science*, 19, 299-317.

Ryseff, J., De Bruhl, B. and Newberry, S. (2024) The Root Causes of Failure for Artificial Intelligence Projects and How They Can Succeed. Santa Monica, CA: RAND Corporation.

Samjong KPMG Economic Research Institute (2021) 은행산업에서 펼

쳐지는 디지털 혁명과 금융 패권의 미래 (Digital revolution in the banking industry and the future of financial hegemony). Seoul: Samjong KPMG Economic Research Institute.

Selvadurai, B. and Huang, K. (2025) 'AI Agents in Insurance', in Agentic AI: Theories and Practices. Cham: Springer Nature Switzerland, 279-302.

Son, H. (2017) 'J.P. Morgan Software Does in Seconds What Took Lawyers 360,000 Hours', Bloomberg, 28 February.

Steiger, R. and Scott, D. (2020) 'Snowmaking and climate change', Mountain Research and Development, 40(1), R1–R11.

TheDigitalBanker (2024) 'AI is coming for Wall Street: Banks are reportedly weighing cutting analyst hiring by two-thirds', 11 April.

The New York Times (1879) 'Edison's Electric Light: A Triumph in Domestic Illumination', The New York Times, 22 December, p. 1.

Thomke, S. (2020) 'Building a culture of experimentation', Harvard Business Review, March-April.

Trivedi, V. (2024) 'JPMorgan KYC operations up to 90% more productive with AI', BankAutomation News, 21 May.

UBS Evidence Lab (2021) European Apparel Retail - Retail Therapy: A whole new world. A

United States District Court, Northern District of California (2023) FTC v. Microsoft Corp., Case No. 23-cv-02880.

US Department of Energy (2021) Electric Power Annual. Washington, D.C.: US Department of Energy.

US Securities and Exchange Commission (2020) SEC Orders BlueCrest to Pay $170 Million to Harmed Fund Investors. [Press

Release] 8 December.

Vitality Group (2024) 'New Vitality Study Reveals Employers Reduced Claims Costs by 4% and Achieved ROI of 180%'. Chicago: Vitality Group.

Vukovic, D.B. et al. (2024) 'Outperforming the market: a comparison of Star and NonStar analysts' investment strategies and recommendations', *Humanities and Social Sciences Communications*, 11(1), 1-15.

World Economic Forum (2020) The Future of Jobs Report 2020. Geneva: World Economic Forum.

Yawson, A. and Zhang, H. (2021) 'Central hub M&A advisors', *Review of Finance*, 25(6), 1817-1857.

Yergin, D. (1991) The Prize: The Epic Quest for Oil, Money & Power. New York: Simon & Schuster.

Yu, H. et al. (2023) 'Eye in outer space: satellite imageries of container ports can predict world stock returns', *Humanities & Social Sciences Communications*, 10, 489.

Zhu, C. (2019) 'Big Data as a Governance Mechanism', The *Review of Financial Studies*, 32(5), 2021-2068.

AI와
금융의 미래

초판 1쇄 발행 2025. 11. 7.
    2쇄 발행 2025. 12. 25.

지은이 나현종
펴낸이 김병호
펴낸곳 주식회사 바른북스

편 집 김재영
디자인 김효나
마케팅 송송이, 박수진, 박하연

등록 2019년 4월 3일 제2019-000040호
주소 서울시 성동구 연무장5길 9-16, 606호 (성수동2가, 블루스톤타워)
대표전화 070-7857-9719 | **경영지원** 02-3409-9719 | **팩스** 070-7610-9820

•바른북스는 여러분의 다양한 아이디어와 원고 투고를 설레는 마음으로 기다리고 있습니다.

자비출판 투고 barunbooks21@naver.com
홈페이지 www.barunbooks.com | **유튜브** https://www.youtube.com/@Youtube_brTV
인스타그램 https://www.instagram.com/barunbooks7/ | **X(트위터)** https://x.com/barunbooks7
페이스북 facebook.com/barunbooks7 | **틱톡** https://www.tiktok.com/@barunbooks7

ⓒ 나현종, 2025
ISBN 979-11-7263-649-4 03320

• 파본이나 잘못된 책은 구입하신 곳에서 교환해드립니다.
• 이 책은 저작권법에 따라 보호를 받는 저작물이므로 무단전재 및 복제를 금지하며,
  이 책 내용의 전부 및 일부를 이용하려면 반드시 저작권자와 도서출판 바른북스의 서면동의를 받아야 합니다.